Lima Barreto
Triste fim de Policarpo Quaresma

LEITURA LITERÁRIA VOL.5 | ROMANCE

autêntica

Lima Barreto

Triste fim de Policarpo Quaresma

Estabelecimento do texto, vocabulário, notas, estudos e comentários por
LETÍCIA MALARD

Copyright © 2012 Letícia Malard
Copyright © 2012 Autêntica Editora

CAPA
Diogo Droschi

EDITORAÇÃO ELETRÔNICA
Conrado Esteves

REVISÃO
Clarice Maia Scotti
Lira Córdova
Rosa Maria Drumond Costa
Rosemara Dias dos Santos

EDITORA RESPONSÁVEL
Rejane Dias

Revisado conforme o Novo Acordo Ortográfico.

Todos os direitos reservados pela Autêntica Editora. Nenhuma parte desta publicação poderá ser reproduzida, seja por meios mecânicos, eletrônicos, seja via cópia xerográfica, sem a autorização prévia da editora.

AUTÊNTICA EDITORA LTDA.

Belo Horizonte
Rua Aimorés, 981, 8º andar . Funcionários
30140-071 . Belo Horizonte . MG
Tel: (55 31) 3222 6819

São Paulo
Av. Paulista, 2073, Conjunto Nacional,
Horsa I, 11º andar, Conj. 1101
Cerqueira César . São Paulo . SP . 01311-940
Tel.: (55 11) 3034 4468

Televendas: 0800 283 1322
www.autenticaeditora.com.br

Dados Internacionais de Catalogação na Publicação (CIP)
(Câmara Brasileira do Livro, SP, Brasil)

Barreto, Lima, 1881-1922.
  Triste fim de Policarpo Quaresma / Lima Barreto ; estabelecimento do texto, vocabulário, notas, estudos e comentários de Letícia Malard. – Belo Horizonte : Autêntica Editora, 2012. – (Coleção Leitura Literária ; v. 5)

  Bibliografia.
  ISBN 978-85-7526-536-9

  1. Romance brasileiro I. Título. II. Série.

11-04069   CDD-869.93

Índices para catálogo sistemático:
1. Romances : Literatura brasileira 869.93

Nota prévia

O texto desta edição de *Triste fim de Policarpo Quaresma* teve como base o da segunda edição, 1959, das obras do autor, publicadas pela Editora Brasiliense, sob a organização de Francisco de Assis Barbosa e com a colaboração de Antônio Houaiss e M. Cavalcânti Proença.

A edição de 1959 foi cotejada com a primeira (Rio de Janeiro: Tipografia Revista dos Tribunais, 1915), única em volume que foi publicada durante a vida do autor, e com a edição crítica da Scipione Cultural, 1997. Esta última foi coordenada pelo filólogo e dicionarista Antônio Houaiss e pela doutora em Teoria da Literatura Carmem Lúcia Negreiros, tendo sido o texto estabelecido pelo também doutor em Teoria da Literatura Francisco Venceslau dos Santos.

Quando se encontrava no prelo, e com provas já revistas, foi lançada uma edição pela Penguin/Companhia das Letras, com pesquisa e notas da doutora em Antropologia Lilia Moritz Schwarcz bem como dos historiadores Lúcia Garcia e Pedro Galdino da Silva Neto.

Diferentemente das edições mencionadas, o principal objetivo desta edição da Autêntica é tornar a obra-prima de Lima Barreto acessível a estudantes de Literatura Brasileira do ensino médio e superior, priorizando seu texto como produção de língua e literatura. Isso explica o fato de suas notas filológicas, históricas e similares serem bastante resumidas.

Chamamos a atenção dos leitores, em especial dos estudantes e de seus mestres, para o seguinte:

Corrigimos erros visivelmente tipográficos e atualizamos a ortografia, respeitando certas formas ortográficas constantes da edição-base. Assim, os vocábulos estrangeiros, em itálico, foram mantidos, mesmo nos casos em que as formas aportuguesadas já são de uso corrente. Também mantivemos as variantes vocabulares em que fonemas eram e ainda são pronunciados por boa parte dos falantes, tais como em vocábulos do tipo "secção", "contacto", "omnipotente", e que se encontram dicionarizados.

Respeitamos a pontuação e o uso de aspas do autor, em concordância com o organizador das obras e de seus assessores. Tal como eles, entendemos que o texto literário, especialmente no que se refere à pontuação, não deva sujeitar-se a normalizações gramaticais que distorçam seu caráter subjetivo e afetivo.

No rodapé de cada página, constam o vocabulário e as notas referentes à respectiva página. Estão na ordem e na forma exata do escrito nesta, a fim de agilizar a consulta durante a leitura. São cerca de 1.270 notas, com o intuito de facilitar e até mesmo orientar a pesquisa sobre o romance, em diversas áreas do saber. Não temos a pretensão de julgar que os significados que estabelecemos para os vocábulos sejam sempre os mais adequados. Procuramos, também, identificar sucintamente os nomes próprios, desculpando-nos diante do leitor se houver erros nessa difícil identificação, pois muitas de nossas fontes tiveram caráter virtual. Em relação à identidade dos topônimos, sempre que possível registramos sua situação atual. Quanto aos relativos ao Rio de Janeiro, agradeço a colaboração do professor e pesquisador Nireu Cavalcânti na identificação daqueles que não conseguimos identificar, bem como na revisão de outros tantos.

Consta, ainda, depois de cada capítulo, seu pequeno resumo comentado.

Os textos introdutórios e finais têm a função de motivar a leitura, e são dedicados aos estudantes e a leitores não especializados em Literatura.

Os exercícios, *cujo objetivo principal é comprovar a efetiva leitura do romance*, procuram seguir o padrão de questões do Exame Nacional do Ensino Médio (ENEM) e dos exames vestibulares.

Letícia Malard

Sumário

Introdução   9

Triste fim de Policarpo Quaresma

PRIMEIRA PARTE
I - A lição de violão   19
II - Reformas radicais   38
III - A notícia do Genelício   56
IV - Desastrosas consequências de um requerimento   72
V - O *bibelot*   88

SEGUNDA PARTE
I - No "Sossego"   105
II - Espinhos e flores   119
III - Golias   134
IV - "Peço energia, sigo já"   153
V - O trovador   168

TERCEIRA PARTE
I - Patriotas   185
II - Você, Quaresma, é um visionário   203
III - ...e tornaram logo silenciosos...   219
IV - O Boqueirão   235
V - A afilhada   252

A mulher na obra de Lima Barreto   265
Eliane Vasconcellos

Estudando o romance   276
Letícia Malard

Exercícios 284

Obras consultadas 286

Indicação de leituras específicas sobre o romance 287

Introdução

A vida de um excluído

Afonso Henriques de Lima Barreto, filho de tipógrafo e professora pública, ambos mestiços, nasceu no Rio de Janeiro, em 1881. Graças ao padrinho, o Visconde de Ouro Preto, estudou em boas escolas e foi aprovado no vestibular para o curso de engenharia da Escola Politécnica, no Rio de Janeiro. Em 1902 o pai enlouqueceu, depois de ter sido acusado de roubo. Nesse mesmo ano apareceu a primeira colaboração de Barreto na imprensa, no jornal *A Lanterna*. Em 1903 ingressou, por concurso, na Diretoria do Expediente da Secretaria da Guerra, abandonando a Politécnica. Esse emprego parece ter sido importante para a aquisição de conhecimentos sobre a vida militar, demonstrados em *Triste fim de Policarpo Quaresma*. Acabou sendo aposentado do cargo, depois que fraturou uma clavícula.

Em 1905 tornou-se jornalista profissional no *Correio da Manhã* e fez política no Partido Operário Independente. Três anos depois teve em Portugal seu primeiro livro publicado: o romance *Recordações do escrivão Isaías Caminha*. Em 1911 saiu *Triste fim de Policarpo Quaresma*, em capítulos, no *Jornal do Comércio* do Rio de Janeiro. Nos anos 1916 e 1917 entregou-se descontroladamente à vida boêmia e ao alcoolismo, embora exercendo marcante atividade política como anarquista libertário — ideologia que defendia a abolição universal dos governos e das classes sociais, em defesa dos trabalhadores. Também publicou um manifesto maximalista, isto é, de caráter marxista — como se diz hoje —, apoiando a Revolução Russa de 1917.

Tendo a saúde abalada, foi internado por duas vezes no Hospício Nacional, em 1914 e 1919. Morreu no Rio de Janeiro em 1922, aos 41 anos, de "gripe toráxica e colapso cardíaco". Pobre, negro, suburbano, filho de louco, alcoólico, aposentado por invalidez e anarquista, Lima Barreto sofreu muitas discriminações, foi um excluído social em sentido amplo. No entanto, em matéria de Literatura, deixou textos admiráveis. *Triste fim de Policarpo Quaresma* figura entre os dez melhores romances brasileiros do século XX, numa escolha feita por críticos literários dos mais representativos do país.

Obras de Lima Barreto

Romances:

Recordações do escrivão Isaías Caminha (1909); *Triste fim de Policarpo Quaresma* (1915); *Numa e a Ninfa* (1915); *Vida e morte de M. J. Gonzaga de Sá* (1919); *Clara dos Anjos* (1923-1924).

Diversos:

Em 1956, a Editora Brasiliense publicou uma edição das obras do autor, em 17 volumes. Além dos romances mencionados, aparecem na coleção:

Histórias e sonhos (contos); *Os Bruzundangas* (sátira); *Coisas do Reino do Jambon* (sátira); *Bagatelas* (artigos); *Feiras e mafuás* (artigos e crônicas); *Vida urbana* (artigos e crônicas); *Marginália* (artigos e crônicas); *Impressões de leitura* (crítica); *Diário íntimo* (memórias); *O cemitério dos vivos* (memórias); *Correspondência* (ativa e passiva), em dois tomos.

Dos volumes *Vida e morte de M. J. Gonzaga de Sá* e *Clara dos Anjos* constam, além do romance, dezoito e sete contos, respectivamente.

Os romances: do riso às lágrimas

O romance de estreia de Lima Barreto, *Recordações do escrivão Isaías Caminha*, tematiza uma questão muito relacionada com a sua própria biografia: a do negro num mundo de dominância branca, que tenta romper as barreiras da pobreza e da discriminação através de um diploma universitário como meio de ascensão social. Isaías, vindo da província para a capital a fim de realizar esse sonho, é derrotado em suas pretensões e retorna à origem, tomado de grande frustração. No "coração da pátria", não arranja emprego, é injustamente humilhado e preso como suspeito de furto, tal como o pai do escritor, e passa fome. Para esquecer a má sorte, mergulha nos livros da Biblioteca Nacional. Depois de muitas dificuldades, consegue um lugar de contínuo na redação do jornal *O Globo*, sentindo a intransponível distância entre si e os jornalistas.

Aqui Lima Barreto aproveita a oportunidade para desnudar as relações de inveja e mesquinhez no mundo intelectual e jornalístico, bem como as ambíguas atitudes de conveniência da imprensa em face dos trabalhadores, da política e do poder. O riso satírico dessas relações emerge das charges do escrivão. Barreto, "com a máscara de Isaías, trouxe para o espaço literário questões emergentes da época. E com ela procurou mostrar-se ao mundo como escritor", diz Antônia Cristina de Alencar Pires (1995, p. 128).

Depois do segundo romance, *Triste fim de Policarpo Quaresma* (ver comentários no final deste volume), foi publicado o *Numa e a Ninfa*, que se representa como das mais devastadoras sátiras aos políticos da República Velha. A abertura do livro já prenuncia o modo de tratamento e a atualidade do tema: a propósito de um projeto de criação de um novo estado na Federação, em debate no Congresso, diz o narrador que "os chefes, chefetes, subchefes, ajudantes, capatazes políticos se agitavam e pediam, e desejavam, e sonhavam com este e aquele lugar para este ou aquele dos seus apaniguados" (*Numa e a Ninfa*, 1956, p. 23).

O título remete a Numa Pompílio, segundo rei lendário de Roma — de 715 a 672 a.C. — e a Egéria, ninfa do bosque Arício, conselheira secreta do rei. Invertendo humoristicamente o mito, Numa Pompílio de Castro é um deputado medíocre e aventureiro, manipulado pelo genro rico e traído pela esposa Edgarda, sua ninfa, que se torna amante de um primo. Este também redige os pronunciamentos que o deputado faz no parlamento. Em paralelo à representação da picaretagem política, o escritor se esmera em descrições de locais, tipos característicos e costumes de época, no Rio de Janeiro: o Bairro Cidade Nova, as jovens namoradeiras que vivem às janelas, o caixeiro, o pianista, etc.

Em *Vida e morte de M. J. Gonzaga de Sá*, a escrita biográfica transparece nas obsessivas andanças do protagonista pelas ruas do Rio, cidade que, sob esse aspecto, chega a assumir o estatuto de personificação. Ou, como declara o narrador-personagem Augusto Machado, amigo e biógrafo de Gonzaga, no início do capítulo V: "O que me maravilhava em Gonzaga de Sá era o abuso que fazia da faculdade de locomoção. Encontrava-o em toda parte, e nas horas mais adiantadas". É aí que se desenvolve o enredo, mediante conversas, observações sobre a vida e a morte, e trocas de confidências entre os dois amigos.

A redação do jornal e o parlamento dos romances anteriores são agora substituídos por uma repartição burocrática, da qual Gonzaga é um funcionário desajustado. Muito mais do que contar uma história, o romance privilegia a composição de um mosaico de situações as mais diversas, de fios descosidos que se entrançam para configurar o homem ou a sua cidade. Deles se puxam, por exemplo, a rejeição às exterioridades fúteis dos esnobes e aos endinheirados desprezadores dos humildes. Entrançam-se também o orgulho de se viver num país racialmente miscigenado, a revolta contra as trapaças que atingem de cheio os mestiços e as mazelas do mundo da burocracia.

Clara dos Anjos é uma narrativa de sedução e abandono. Clara, jovem mestiça, pobre e suburbana, deixa-se encantar por Cassi, um branco tocador de violão, mau caráter, pertencente a outra classe e conquistador barato de virgens indefesas e mulheres casadas. O rapaz usa de todos os artifícios — principalmente seus dons de violeiro — para seduzir a jovem. Chega, inclusive, a envolver-se no assassinato do padrinho dela, que se opunha ao relacionamento entre eles. Clara, apaixonada, engravida-se. Cassi foge. Ela e a mãe vão a sua casa, querem o casamento. Contudo, são destratadas pela família, enquanto o pai declara nada poder fazer. Afinal, o que diria o bisavô do rapaz, "Lord Jones, que foi cônsul da Inglaterra em Santa Catarina", se visse a vergonha de o descendente casar com "uma mulatinha, filha de um carteiro?"

Ao tratar da negação em Lima Barreto, Maria Zilda Ferreira Cury observa que ela se instaura entre o nome de algumas personagens e a atuação destas na narrativa. Assim, Clara não é clara, e dos Anjos conflita com a sedução de que é vítima. Assim, o nome, ao negar o desenho da personagem, reafirma "a crítica à fatalidade sócio-racial contida no romance" (CURY, 1981, p. 39). E acrescentamos: aí Lima Barreto articula o preconceito social ao racial, dentro de uma temática ainda presente na sociedade dos nossos dias: a sexualidade masculina irresponsável. A trama romanesca gira em torno dela, analisa-a nos termos bipolares "subúrbio *versus* centro da cidade", nos princípios do século XX.

Os humilhados e ofendidos, a gente pobre ou remediada do subúrbio, os subempregados e poetas, os militares, políticos e funcionários públicos, os loucos sociais e as vítimas do preconceito — ora expostos ao riso, ora recolhidos às lágrimas — são a matéria-prima da ficção barretiana.

Lima Barreto

Triste fim de Policarpo Quaresma

A
João Luís Ferreira[1]
Engenheiro Civil

---

[1] Amigo de Lima Barreto e seu colega na Escola Politécnica do Rio de Janeiro, foi presidente da Província do Piauí, de 1920 a 1924.

Le grand incovénient de la vie réelle et ce qui la rend insupportable à l'homme supérieur, c'est que, si l'on y transporte les principes de l'idéal, les qualités deviennent des défauts, si bien que fort souvent l'homme accompli y réussit moins bien que celui qui a pour mobiles l'égoïsme ou la routine vulgaire.

Renan, Marc-Aurèle[2]

---

[2] "O grande inconveniente da vida real e o que a torna insuportável ao homem superior é que, ao serem para aí transpostos os princípios do ideal, as qualidades tornam-se defeitos, resultando que o homem íntegro seja nela mais sujeito ao fracasso que as pessoas movidas pelo egoísmo ou pela rotina vulgar" (tradução de Nancy Maria Mendes).

Renan — Ernest Renan (1823-1892), historiador francês. No conjunto da obra *Origens da cristandade*, demonstra um temperamento desencantado e cético. Já nos quinto e sexto volumes — *A igreja cristã* e *Marco Aurélio* —, mostra-se reconciliado com a democracia e confiante na ascensão gradual do homem. Marco Aurélio (121-180) foi imperador romano, célebre pela sabedoria, moderação e gosto apaixonado pela filosofia e pelas letras.

PRIMEIRA PARTE

I
A lição de violão

Como de hábito, Policarpo Quaresma, mais conhecido por Major Quaresma, bateu em casa às quatro e quinze da tarde. Havia mais de vinte anos que isso acontecia. Saindo do Arsenal de Guerra, onde era subsecretário, bongava pelas confeitarias algumas frutas, comprava um queijo, às vezes, e sempre o pão da padaria francesa.

---

major - No romance são mencionadas diversas patentes militares do Exército e da Marinha de Guerra. Para facilitar sua identificação, listamos aqui a hierarquia dessas corporações, no Brasil Imperial: **Exército**: marechal de exército; tenente-general; marechal de campo; brigadeiro, mestre de campo ou coronel; tenente-coronel; sargento-mor ou major; ajudante ou capitão; tenente; alferes; primeiro cadete; segundo cadete; primeiro sargento; segundo sargento; furriel; cabo de esquadra, anspeçada, soldado. **Marinha de Guerra**: almirante; vice-almirante; chefe de esquadra; chefe de divisão; capitão de mar e guerra; capitão de fragata; capitão-tenente; tenente do mar ou primeiro-tenente; segundo-tenente; guarda-marinha; aspirante; primeiro-sargento; segundo-sargento; quartel-mestre; cabo; marinheiro. Havia, ainda, outras organizações militares citadas no romance: a **Guarda Nacional**: a) corpo de infantaria e cavalaria de segunda linha — composto de cidadãos armados para a conservação da ordem; b) milícia auxiliar formada por civis, com postos honoríficos. Quaresma não é major de carreira. No capítulo I da terceira parte, ele explica a sua situação.

Arsenal de Guerra - abrigado no Forte São Tiago, forte esse localizado em parte do que é hoje o Museu Histórico Nacional, na Praça Marechal Âncora, no centro histórico do Rio de Janeiro. Foi demolido em 1939. O novo Arsenal de Guerra do Rio de Janeiro, uma das mais importantes unidades fabris das Forças Armadas do Brasil, está situado no Bairro do Caju.

bongava - saía catando, procurava.

Não gastava nesses passos nem mesmo uma hora, de forma que, às três e quarenta, por aí assim, tomava o bonde, sem erro de um minuto, ia pisar a soleira da porta de sua casa, numa rua afastada de São Januário, bem exatamente às quatro e quinze, como se fosse a aparição de um astro, um eclipse, enfim um fenômeno matematicamente determinado, previsto e predito.

A vizinhança já lhe conhecia os hábitos e tanto que, na casa do Capitão Cláudio, onde era costume jantar-se aí pelas quatro e meia, logo que o viam passar, a dona gritava à criada: "Alice, olha que são horas; o Major Quaresma já passou."

E era assim todos os dias, há quase trinta anos. Vivendo em casa própria e tendo outros rendimentos além do seu ordenado, o Major Quaresma podia levar um trem de vida superior aos seus recursos burocráticos, gozando, por parte da vizinhança, da consideração e respeito de homem abastado.

Não recebia ninguém, vivia num isolamento monacal, embora fosse cortês com os vizinhos que o julgavam esquisito e misantropo. Se não tinha amigos na redondeza, não tinha inimigos, e a única desafeição que merecera, fora a do doutor Segadas, um clínico afamado no lugar, que não podia admitir que Quaresma tivesse livros: "Se não era formado, para quê? Pedantismo!"

O subsecretário não mostrava os livros a ninguém, mas acontecia que, quando se abriam as janelas da sala de sua livraria, da rua poder-se-iam ver as estantes pejadas de cima abaixo.

Eram esses os seus hábitos; ultimamente, porém, mudara um pouco; e isso provocava comentários no bairro. Além do compadre e da filha, as únicas pessoas que o visitavam até então, nos últimos dias, era visto entrar em sua casa, três vezes

---

soleira - peça de madeira ou de pedra que forma a parte inferior do vão da porta e está no nível do piso.
São Januário - rua no Bairro São Cristóvão e ponto final do bonde.
trem de vida - maneira de se viver, geralmente quanto aos gastos e ao nível econômico.
monacal - relativo a "monge", a "mosteiro".
misantropo - que evita a convivência, solitário.
Pedantismo - Vaidade, Pretensão.
livraria - biblioteca.

por semana e em dias certos, um senhor baixo, magro, pálido, com um violão agasalhado numa bolsa de camurça. Logo pela primeira vez o caso intrigou a vizinhança. Um violão em casa tão respeitável! Que seria?

E, na mesma tarde, uma das mais lindas vizinhas do major convidou uma amiga, e ambas levaram um tempo perdido, de cá pra lá, a palmilhar o passeio, esticando a cabeça, quando passavam diante da janela aberta do esquisito subsecretário.

Não foi inútil a espionagem. Sentado no sofá, tendo ao lado o tal sujeito, empunhando o "pinho" na posição de tocar, o major, atentamente, ouvia: "Olhe, major, assim". E as cordas vibravam vagarosamente a nota ferida; em seguida, o mestre aduzia: "é 'ré', aprendeu?"

Mas não foi preciso pôr na carta; a vizinhança concluiu logo que o major aprendia a tocar violão. Mas que cousa? Um homem tão sério metido nessas malandragens!

Uma tarde de sol — sol de março, forte e implacável — aí pelas cercanias das quatro horas, as janelas de uma erma rua de São Januário povoaram-se rápida e repentinamente, de um e de outro lado. Até da casa do general vieram moças à janela! Que era? Um batalhão? Um incêndio? Nada disto: o Major Quaresma, de cabeça baixa, com pequenos passos de boi de carro, subia a rua, tendo debaixo do braço um violão impudico.

É verdade que a guitarra vinha decentemente embrulhada em papel, mas o vestuário não lhe escondia inteiramente as formas. À vista de tão escandaloso fato, a consideração e o respeito que o Major Policarpo Quaresma merecia nos arredores de sua casa, diminuíram um pouco. Estava perdido, maluco, diziam. Ele, porém, continuou serenamente nos seus estudos, mesmo porque não percebeu essa diminuição.

"pinho" - nome popular de "violão".
ferida - tocada.
aduzia - acrescentava.
pôr na carta - acrescentar mais nada.
pelas cercanias - perto.
erma - deserta.
impudico - que revela falta de pudor, de prudência.

Quaresma era um homem pequeno, magro, que usava *pince-nez*, olhava sempre baixo, mas, quando fixava alguém ou alguma cousa, os seus olhos tomavam, por detrás das lentes, um forte brilho de penetração, e era como se ele quisesse ir à alma da pessoa ou da cousa que fixava.

Contudo, sempre os trazia baixo, como se se guiasse pela ponta do cavanhaque que lhe enfeitava o queixo. Vestia-se sempre de fraque, preto, azul, ou de cinza, de pano listrado, mas sempre de fraque, e era raro que não se cobrisse com uma cartola de abas curtas e muito alta, feita segundo um *figurino* antigo de que ele sabia com precisão a época.

Quando entrou em casa, naquele dia, foi a irmã quem lhe abriu a porta, perguntando:

— Janta já?

— Ainda não. Espere um pouco o Ricardo que vem jantar hoje conosco.

— Policarpo, você precisa tomar juízo. Um homem de idade, com posição, respeitável, como você é, andar metido com esse seresteiro, um quase *capadócio* — não é bonito!

O major descansou o *chapéu de sol* — um antigo chapéu de sol, com a haste inteiramente de madeira, e um cabo de volta, incrustado de pequenos losangos de *madrepérola* — e respondeu:

— Mas você está muito enganada, mana. É preconceito supor-se que *todo o homem* que toca violão é um desclassificado. A *modinha* é a mais *genuína* expressão da poesia nacional e o

---

pince-nez - vocábulo francês - pincenê: óculos sem haste, preso ao nariz por uma mola. O leitor encontrará em todo o romance, em itálico, vocábulos estrangeiros em sua forma original, apesar de muitos deles já estarem hoje aportuguesados. Também aqui, preferimos seguir a lição da mencionada edição.
figurino - modelo.
capadócio - que tem maneiras de canalha, impostor, trapaceiro.
chapéu de sol - guarda-chuva. Antigamente era muito usado para sair ao sol.
madrepérola - parte nacarada da concha dos moluscos.
todo o homem - atualmente, é mais usual dizer "todo homem", para evitar ambiguidade.
modinha - gênero de cantiga popular urbana, com acompanhamento de violão.
genuína - autêntica.

violão é o instrumento que ela pede. Nós é que temos abandonado o gênero, mas ele já esteve em honra, em Lisboa, no século passado, com o Padre Caldas, que teve um auditório de fidalgas. Beckford, um inglês notável, muito o elogia.

— Mas isso foi em outro tempo; agora...

— Que tem isso, Adelaide? Convém que nós não deixemos morrer as nossas tradições, os usos genuinamente nacionais...

— Bem, Policarpo, eu não quero contrariar você; continue lá com as suas manias.

O major entrou para um aposento próximo, enquanto sua irmã seguia em direitura ao interior da casa. Quaresma despiu-se, lavou-se, enfiou a roupa de casa, veio para a biblioteca, sentou-se a uma cadeira de balanço, descansando.

Estava num aposento vasto, com janelas para uma rua lateral, e todo ele era forrado de estantes de ferro.

Havia perto de dez, com quatro prateleiras, fora as pequenas com os livros de maior tomo. Quem examinasse vagarosamente aquela grande coleção de livros havia de espantar-se ao perceber o espírito que presidia a sua reunião.

Na ficção, havia unicamente autores nacionais ou tidos como tais: o Bento Teixeira, da *Prosopopeia*; o Gregório de Matos, o Basílio

---

honra - auge.

Padre Caldas - Domingos Caldas Barbosa (1740-1800), de pseudônimo Lereno Selinuntino, foi escritor brasileiro que viveu em Portugal, compositor e cantador de modinhas, recolhidas em *Viola de Lereno*, 2. v.

fidalgas - mulheres nobres.

Beckford - William Beckford (1760-1844), escritor inglês que viajou por Portugal e deixou obras sobre suas experiências naquele país.

em direitura ao - na direção do.

tomo - tamanho.

Bento Teixeira - (1561-1600), considerado cronologicamente o primeiro poeta da literatura brasileira, com o poemeto épico *Prosopopeia*, publicado em 1601, que exalta os feitos do donatário da Capitania de Pernambuco Jorge Albuquerque Coelho e de seu irmão Duarte.

Gregório de Matos - (1633-1696), figura polêmica da literatura brasileira. São-lhe atribuídos muitos poemas religiosos, satíricos, líricos, eróticos e pornográficos.

da Gama, o Santa Rita Durão, o José de Alencar (todo), o Macedo, o Gonçalves Dias (todo), além de muitos outros. Podia-se afiançar que nem um dos autores nacionais ou nacionalizados de oitenta pra lá faltava nas estantes do major.

De História do Brasil, era farta a messe: os cronistas, Gabriel Soares, Gandavo; e Rocha Pita, Frei Vicente do Salvador, Armitage,

---

Basílio da Gama - (1741-1795), autor do poema épico *Uraguai*, que tematiza as lutas entre espanhóis e portugueses contra jesuítas e indígenas nos Sete Povos de Missões, no Uruguai.

Santa Rita Durão - José de Santa Rita Durão (1722-1784), autor do poema épico *Caramuru*, que tematiza as aventuras, na Bahia e na França, do náufrago Diogo Álvares Correia, denominado de "Caramuru" (filho do fogo) pelos indígenas: ele manejou diante destes uma arma de fogo, despertando respeito, pois os nativos não conheciam a pólvora.

José de Alencar - (1829-1877), autor de narrativas indianistas, históricas, urbanas e regionalistas. Destacam-se *O Guarani, Iracema, Ubirajara, As minas de prata, A Guerra dos Mascates, Senhora, Diva, Encarnação, Lucíola, O gaúcho* e *O tronco do ipê*. Deixou também peças teatrais, crítica literária e outros tipos de texto.

Macedo - Joaquim Manuel de Macedo (1820-1882), romancista, teatrólogo, poeta e cronista, cujo prestígio, em sua época, foi suplantado apenas por José de Alencar. Entre os romances, destacam-se: *A Moreninha, O moço loiro, As mulheres de mantilha, A luneta mágica, Dois amores, As vítimas algozes*.

Gonçalves Dias - Antônio Gonçalves Dias (1823-1864), poeta lírico e indianista, teatrólogo e antropólogo. Denominou sua obra poética de "Cantos".

afiançar - assegurar.

de oitenta pra lá - antes da década de 1880.

Gabriel Soares - Gabriel Soares de Sousa (1540-1592), viajante português que esteve no Brasil. Autor do *Tratado descritivo do Brasil*, sobre a natureza, o homem e as implicações da colonização no Brasil.

Gandavo - Pero de Magalhães de Gândavo, prosador quinhentista de origem holandesa. Escreveu *História da Província de Santa Cruz, a que vulgarmente chamamos Brasil* (1576) e *Tratado da terra do Brasil, no qual se contém a informação das coisas que há nestas partes*. Ambos têm pretensões históricas.

Rocha Pita - (1660-1738), coronel e fazendeiro baiano, escreveu a *História da América Portuguesa*, obra de exaltação exagerada do nativismo.

Frei Vicente do Salvador - (1564-1639?), baiano, autor de *História do Brasil*, primeira tentativa de se escrever uma história geral da Colônia.

Armitage - (1806-1856), historiador inglês, autor de *História do Brasil, da chegada da família de Bragança em 1808 até à abdicação de D. Pedro I em 1831*.

Aires do Casal, Pereira da Silva, Handelmann (*Geschichte von Brasilien*), Melo Morais, Capistrano de Abreu, Southey, Varnhagen, além de outros mais raros ou menos famosos. Então no tocante a viagens e explorações, que riqueza! Lá estavam Hans Staden, o Jean de Léry, o Saint-Hilaire, o Martius, o Príncipe de Neuwied, o John Mawe, o von

---

Aires do Casal - (1754-1821) sacerdote, autor de *Corografia brasílica ou relação histórica e geográfica do Reino do Brasil* (1817), que se constitui num retrato do Brasil nos princípios do século XIX.

Pereira da Silva - João Manuel Pereira da Silva (1817-1898), escritor brasileiro e autor de *História da fundação do império brasileiro*, em sete volumes.

Handelmann - Heinrich Handelmann (1827-1891), alemão, autor de *História do Brasil* e de *História da colonização e independência da América*.

Capistrano de Abreu - (1853-1927), historiador brasileiro, autor de *Capítulos de história colonial*.

Southey - Robert Southey (1774-1843), poeta inglês que esteve em Lisboa, autor de uma *História do Brasil* considerada a primeira grande obra documentada sobre o assunto.

Varnhagen - (1816-1878), historiador brasileiro, escreveu muitas obras, destacando-se a *História geral do Brasil*.

Hans Staden - (1510?- ?), viajante alemão, caiu prisioneiro dos Tupinambá e quase foi devorado por eles. Dessas aventuras deixou uma obra interessante, em duas partes, em alemão e posteriormente traduzida: *Descrição verdadeira de um país de selvagens, nus, ferozes, canibais, situado no Novo Mundo, chamado América*; a segunda parte denomina-se *Viagem ao Brasil*.

Jean de Léry - (1534-1611), viajante francês, autor de um único livro, com título comprido, e posteriormente traduzido para *Viagem à terra do Brasil*. O título (traduzido) da primeira edição em francês é *Narrativa de uma viagem feita à terra do Brasil, também dita da América, contendo a navegação e coisas notáveis vistas do mar pelo autor: a conduta de Villegagnon naquele país, os estranhos costumes e modos de vida dos selvagens americanos, com um colóquio em sua língua e mais a descrição de muitos animais, plantas e demais coisas singulares e absolutamente desconhecidas aqui, cujo sumário se verá dos capítulos no princípio do livro. Tudo colhido no próprio lugar por Jean de Léry, natural de La Margelle, Saint-Seine, Ducado de Bourgogne*.

Saint-Hilaire - Auguste F. C. Prouvençal de Saint-Hilaire (1779-1853), botânico francês, viveu muitos anos no Brasil. Dentre seus muitos livros de viagens, depois traduzidos, destaca-se o *Viagens ao interior do Brasil*, em seis tomos.

Martius - Karl F. P. von Martius (1794-1868), botânico alemão, autor de *Viagem pelo Brasil*, 3 v.

Príncipe de Neuwied - Maximilian Alexander zu Wied-Neuwied (1782-1867), naturalista alemão que esteve no Brasil e escreveu *Viagem ao Brasil* e *Contribuições à História Natural do Brasil*.

John Mawe - (1764-1829), inglês que visitou o Brasil a convite de D. João VI.

Eschwege, o Agassiz, Couto de Magalhães e se se encontravam também Darwin, Freycinet, Cook, Bougainville e até o famoso Pigafetta, cronista da viagem de Magalhães, é porque todos esses últimos viajantes tocavam no Brasil, resumida ou amplamente.

Além destes, havia livros subsidiários: dicionários, manuais, enciclopédias, compêndios, em vários idiomas.

Vê-se assim que a sua predileção pela poética de Porto Alegre e Magalhães não lhe vinha de uma irremediável ignorância das línguas literárias da Europa; ao contrário, o major conhecia bem

---

von Eschwege - Wilhelm Ludwig von Eschwege (1777-1855), militar, engenheiro e naturalista alemão, foi intendente de minas no Estado de Minas Gerais e escreveu *Contribuições para a orografia no Brasil* e *Pluto Brasiliensis ou a riqueza do Brasil em ouro, diamantes e outros minerais*.

Agassiz - Jean Louis Rodolphe Agassiz (1807-1873), naturalista suíço, realizou excursões científicas ao Brasil, de que resultou a obra *Viagem pelo Brasil*, escrita em francês.

Couto de Magalhães - José Vieira Couto de Magalhães (1837-1898), brasileiro, advogado e político, viajou por todo o Brasil, demonstrando interesse especial pelos indígenas. Entre suas obras, destacam-se *O selvagem* e *Dezoito mil milhas no interior do Brasil*.

Darwin - Charles R. Darwin (1809-1882), naturalista e fisiologista inglês, autor de *A origem das espécies em vista da seleção natural*.

Freycinet - Louis Claude de Saulcles de Freycinet (1779-1842), navegador e explorador francês, viajou por boa parte do mundo e esteve também no Rio de Janeiro. Escreveu *Viagem ao redor do mundo nas corvetas, A Urânia* e *A Fisicista*.

Cook - James Cook (1728-1779), circunavegador inglês e explorador dos oceanos Pacífico e Antártico. Entre suas obras, cita-se *Uma viagem através do Polo Sul e ao redor do mundo*.

Bougainville - Louis-Antoine de Bougainville (1729-1811), navegador francês, autor de *Viagem ao redor do mundo*, realizada de 1766 a 1769, a bordo da nau *Mau-Humorada*.

Pigafetta - Francisco Antonio Pigafetta (1491-1534), circunavegador italiano e escrivão da viagem de Fernão de Magalhães, autor de *Viagem ao redor do globo terrestre*.

Magalhães - Fernão de Magalhães (1480-1521), navegador português, que descobriu o estreito que leva seu nome e empreendeu a primeira viagem ao redor do mundo.

compêndios - livros de textos para escolas.

Porto Alegre - Manuel José de Araújo Porto Alegre (1806-1879), jornalista, arquiteto, pintor, teatrólogo e poeta brasileiro. Escreveu o poema épico *Colombo*.

Magalhães - Domingos José Gonçalves de Magalhães (1811-1882), médico e poeta brasileiro, introdutor do romantismo no Brasil com *Suspiros poéticos e saudades* (1836), livro que pregava a reforma e a nacionalização de nossa literatura.

sofrivelmente francês, inglês e alemão; e se não falava tais idiomas, lia-os e traduzia-os corretamente. A razão tinha que ser encontrada numa disposição particular de seu espírito, no forte sentimento que guiava sua vida. Policarpo era patriota. Desde moço, aí pelos vinte anos, o amor da pátria tomou-o todo inteiro. Não fora o amor comum, palrador e vazio; fora um sentimento sério, grave e absorvente. Nada de ambições políticas ou administrativas; o que Quaresma pensou, ou melhor: o que o patriotismo o fez pensar, foi num conhecimento inteiro do Brasil, levando-o a meditações sobre os seus recursos, para depois então apontar os remédios, as medidas progressivas, com pleno conhecimento de causa.

Não se sabia bem onde nascera, mas não fora decerto em São Paulo, nem no Rio Grande do Sul, nem no Pará. Errava quem quisesse encontrar nele qualquer regionalismo; Quaresma era antes de tudo brasileiro. Não tinha predileção por esta ou aquela parte de seu país, tanto assim que aquilo que o fazia vibrar de paixão não eram só os pampas do Sul com o seu gado, não era o café de São Paulo, não eram o ouro e os diamantes de Minas, não era a beleza da Guanabara, não era a altura da Paulo Afonso, não era o estro de Gonçalves Dias ou o ímpeto de Andrade Neves — era tudo isso junto, fundido, reunido, sob a bandeira estrelada do Cruzeiro.

Logo aos dezoito anos quis fazer-se militar; mas a junta de saúde julgou-o incapaz. Desgostou-se, sofreu, mas não maldisse a Pátria. O ministério era liberal, ele se fez conservador e continuou mais do que nunca a amar a "terra que o viu nascer". Impossibilitado

---

bem sofrivelmente - muito razoavelmente, regularmente.
palrador - tagarela.
decerto - com certeza.
Minas - o estado de Minas Gerais, no Sudeste do Brasil.
Guanabara - baía do Rio de Janeiro.
Paulo Afonso - cachoeira no Rio São Francisco.
Andrade Neves - José Joaquim de Andrade Neves (1807-1869), famoso militar brasileiro que lutou em várias campanhas, inclusive na Guerra da Tríplice Aliança, formada pelo Brasil, Argentina e Uruguai — contra o Paraguai (1864-1870). É mais conhecida como "Guerra do Paraguai", o maior conflito armado na América do Sul. Em todo o romance aparecerá com essa última designação ou simplesmente "Paraguai". Teve um filho homônimo.

de evoluir-se sob os dourados do Exército, procurou a administração e dos seus ramos escolheu o militar.

Era onde estava bem. No meio de soldados, de canhões, de veteranos, de papelada inçada de quilos de pólvora, de nomes de fuzis e termos técnicos de artilharia, aspirava diariamente aquele hálito de guerra, de bravura, de vitória, de triunfo, que é bem o hálito da Pátria.

Durante os lazeres burocráticos, estudou, mas estudou a Pátria, nas suas riquezas naturais, na sua história, na sua geografia, na sua literatura e na sua política. Quaresma sabia as espécies de minerais, vegetais e animais, que o Brasil continha; sabia o valor do ouro, dos diamantes exportados por Minas, as guerras holandesas, as batalhas do Paraguai, as nascentes e o curso de todos os rios. Defendia com azedume e paixão a proeminência do Amazonas sobre todos os demais rios do mundo. Para isso ia até ao crime de amputar alguns quilômetros ao Nilo e era com este rival do "seu" rio que ele mais implicava. Ai de quem o citasse na sua frente! Em geral, calmo e delicado, o major ficava agitado e malcriado, quando se discutia a extensão do Amazonas em face da do Nilo.

Havia um ano a esta parte que se dedicava ao tupi-guarani. Todas as manhãs, antes que a "Aurora, com seus dedos rosados abrisse caminho ao louro Febo", ele se atracava até ao almoço com o Montoya, *Arte y diccionario de la lengua guaraní ó más bien tupí*, e estudava o jargão caboclo com afinco e paixão. Na repartição, os

---

dourados - ornamentos das fardas.

inçada - repleta.

guerras holandesas - referência às Invasões Holandesas no Brasil, na primeira metade do século XVII.

batalhas do Paraguai - referência à guerra da Tríplice Aliança.

azedume - irritação.

proeminência - superioridade.

a esta parte - até então.

Aurora [...] Febo - evocação do verso de abertura da "Assembleia de Ítaca" (Canto II da *Odisseia*, obra do grego Homero). Na mitologia grega, Febo é o deus Sol.

Montoya - Antonio Ruiz de Montoya, jesuíta peruano morto em 1652, autor de *Tesouro da língua guarani que se usa no Peru, Paraguai e Rio da Prata* e da obra estudada por Policarpo. "Arte", no caso, é sinônimo de "Gramática".

jargão caboclo - língua corrompida falada pelo mestiço de branco com índio.

pequenos empregados, amanuenses e escreventes, tendo notícia desse seu estudo do idioma tupiniquim, deram não se sabe porque em chamá-lo — Ubirajara. Certa vez, o escrevente Azevedo, ao assinar o ponto, distraído, sem reparar quem lhe estava às costas, disse em tom chocarreiro: "Você já viu que hoje o Ubirajara está tardando?"

Quaresma era considerado no arsenal: a sua idade, a sua ilustração, a modéstia e honestidade do seu viver impunham-no ao respeito de todos. Sentindo que o alcunha lhe era dirigido, não perdeu a dignidade, não prorrompeu em doestos e insultos. Endireitou-se, concertou o *pince-nez*, levantou o dedo indicador no ar e respondeu:

— Senhor Azevedo, não seja leviano. Não queira levar ao ridículo aqueles que trabalham em silêncio, para a grandeza e a emancipação da Pátria.

Nesse dia, o major pouco conversou. Era costume seu, assim pela hora do café, quando os empregados deixavam as bancas, transmitir aos companheiros o fruto de seus estudos, as descobertas que fazia, no seu gabinete de trabalho, de riquezas nacionais. Um dia era o petróleo que lera em qualquer parte, como sendo encontrado na Bahia; outra vez, era um novo exemplar de árvore de borracha que crescia no Rio Pardo, em Mato Grosso; outra, era um sábio, uma notabilidade, cuja bisavó era brasileira; e quando não tinha descoberta a trazer, entrava pela corografia, contava o curso dos rios, a sua extensão navegável, os melhoramentos insignificantes de que careciam para se prestarem a um franco percurso da foz às nascentes. Ele amava sobremodo os rios; as montanhas lhe eram indiferentes. Pequenas talvez...

---

amanuenses - funcionários públicos de condição modesta que copiavam documentos.
Ubirajara - nome de origem indígena, e índio personagem central do romance de mesmo nome, de José de Alencar.
chocarreiro - de brincadeira pesada.
alcunha - apelido; vocábulo do gênero feminino. Usado no masculino, talvez por influência de "apelido".
prorrompeu em doestos - explodiu em injúrias, em acusações desonrosas.
bancas - mesas de trabalho.
Rio Pardo - rio que banha o Estado do Mato Grosso do Sul.
corografia - estudo ou descrição geográfica de um país, região, província ou município.
franco - livre.
sobremodo - sobretudo.

Os colegas ouviam-no respeitosos e ninguém, a não ser esse tal Azevedo, se animava na sua frente a lhe fazer a menor objeção, a avançar uma pilhéria, um dito. Ao voltar as costas, porém, vingavam-se da cacetada, cobrindo-o de troças: "Este Quaresma! Que cacete! Pensa que somos meninos de tico-tico... Arre! Não tem outra conversa".

E desse modo ele ia levando a vida, metade na repartição, sem ser compreendido, e a outra metade em casa, também sem ser compreendido. No dia em que o chamaram de Ubirajara, Quaresma ficou reservado, taciturno, mudo, e só veio a falar porque, quando lavavam as mãos num aposento próximo à secretaria e se preparavam para sair, alguém, suspirando, disse: "Ah! Meu Deus! Quando poderei ir à Europa!" O major não se conteve: levantou o olhar, concertou o *pince-nez* e falou fraternal e persuasivo: "Ingrato! Tens uma terra tão bela, tão rica, e queres visitar a dos outros! Eu, se algum dia puder, hei de percorrer a minha de princípio ao fim!"

O outro objetou-lhe que por aqui só havia febres e mosquitos; o major contestou-lhe com estatísticas e até provou exuberantemente que o Amazonas tinha um dos melhores climas da terra. Era um clima caluniado pelos viciosos que de lá vinham doentes...

Era assim o Major Policarpo Quaresma que acabava de chegar à sua residência, às quatro e quinze da tarde, sem erro de um minuto, como todas as tardes, exceto aos domingos, exatamente, ao jeito da aparição de um astro ou de um eclipse.

No mais, era um homem como todos os outros, a não ser aqueles que têm ambições políticas ou de fortuna, porque Quaresma, não as tinha no mínimo grau.

---

pilhéria - brincadeira.
cacetada - amolação.
troças - brincadeiras, piadas.
cacete - chato.
tico-tico - as quatro primeiras séries escolares, equivalentes ao atual Curso Fundamental.
Arre! - interjeição que designa aborrecimento.
taciturno - calado, triste.
persuasivo - convencido, decidido.
exuberantemente - animadamente.

Sentado na cadeira de balanço, bem ao centro de sua biblioteca, o major abriu um livro e pôs-se a lê-lo à espera do conviva. Era o velho Rocha Pita, o entusiástico e gongórico Rocha Pita da *História da América Portuguesa*. Quaresma estava lendo aquele famoso período: "Em nenhuma outra região se mostra o céu mais sereno, nem madruga mais bela a aurora; o sol em nenhum outro hemisfério tem os raios mais dourados..." mas não pôde ir ao fim. Batiam à porta. Foi abri-la em pessoa.

— Tardei, major? perguntou o visitante.

— Não. Chegaste à hora.

Acabava de entrar em casa do Major Quaresma o Senhor Ricardo Coração dos Outros, homem célebre pela sua habilidade em cantar modinhas e tocar violão. Em começo, a sua fama estivera limitada a um pequeno subúrbio da cidade, em cujos "saraus" ele e seu violão figuravam como Paganini e a sua rabeca em festas de duques; mas, aos poucos, com o tempo, foi tomando toda a extensão dos subúrbios, crescendo, solidificando-se, até ser considerada como cousa própria a eles. Não se julgue, entretanto, que Ricardo fosse um cantor de modinhas aí qualquer, um capadócio. Não; Ricardo Coração dos Outros era um artista a frequentar e a honrar as melhores famílias do Méier, Piedade e Riachuelo. Rara era a noite em que não recebesse um convite. Fosse na casa do Tenente Marques, do doutor Bulhões ou do "Seu" Castro, a sua presença era sempre requerida, instada e apreciada. O doutor Bulhões, até, tinha pelo Ricardo uma admiração especial, um delírio, um frenesi e, quando o trovador cantava, ficava em êxtase. "Gosto muito de canto", dizia o doutor no trem certa vez, "mas só duas pessoas me enchem as medidas: o Tamagno e o Ricardo". Esse doutor tinha

---

gongórico - de linguagem rebuscada, barroquista.

"saraus" - nome popular para festas com dança e/ou representações poéticas e musicais.

Paganini - Nicolo Paganini (1782-1840), violinista italiano, célebre pela capacidade artística.

rabeca - denominação antiquada de "violino".

Méier, Piedade e Riachuelo - bairros do Rio de Janeiro.

instada - exigida.

frenesi - excitação, entusiasmo.

Tamagno - Francesco Tamagno (1850-1905), cantor italiano de ópera.

uma grande reputação nos subúrbios, não como médico, pois que nem óleo de rícino receitava, mas como entendido em legislação telegráfica, por ser chefe de seção da Secretaria dos Telégrafos.

Dessa maneira, Ricardo Coração dos Outros gozava da estima geral da alta sociedade suburbana. É uma alta sociedade muito especial e que só é alta nos subúrbios. Compõe-se em geral de funcionários públicos, de pequenos negociantes, de médicos com alguma clínica, de tenentes de diferentes milícias, nata essa que impa pelas ruas esburacadas daquelas distantes regiões, assim como nas festas e nos bailes, com mais força que a burguesia de Petrópolis e Botafogo. Isto é só lá, nos bailes, nas festas e nas ruas, onde se algum dos seus representantes vê um tipo mais ou menos, olha-o da cabeça aos pés, demoradamente, assim como quem diz: aparece lá em casa que te dou um prato de comida. Porque o orgulho da aristocracia suburbana está em ter todo o dia jantar e almoço, muito feijão, muita carne seca, muito ensopado — aí, julga ela, é que está a pedra de toque da nobreza, da alta linha, da distinção.

Fora dos subúrbios, na Rua do Ouvidor, nos teatros, nas grandes festas centrais, essa gente míngua, apaga-se, desaparece, chegando até as suas mulheres e filhas a perder a beleza com que deslumbram, quase diariamente, os lindos cavalheiros dos intermináveis bailes diários daquelas redondezas.

Ricardo, depois de ser poeta e o cantor dessa curiosa aristocracia, extravasou e passou à cidade, propriamente. A sua fama já chegava a São Cristóvão e em breve (ele o esperava) Botafogo

---

óleo de rícino - tipo de purgante, muito usado antigamente.
Secretaria dos Telégrafos — logo depois da Proclamação da República (1889), os Correios e Telégrafos passaram a funcionar no Paço Imperial, na atual Praça XV de Novembro. Hoje é um centro cultural, com livrarias, restaurantes e espaço para exposições.
impa - mostra orgulho.
Petrópolis - cidade da região serrana do Rio de Janeiro.
Botafogo - bairro do Rio de Janeiro.
todo o dia - o mesmo que "todo dia". Atualmente, para se evitar ambiguidade, nesse tipo de construção prefere-se omitir o artigo definido. No autor, via de regra o artigo está presente.
Rua do Ouvidor - rua do centro do Rio de Janeiro, onde havia o comércio mais sofisticado da Corte.
São Cristóvão — bairro da zona norte do Rio de Janeiro, onde existia a residência oficial da família real, o Paço da Quinta da Boa Vista.

convidá-lo-ia, pois os jornais já falavam no seu nome e discutiam o alcance de sua obra e da sua poética...

Mas que vinha ele fazer ali, na casa de pessoa de propósitos tão altos e tão severos hábitos? Não é difícil atinar. Decerto, não vinha auxiliar o major nos seus estudos de geologia, de poética, de mineralogia e história brasileiras.

Como bem supôs a vizinhança, o Coração dos Outros vinha ali tão somente ensinar o major a cantar modinhas e a tocar violão. Nada mais, e é simples.

De acordo com a sua paixão dominante, Quaresma estivera muito tempo a meditar qual seria a expressão poético-musical característica da alma nacional. Consultou historiadores, cronistas e filósofos e adquiriu certeza que era a modinha acompanhada pelo violão. Seguro dessa verdade, não teve dúvidas: tratou de aprender o instrumento genuinamente brasileiro e entrar nos segredos da modinha. Estava nisso tudo *a quo*, mas procurou saber quem era o primeiro executor da cidade e tomou lições com ele. O seu fim era disciplinar a modinha e tirar dela um forte motivo original de arte.

Ricardo vinha justamente dar-lhe lição, mas, antes disso, por convite especial do discípulo, ia compartilhar o seu jantar; e fora por isso que o famoso trovador chegou mais cedo à casa do subsecretário.

— Já sabe dar o "ré" sustenido, major? perguntou Ricardo logo ao sentar-se.

— Já.

— Vamos ver.

Dizendo isto, foi desencapotar o seu sagrado violão; mas não houve tempo. Dona Adelaide, a irmã de Quaresma, entrou e convidou-os a irem jantar. A sopa já esfriava na mesa, que fossem!

— O Senhor Ricardo há de nos desculpar, disse a velha senhora, a pobreza do nosso jantar. Eu lhe quis fazer um frango com *petit-pois*, mas Policarpo não deixou. Disse-me que esse tal *petit-pois* é estrangeiro e que eu o substituísse por guando. Onde é que se viu frango com guando?

---

tão somente - apenas.

a quo - expressão latina: sem saber.

guando - variante de "andu" e de "guandu": arbusto leguminoso que produz sementes amarelas comestíveis, do tipo do feijão.

Coração dos Outros aventou que talvez fosse bom, seria uma novidade e não fazia mal experimentar.

— É uma mania de seu amigo, Senhor Ricardo, esta de só querer cousas nacionais, e a gente tem que ingerir cada droga, chi!

— Qual, Adelaide, você tem certas ojerizas! A nossa terra, que tem todos os climas do mundo, é capaz de produzir tudo que é necessário para o estômago mais exigente. Você é que deu para implicar.

— Exemplo: a manteiga que fica logo rançosa.

— É porque é de leite, se fosse como essas estrangeiras aí, fabricadas com gorduras de esgotos, talvez não se estragasse... É isto, Ricardo! Não querem nada da nossa terra...

— Em geral é assim, disse Ricardo.

— Mas é um erro... Não protegem as indústrias nacionais... Comigo não há disso: de tudo que há nacional, eu não uso estrangeiro. Visto-me com pano nacional, calço botas nacionais e assim por diante.

Sentaram-se à mesa. Quaresma agarrou uma pequena garrafa de cristal e serviu dous cálices de parati.

— É do programa nacional, fez a irmã, sorrindo.

— Decerto, e é um magnífico aperitivo. Esses vermutes por aí, drogas! Isto é álcool puro, bom, de cana, não é de batatas ou milho...

Ricardo agarrou o cálice com delicadeza e respeito, levou-o aos lábios e foi como se todo ele bebesse o licor nacional.

— Está bom, hein? indagou o major.

— Magnífico, fez Ricardo, estalando os lábios.

— É de Angra. Agora tu vais ver que magnífico vinho do Rio Grande temos... Qual Borgonha! Qual Bordeaux! Temos no Sul muito melhores...

---

aventou - lembrou.

ojerizas - antipatias.

dous - variante de "dois"; a alternância dos ditongos "ou"/ "oi" é comum na época.
  No romance, a forma "dois" aparece somente três vezes.

parati - cachaça.

Angra - Angra dos Reis, cidade do Rio de Janeiro.

Rio Grande - Rio Grande do Sul, estado famoso pela qualidade dos vinhos que produz.

Borgonha - região da França que produz o vinho do mesmo nome.

Bordeaux - região da França que produz vinho tinto do mesmo nome.

E o jantar correu assim, nesse tom. Quaresma exaltando os produtos nacionais: a banha, o toucinho e o arroz; a irmã fazia pequenas objeções e Ricardo dizia: "é, é, não há dúvida" — rolando nas órbitas os olhos pequenos, franzindo a testa diminuta que se sumia no cabelo áspero, forçando muito a sua fisionomia miúda e dura a adquirir uma expressão sincera de delicadeza e satisfação.

Acabado o jantar foram ver o jardim. Era uma maravilha; não tinha nem uma flor. Certamente não se podia tomar por tal míseros beijos-de-frade, palmas-de-santa-rita, quaresmas lutulentas, manacás melancólicos e outros belos exemplares dos nossos campos e prados. Como em tudo o mais, o major era em jardinagem essencialmente nacional. Nada de rosas, de crisântemos, de magnólias — flores exóticas; as nossas terras tinham outras mais belas, mais expressivas, mais olentes, como aquelas que ele tinha ali.

Ricardo ainda uma vez concordou e os dous entraram na sala, quando o crepúsculo vinha devagar, muito vagaroso e lento, como se fosse um longo adeus saudoso do sol ao deixar a terra, pondo nas cousas a sua poesia dolente e a sua deliquescência.

Mal foi aceso o gás, o mestre de violão empunhou o instrumento, apertou as cravelhas, correu a escala, abaixando-se sobre ele como se o quisesse beijar. Tirou alguns acordes, para experimentar; e dirigiu-se ao discípulo, que já tinha o seu em posição:

— Vamos ver. Tire a escala, major.

Quaresma preparou os dedos, afinou a viola, mas não havia na sua execução nem a firmeza, nem o dengue com que o mestre fazia a mesma operação.

---

beijos-de-frade - erva ornamental, balsâmica, também conhecida por "ciúmes", cujo caule tem propriedades diuréticas e vomitórias.
palmas-de-santa-rita - gladíolos.
quaresmas - variante de "quaresmeiras" e de "flores-da-quaresma", no geral de cor roxa.
lutulentas - lutuosas.
manacás - arbustos de flores grandes, cuja corola vai do esbranquiçado ao azul.
olentes - perfumadas.
dolente - que manifesta dor.
deliquescência - desagregação.
cravelhas - peças de madeira ou de metal, destinadas a retesar as cordas do instrumento.
correu a escala - tocou as oito notas musicais.
dengue - afetação de modos.

— Olhe, major, é assim.

E mostrava a posição do instrumento, indo do colo ao braço esquerdo estendido, seguro levemente pelo direito; e em seguida acrescentou:

— Major, o violão é o instrumento da paixão. Precisa de peito para falar... É preciso encostá-lo, mas encostá-lo com macieza e amor, como se fosse a amada, a noiva, para que diga o que sentimos...

Diante do violão, Ricardo ficava loquaz, cheio de sentenças, todo ele fremindo de paixão pelo instrumento desprezado.

A lição durou uns cinquenta minutos. O major sentiu-se cansado e pediu que o mestre cantasse. Era a primeira vez que Quaresma lhe fazia esse pedido; embora lisonjeado, quis a vaidade profissional que ele, a princípio, se negasse.

— Oh! Não tenho nada novo, uma composição minha.

Dona Adelaide obtemperou então:

— Cante uma de outro.

— Oh! Por Deus, minha senhora! Eu só canto as minhas. O Bilac — conhecem? — quis fazer-me uma modinha, eu não aceitei; você não entende de violão, "Seu" Bilac. A questão não está em escrever uns versos certos que digam cousas bonitas; o essencial é achar-se as palavras que o violão pede e deseja. Por exemplo: se eu dissesse, como em começo quis, n'"*O Pé*" uma modinha minha: "o teu pé é uma folha de trevo" — não ia com o violão. Querem ver?

E ensaiou em voz baixa, acompanhado pelo instrumento: o - teu - pé - é - uma - fo - lha - de - tre - vo.

— Vejam, continuou ele, como não dá. Agora reparem: o - teu - pé - é - uma - ro - sa - de - mir - ra. É outra cousa, não acham?

---

loquaz - falador.
fremindo - tremendo.
lisonjeado - orgulhoso (do pedido).
obtemperou - sujeitou-se, assentiu.
Bilac - Olavo Bilac (1865-1918), poeta brasileiro, cultor da forma poética, autor de *Via-Láctea* e *Tarde*.
cousa - a alternância dos ditongos "ou" / "oi", em vocábulos como "coisa" e "dois", é muito comum em vários escritores, até às primeiras décadas do século XX. Aqui preferiu-se seguir as formas adotadas na edição Brasiliense (1959), que respeita as preferências do autor. Nesta edição há a ocorrência de "coisa" apenas três vezes.
de - mir - ra - de mirra: perfumada.

— Não há dúvida, disse a irmã de Quaresma.
— Cante esta, convidou o major.
— Não, objetou Ricardo. Está velha, vou cantar a "Promessa", conhecem?
— Não, disseram os dous irmãos.
— Oh! Anda por aí como as "Pombas" do Raimundo.
— Cante lá, Senhor Ricardo, pediu Dona Adelaide.

Ricardo Coração dos Outros por fim afinou ainda uma vez o violão e começou em voz fraca:

> Prometo pelo Santíssimo Sacramento
> Que serei tua paixão...

— Vão vendo, disse ele num intervalo, quanta imagem, quanta imagem!

E continuou. As janelas estavam abertas. Moças e rapazes começaram a se amontoar na calçada para ouvir o menestrel. Sentindo que a rua se interessava, Coração dos Outros foi apurando a dicção, tomando um ar feroz que ele supunha ser de ternura e entusiasmo; e, quando acabou, as palmas soaram do lado de fora e uma moça entrou procurando Dona Adelaide.

— Senta-te Ismênia, disse ela.
— A demora é pouca.

Ricardo aprumou-se na cadeira, olhou um pouco a moça e continuou a dissertar sobre a modinha. Aproveitando uma pausa, a irmã de Quaresma perguntou à moça:

— Então quando te casas?

Era a pergunta que se lhe fazia sempre. Ela então curvava do lado direito a sua triste cabecinha, coroada de magníficos cabelos castanhos, com tons de ouro, e respondia:

— Não sei... Cavalcânti forma-se no fim do ano e então marcaremos.

Isto era dito arrastado, com uma preguiça de impressionar.

---

as "Pombas" do Raimundo - referência ao soneto "As pombas", terceiro poema do livro *Poesias*, do brasileiro Raimundo Correia (1859-1911). Esse soneto era popularíssimo na época.

Santíssimo Sacramento - a hóstia consagrada, na terminologia da igreja católica.

menestrel - cantor popular.

Não era feia a menina, a filha do general, vizinho de Quaresma. Era até bem simpática, com a sua fisionomia de pequenos traços mal desenhados e cobertos de umas tintas de bondade.

Aquele seu noivado durava há anos; o noivo, o tal Cavalcânti, estudava para dentista, um curso de dous anos, mas que ele arrastava há quatro, e Ismênia tinha sempre que responder à famosa pergunta: — "Então quando se casa?" — "Não sei... Cavalcânti forma-se para o ano e..."

Intimamente ela não se incomodava. Na vida, para ela, só havia uma cousa importante: casar-se; mas pressa não tinha, nada nela a pedia. Já agarrara um noivo, o resto era questão de tempo...

Após responder a Dona Adelaide, explicou o motivo da visita.

Viera, em nome do pai, convidar Ricardo Coração dos Outros a cantar em casa dela.

— Papai, disse Dona Ismênia, gosta muito de modinhas... É do Norte; a senhora sabe, Dona Adelaide, que gente do Norte aprecia muito. Venham.

E para lá foram.

II

Reformas radicais

Havia bem dez dias que o Major Quaresma não saía de casa. Na sua meiga e sossegada casa de São Cristóvão, enchia os dias da

---

Norte - vocábulo usado à época para referir-se tanto ao Norte quanto ao Nordeste do Brasil.

Comentário (1ª - I): O romance se abre com uma situação aparentemente contraditória para as personagens: a relação entre o sério, antiquado e metódico Quaresma — aluno de violão, e o boêmio Ricardo Coração dos Outros — seu professor. No desenrolar da leitura, percebe-se que essa relação é motivada pelo nacionalismo patriótico extremado do major, o que estranha os vizinhos e serve de chacota aos colegas de trabalho. Ele quer cultuar a música popular brasileira, aprendendo violão, aprendizado esse que destoa de seu modo de ser e de agir. Já tem na biblioteca somente livros nacionais ou que versam sobre o país, conhece a fundo suas riquezas, estuda-lhe a história, a geologia, a poesia e a língua indígena; em casa, substitui comidas e bebidas estrangeiras pelas nacionais e mantém no jardim somente plantas brasileiras. Policarpo, funcionário do Arsenal de Guerra, é um pacífico arsenal de pureza de intenções e de bons propósitos para a nação.

forma mais útil e agradável às necessidades do seu espírito e do seu temperamento. De manhã, depois da *toilette* e do café, sentava-se no divã da sala principal e lia os jornais. Lia diversos, porque sempre esperava encontrar num ou noutro uma notícia curiosa, a sugestão de uma ideia útil à sua cara pátria. Os seus hábitos burocráticos faziam-no almoçar cedo; e, embora estivesse de férias, para os não perder, continuava a tomar a primeira refeição de garfo às nove e meia da manhã.

Acabado o almoço, dava umas voltas pela chácara, chácara em que predominavam as fruteiras nacionais, recebendo a pitanga e o cambuim os mais cuidadosos tratamentos aconselhados pela pomologia, como se fossem bem cerejas ou figos.

O passeio era demorado e filosófico. Conversando com o preto Anastácio, que lhe servia há trinta anos, sobre cousas antigas — o casamento das princesas, a quebra do Souto e outras — o major continuava com o pensamento preso aos problemas que o preocupavam ultimamente. Após uma hora ou menos, voltava à biblioteca e mergulhava nas revistas do Instituto Histórico, no Fernão Cardim, nas cartas de Nóbrega, nos anais da Biblioteca, no von den Stein e tomava notas sobre notas, guardando-as numa pequena pasta ao lado. Estudava os índios. Não fica bem dizer estudava, porque já o fizera há tempos, não só no tocante à língua, que já quase falava, como também nos simples aspectos etnográficos e antropológicos. Recordava (é melhor dizer assim), afirmava certas

---

toilette - tualete: ação de aprontar-se para o dia.

cambuim - variante de "cambuí": fruto de pequenas bagas esféricas.

pomologia - estudo das árvores frutíferas.

Fernão Cardim - (1549-1625), jesuíta português que exerceu no Brasil importantes cargos na Companhia de Jesus. Escreveu três tratados: *Do clima e terra do Brasil, Do princípio e origem dos índios do Brasil* e *Informação da missão do Padre Cristóvão de Gouveia às partes do Brasil*.

Nóbrega - Manuel da Nóbrega (1517-1570), jesuíta português, veio para o Brasil com o primeiro governador geral, Tomé de Sousa. Sua obra *Cartas do Brasil* reúne a correspondência escrita de 1549 a 1570.

anais da Biblioteca - publicações periódicas da Biblioteca Nacional do Rio de Janeiro, localizada na Avenida Rio Branco, 219, no centro da cidade.

von den Stein - Karl von den Stein (1855-1929), cientista alemão, autor de obras sobre questões raciais no Brasil.

etnográficos e antropológicos - relativos às raças e ao homem.

noções dos seus estudos anteriores, visto estar organizando um sistema de cerimônias e festas que se baseasse nos costumes dos nossos silvícolas e abrangesse todas as relações sociais.

Para bem se compreender o motivo disso, é preciso não esquecer que o major, depois de trinta anos de meditação patriótica, de estudos e reflexões, chegava agora ao período da frutificação. A convicção que sempre tivera de ser o Brasil o primeiro país do mundo e o seu grande amor à pátria, eram agora ativos e impeliram-no a grandes cometimentos. Ele sentia dentro de si impulsos imperiosos de agir, de obrar e de concretizar suas ideias. Eram pequenos melhoramentos, simples toques, porque em si mesma (era a sua opinião), a grande pátria do Cruzeiro só precisava de tempo para ser superior à Inglaterra.

Tinha todos os climas, todos os frutos, todos os minerais e animais úteis, as melhores terras de cultura, a gente mais valente, mais hospitaleira, mais inteligente e mais doce do mundo — o que precisava mais? Tempo e um pouco de originalidade. Portanto, dúvidas não flutuavam mais no seu espírito, mas no que se referia à originalidade de costumes e usanças, não se tinham elas dissipado, antes se transformaram em certeza após tomar parte na folia do "Tangolomango", numa festa que o general dera em casa.

Caso foi que a visita do Ricardo e do seu violão ao bravo militar veio despertar no general e na família um gosto pelas festanças, cantigas e hábitos genuinamente nacionais, como se diz por aí. Houve em todos um desejo de sentir, de sonhar, de poetar à maneira popular dos velhos tempos. Albernaz, o general, lembrava-se de ter visto tais cerimônias na sua infância: Dona Maricota, sua mulher, até ainda se lembrava de uns versos de Reis; e os seus filhos, cinco moças e um rapaz, viram na cousa um pretexto de festas e, portanto, aplaudiram o entusiasmo dos progenitores. A modinha era pouco; os seus espíritos pediam coisa mais plebeia, mais característica e extravagante.

Cruzeiro - a constelação do Cruzeiro do Sul.

"*Tangolomango*" - Morte; "dar o tangolomango": morrer. Trata-se de uma cantiga de roda — brincadeira folclórica descrita mais adiante, em que Quaresma faz o papel da Morte.

Reis - seis de janeiro, dia dos Reis Magos, quando grupos saem cantando de porta em porta.

Quaresma ficou encantado, quando Albernaz falou em organizar uma chegança, à moda do Norte, por ocasião do aniversário de sua praça. Em casa do general era assim: qualquer aniversário tinha a sua festa, de forma que havia bem umas trinta por ano, não contando domingos, dias feriados e santificados em que se dançava também.

O major pensara até ali pouco nessas cousas de festas e danças tradicionais, entretanto viu logo a significação altamente patriótica do intento. Aprovou e animou o vizinho. Mas quem havia de ensaiar, de dar os versos e a música? Alguém lembrou a tia Maria Rita, uma preta velha, que morava em Benfica, antiga lavadeira da família Albernaz. Lá foram os dous, o General Albernaz e o Major Quaresma, alegres, apressados, por uma linda e cristalina tarde de abril.

O general nada tinha de marcial, nem mesmo o uniforme que talvez não possuísse. Durante toda a sua carreira militar, não viu uma única batalha, não tivera um comando, nada fizera que tivesse relação com a sua profissão e o seu curso de artilheiro. Fora sempre ajudante de ordens, assistente, encarregado disso ou daquilo, escriturário, almoxarife, e era secretário do Conselho Supremo Militar, quando se reformou em general. Os seus hábitos eram de um bom chefe de secção e a sua inteligência não era muito diferente dos seus hábitos. Nada entendia de guerras, de estratégia, de tática ou de história militar; a sua sabedoria a tal respeito estava reduzida às batalhas do Paraguai, para ele a maior e a mais extraordinária guerra de todos os tempos.

---

chegança - representação teatralizada da chegada de uma embarcação a vela a um porto seguro.
praça - alistamento militar.
intento - objetivo.
Benfica - bairro do Rio de Janeiro.
almoxarife - responsável pelo almoxarifado — depósito de objetos, materiais e matérias-primas.
Conselho Supremo Militar - Conselho Supremo Militar e de Justiça, o primeiro tribunal militar do Brasil, hoje correspondente ao Superior Tribunal Militar. Funcionava no Quartel-General no Campo de Sant' Ana, Rio de Janeiro. Atualmente localiza-se na Praça dos Tribunais Superiores, em Brasília, Distrito Federal (DF).

O altissonante título de general, que lembrava cousas sobre-humanas dos Césares, dos Turennes e dos Gustavos Adolfos, ficava mal naquele homem plácido, medíocre, bonachão, cuja única preocupação era casar as cinco filhas e arranjar "pistolões" para fazer passar o filho nos exames do Colégio Militar. Contudo, não era conveniente que se duvidasse das suas aptidões guerreiras. Ele mesmo, percebendo o seu ar muito civil, de onde em onde, contava um episódio de guerra, uma anedota militar. "Foi em Lomas Valentinas", dizia ele... Se alguém perguntava: "O general assistiu a batalha?" Ele respondia logo: "Não pude. Adoeci e vim para o Brasil, nas vésperas. Mas soube pelo Camisão, pelo Venâncio, que a cousa esteve preta".

O bonde que os levava até à velha Maria Rita, percorria um dos trechos mais interessantes da cidade. Ia pelo Pedregulho, uma velha porta da cidade, antigo término de um picadão que ia ter a Minas, se esgalhava para São Paulo e abria comunicações com o Curato de Santa Cruz.

---

altissonante - retumbante.
Césares - referência ao ditador romano Júlio César (101-44 a.C.), cuja fama como militar adveio da conquista das Gálias.
Turennes - referência a Henri de la Tour D'Auvergne, Barão de Turenne (1611-1675), marechal francês vitorioso em várias guerras, devido a sua capacidade de cálculo e de reflexão.
Gustavo II Adolfo - (1594-1632), rei da Suécia, genial e ambicioso, teve papel importante na Guerra dos Trinta Anos, ou Gustavo IV Adolfo (1778-1837).
Colégio Militar - Colégio Militar do Rio de Janeiro, sempre localizado na Rua São Francisco Xavier, atualmente no número 267, Bairro da Tijuca.
de onde em onde - aqui e ali.
Lomas Valentinas - batalha decisiva da Guerra do Paraguai: o exército paraguaio foi aniquilado, mas a vitória custou ao Brasil a metade de suas forças fora de combate.
Camisão - Coronel Carlos de Morais Camisão (1821-1867), comandante de pequena coluna brasileira na Guerra do Paraguai, que se aventurou a entrar no território inimigo, sendo forçada a abandonar a empresa que ficou conhecida como "Retirada da Laguna".
Venâncio - Venâncio Flores (1808-1868), militar e político uruguaio, participante da Guerra da Tríplice Aliança (1864-1870).
picadão - grande atalho, aberto no mato a golpes de facão.
Curato - Povoação pastoreada por um cura, isto é, seu vigário.

Por aí em costas de bestas vieram ter ao Rio o ouro e o diamante de Minas e ainda ultimamente os chamados gêneros do país. Não havia ainda cem anos que as carruagens d'El-Rei Dom João VI, pesadas como naus, a balouçarem-se sobre as quatro rodas muito separadas, passavam por ali para irem ter ao longínquo Santa Cruz. Não se pode crer que a cousa fosse lá muito imponente; a Corte andava em apuros de dinheiro e o rei era relaxado. Não obstante os soldados remendados, tristemente montados em "pangarés" desanimados, o préstito devia ter a sua grandeza, não por ele mesmo, mas pelas humilhantes marcas de respeito que todos tinham que dar à sua lamentável majestade.

Entre nós tudo é inconsistente, provisório, não dura. Não havia ali nada que lembrasse esse passado. As casas velhas, com grandes janelas, quase quadradas, e vidraças de pequenos vidros eram de há bem poucos anos, menos de cinquenta.

Quaresma e Albernaz atravessaram tudo aquilo sem reminiscências e foram até ao ponto. Antes perlustraram a zona do turfe, uma pequena porção da cidade onde se amontoam cocheiras e coudelarias de animais de corridas, tendo grandes ferraduras, cabeças de cavalos, panóplias de chicotes e outros emblemas hípicos, nos pilares dos portões, nas almofadas das portas, por toda parte onde tais distintivos fiquem bem e deem na vista.

A casa da velha preta ficava além do ponto, para as bandas da estação da estrada de ferro Leopoldina. Lá foram ter. Pas-

---

El Rei Dom João VI - Dom João VI (1767-1826), rei de Portugal que viveu no Brasil de 1808 a 1821.

Santa Cruz - bairro do Rio de Janeiro.

Corte - vocábulo que, no romance, sempre designa a cidade do Rio de Janeiro, desde que nela se instalou o governo imperial.

"pangarés" - cavalos reles, ruins.

préstito - cortejo.

majestade - grandeza.

perlustraram - percorreram.

coudelarias - campos de criação de cavalos de corrida, haras.

panóplias - escudos com que se adornam as paredes.

estação da estrada de ferro Leopoldina - parece tratar-se da atual estação Barão de Mauá, na Avenida Francisco Bicalho, s/n, no Bairro Santo Cristo, Rio de Janeiro. Atualmente está desativada.

saram pela estação. Sobre um largo terreiro, negro de moinha de carvão-de-pedra, medas de lenha e imensas tulhas de sacos de carvão vegetal se acumulavam; mais adiante um depósito de locomotivas e sobre os trilhos algumas manobravam e outras arfavam sob pressão.

Apanharam afinal o carreiro onde ficava a casa da Maria Rita. O tempo estivera seco e por isso se podia andar por ele. Para além do caminho, estendia-se a vasta região de mangues, uma zona imensa, triste e feia, que vai até ao fundo da baía e, no horizonte, morre ao sopé das montanhas azuis de Petrópolis. Chegaram à casa da velha. Era baixa, caiada e coberta com as pesadas telhas portuguesas. Ficava um pouco afastada da estrada. À direita havia um monturo: restos de cozinha, trapos, conchas de mariscos, pedaços de louça caseira — um sambaqui a fazer-se para gáudio de um arqueólogo de futuro remoto; à esquerda, crescia um mamoeiro e bem junto à cerca, no mesmo lado, havia um pé de arruda. Bateram. Uma pretinha moça apareceu na janela aberta.

— Que desejam?

Disseram o que queriam e aproximaram-se. A moça gritou para o interior da casa:

— Vovó estão aí dous "moços" que querem falar com a senhora. Entrem, façam o favor — disse ela depois, dirigindo-se ao general e ao seu companheiro.

A sala era pequena e de telha-vã. Pelas paredes, velhos cromos de folhinhas, registros de santos, recortes de ilustrações de jornais

---

moinha - pó.
medas - pilhas de troncos e galhos a que se põe fogo para se obter carvão vegetal.
tulhas - montões.
arfavam - balançavam.
carreiro - caminho, atalho.
baía - baía de Guanabara.
ao sopé - ao pé.
sambaqui - no romance, o que vem mencionado antes: *restos [...] caseira*.
gáudio - alegria.
arruda - planta medicinal e aromática, que também serve para afastar desgraças.
telha-vã - telhado sem forro.
registros - reproduções fotográficas ou de desenhos.

baralhavam-se e subiam por elas acima até dous terços da altura. Ao lado de uma Nossa Senhora da Penha, havia um retrato de Vítor Emanuel com enormes bigodes em desordem; um cromo sentimental de folhinha — uma cabeça de mulher em posição de sonho — parecia olhar um São João Batista ao lado. No alto da porta que levava ao interior da casa, uma lamparina, numa cantoneira, enchia de fuligem a Conceição de louça.

Não tardou vir a velha. Entrou em camisa de bicos de rendas, mostrando o peito descarnado, enfeitado com um colar de miçangas de duas voltas. Capengava de um pé e parecia querer ajudar a marcha com a mão esquerda pousada na perna correspondente.

— Boas tardes, tia Maria Rita, disse o general.

Ela respondeu, mas não deu mostras de ter reconhecido quem lhe falava. O general atalhou:

— Não me conhece mais? Sou o general, o Coronel Albernaz.

— Ah! É sô coroné!... Há quanto tempo! Como está nhã Maricota?

— Vai bem. Minha velha, nós queríamos que você nos ensinasse umas cantigas.

— Quem sou eu, ioiô!

— Ora! Vamos, tia Maria Rita... você não perde nada... você não sabe o "Bumba meu boi"?

Nossa Senhora da Penha - um dos nomes da mãe de Jesus, que os católicos acreditam ter aparecido na Espanha, em uma serra chamada Penha de França.

Vítor Emanuel - Vítor Emanuel II (1820-1878), rei da Sardenha e depois da Itália, verdadeiro criador da unidade italiana.

São João Batista - cultuado pelos católicos como o precursor de Cristo: pregava no deserto, anunciando a vinda do Messias.

cantoneira - prateleira adaptada a um canto da parede.

Conceição - imagem de Nossa Senhora da Conceição, também conhecida por Imaculada Conceição (Concepção), porque os católicos acreditam ter ela concebido Cristo permanecendo virgem.

bicos de rendas - rendas que, de um dos lados, terminam em pontas.

nhã - forma reduzida nasalada de "sinhá"; esta, por sua vez, forma popular de "senhora".

"Bumba meu Boi" - Bailado popular cômico e dramático, organizado em cortejo, com personagens humanos, animais e fantásticos, cujas peripécias giram em torno da morte e da ressurreição do boi.

— Quá, ioiô, já mi esqueceu.
— E o "Boi Espácio".
— Cousa véia, do tempo do cativeiro — pra que sô coroné qué sabê isso?

Ela falava arrastando as sílabas, com um doce sorriso e um olhar vago.

— É para uma festa... Qual é a que você sabe?

A neta que até ali ouvia calada a conversa animou-se a dizer alguma cousa, deixando perceber rapidamente a fiada reluzente de seus dentes imaculados:

— Vovó já não se lembra.

O general, que a velha chamava coronel, por tê-lo conhecido nesse posto, não atendeu a observação da moça e insistiu:

— Qual esquecida, o quê! Deve saber ainda alguma cousa, não é, titia?

— Só sei o "Bicho Tutu", disse a velha.
— Cante lá!
— Ioiô sabe! Não sabe? Quá, sabe!
— Não sei, cante. Se eu soubesse não vinha aqui. Pergunte aqui ao meu amigo, o Major Policarpo, se sei.

Quaresma fez com a cabeça sinal afirmativo e a preta velha, talvez com grandes saudades do tempo em que era escrava e ama de alguma grande casa, farta e rica, ergueu a cabeça, como para melhor recordar-se, e entoou:

É vêm tutu
Por detrás do murundu
Pra cumê sinhozinho
Cum bucado de angu.

— Ora! fez o general com enfado, isso é cousa antiga de embalar crianças. Você não sabe outra?

"Boi Espácio" - poema pastoril anônimo, da cultura popular, representado nas festas natalinas.
"Bicho Tutu" - Bicho-Papão: monstro imaginário com que se faz medo às crianças.
murundu - monte.
sinhozinho - forma popular respeitosa com que os escravos denominavam os filhos do senhor.

— Não, sinhô. Já mi esqueceu.

Os dous saíram tristes. Quaresma vinha desanimado. Como é que o povo não guardava as tradições de trinta anos passados? Com que rapidez morriam assim na sua lembrança os seus folgares e as suas canções? Era bem um sinal de fraqueza, uma demonstração de inferioridade diante daqueles povos tenazes que os guardam durante séculos! Tornava-se preciso reagir, desenvolver o culto das tradições, mantê-las sempre vivazes nas memórias e nos costumes...

Albernaz vinha contrariado. Contava arranjar um número bom para a festa que ia dar, e escapava-lhe. Era quase a esperança de casamento de uma das quatro filhas que se ia, das quatro, porque uma delas já estava garantida, graças a Deus!

O crepúsculo chegava e eles entraram em casa mergulhados na melancolia da hora.

A decepção, porém, demorou dias. Cavalcânti, o noivo de Ismênia, informou que nas imediações morava um literato, teimoso cultivador dos contos e canções populares do Brasil. Foram a ele. Era um velho poeta que teve sua fama aí pelos setenta e tantos, homem doce e ingênuo que se deixara esquecer em vida, como poeta, e agora se entretinha em publicar coleções que ninguém lia, de contos, canções, adágios e ditados populares.

Foi grande a sua alegria quando soube o objeto da visita daqueles senhores. Quaresma estava animado e falou com calor; e Albernaz também, porque via na sua festa, com um número de *folklore*, meio de chamar a atenção sobre sua casa, atrair gente e... casar as filhas.

A sala em que foram recebidos, era ampla; mas estava tão cheia de mesas, estantes, pejadas de livros, pastas, latas, que mal se podia mover nela. Numa lata lia-se: Santa Ana dos Tocos; numa pasta: São Bonifácio do Cabresto.

---

folgares - brincadeiras.

tenazes - persistentes.

folklore - vocábulo inglês: folclore - manifestações culturais e artísticas de caráter popular.

pejadas - repletas.

Santa Ana dos Tocos - Santana dos Tocos, localidade próxima ao município de Resende, no Rio de Janeiro.

— Os senhores não sabem, disse o velho poeta, que riqueza é a nossa poesia popular! que surpresas ela reserva!... Ainda há dias recebi uma carta de Urubu-de-Baixo com uma linda canção. Querem ver?

O colecionador revolveu pastas e afinal trouxe de lá um papel onde leu:

> Se Deus enxergasse pobre
> Não me deixaria assim:
> Dava no coração dela
> Um lugarzinho pra mim.
>
> O amor que tenho por ela
> Já não cabe no meu peito;
> Sai-me pelos olhos afora
> Voa às nuvens direito.

— Não é bonito?... Muito! Se os senhores conhecessem então o ciclo do macaco, a coleção de histórias que o povo tem sobre o símio?... Oh! Uma verdadeira epopeia cômica!

Quaresma olhava para o velho poeta com o espanto satisfeito de alguém que encontrou um semelhante no deserto; e Albernaz, um momento contagiado pela paixão do folclorista, tinha mais inteligência no olhar com que o encarava.

O velho poeta guardou a canção de Urubu-de-Baixo, numa pasta; e foi logo à outra, donde tirou várias folhas de papel. Veio até junto aos dous visitantes e disse-lhes:

— Vou ler aos senhores uma pequena história do macaco, das muitas que o nosso povo conta... Só eu já tenho perto de quarenta e pretendo publicá-las, sob o título *Histórias do Mestre Simão*.

E, sem perguntar se os incomodava ou se estavam dispostos a ouvir, começou:

"O macaco perante o juiz de direito. Andava um bando de macacos em troça, pulando de árvore em árvore, nas bordas de uma grota. Eis senão quando, um deles vê no fundo uma onça que lá caíra. Os macacos se enternecem e resolvem salvá-la. Para isso, arrancaram cipós, emendaram-nos bem, amarraram a corda

---

Urubu-de-Baixo — atual Propriá, no Estado de Sergipe.

assim feita à cintura de cada um deles e atiraram uma das pontas à onça. Com o esforço reunido de todos, conseguiram içá-la e logo se desamarraram, fugindo. Um deles, porém, não o pôde fazer a tempo e a onça segurou-o imediatamente.

— Compadre Macaco, disse ela, tenha paciência. Estou com fome e você vai fazer-me o favor de deixar-se comer.

O macaco rogou, instou, chorou; mas a onça parecia inflexível. Simão então lembrou que a demanda fosse resolvida pelo juiz de direito. Foram a ele; o macaco sempre agarrado pela onça. É juiz de direito entre os animais, o jabuti, cujas audiências são dadas à borda dos rios, colocando-se ele em cima de uma pedra. Os dous chegaram e o macaco expôs as suas razões.

O jabuti ouvi-o e no fim ordenou:

— Bata palmas.

Apesar de seguro pela onça, o macaco pôde assim mesmo bater palmas. Chegou a vez da onça, que também expôs as suas razões e motivos. O juiz, como da primeira vez, determinou ao felino:

— Bata palmas.

A onça não teve remédio senão largar o macaco, que se escapou, e também o juiz, atirando-se n' água".

Acabando a leitura, o velho dirigiu-se aos dous:

— Não acham interessante? Muito! Há no nosso povo muita invenção, muita criação, verdadeiro material para *fabliaux* interessantes... No dia em que aparecer um literato de gênio que o fixe numa forma imortal... Ah! Então!

Dizendo isto, brincava nas suas faces um demorado sorriso de satisfação e nos seus olhos abrolhavam duas lágrimas furtivas.

— Agora, continuou ele, depois de passada a emoção — vamos ao que serve. O "Boi Espácio" ou o "Bumba meu Boi" ainda é muita cousa para vocês... É melhor irmos devagar, começar pelo mais fácil... Está aí o "Tangolomango", conhecem?

— Não, disseram os dous.

— É divertido. Arranje dez crianças, uma máscara de velho, uma roupa estrambólica para um dos senhores, que eu ensaio.

---

fabliaux - vocábulo francês: contos populares em verso, dos séculos XII e XIII. No caso — conjunto de fábulas.
abrolhavam - brotavam.
estrambótica - esquisita.

O dia chegou. A casa do general estava cheia. Cavalcânti viera; e ele e a noiva, à parte, no vão de uma janela, pareciam ser os únicos que não tinham interesse pela folia. Ele, falando muito, cheio de trejeitos no olhar; ela, meio fria, deitando de quando em quando, para o noivo, um olhar de gratidão.

Quaresma fez o "Tangolomango", isto é, vestiu uma velha sobrecasaca do general, pôs uma imensa máscara de velho, agarrou-se a um bordão curvo, em forma de báculo, e entrou na sala. As dez crianças cantaram em coro:

> Uma mãe teve dez filhos
> Todos os dez dentro de um pote:
> Deu o Tangolomango nele
> Não ficaram senão nove.

Por aí, o major avançava, batia com o báculo no assoalho, fazia: hu! hu! hu!; as crianças fugiam, afinal ele agarrava uma e levava para dentro. Assim ia executando com grande alegria da sala, quando, pela quinta estrofe, lhe faltou o ar, lhe ficou a vista escura e caiu. Tiraram-lhe a máscara, deram-lhe algumas sacudidelas e Quaresma voltou a si.

O acidente, entretanto, não lhe deu nenhum desgosto pelo *folklore*. Comprou livros, leu todas as publicações a respeito, mas a decepção lhe veio ao fim de algumas semanas de estudo.

Quase todas as tradições e canções eram estrangeiras; o próprio "Tangolomango" era também. Tornava-se, portanto, preciso arranjar alguma cousa própria, original, uma criação da nossa terra e dos nossos ares.

Essa ideia levou-o a estudar os costumes tupinambás; e, como uma ideia traz outra, logo ampliou o seu propósito e eis a razão por que estava organizando um código de relações, de cumprimentos, de cerimônias domésticas e festas, calcado nos preceitos tupis.

Desde dez dias que se entregava a essa árdua tarefa, quando (era domingo) lhe bateram à porta, em meio de seu trabalho. Abriu, mas não apertou a mão. Desandou a chorar, a berrar, a arrancar

---

bordão - tipo de bastão.
báculo - bastão usado pelos bispos nas cerimônias religiosas.

os cabelos, como se tivesse perdido a mulher ou um filho. A irmã correu lá de dentro, o Anastácio também, e o compadre e a filha, pois eram eles, ficaram estupefatos no limiar da porta.

— Mas que é isso, compadre?
— Que é isso, Policarpo?
— Mas, meu padrinho...

Ele ainda chorou um pouco. Enxugou as lágrimas e, depois, explicou com a maior naturalidade:

— Eis aí! Vocês não têm a mínima noção das cousas da nossa terra. Queriam que eu apertasse a mão. Isto não é nosso! Nosso cumprimento é chorar quando encontramos os amigos, era assim que faziam os tupinambás.

O seu compadre Vicente, a filha e Dona Adelaide entreolharam-se, sem saber o que dizer. O homem estaria doido? Que extravagância!

— Mas, Senhor Policarpo, disse-lhe o compadre, é possível que isto seja muito brasileiro, mas é bem triste, compadre.

— Decerto, padrinho, acrescentou a moça com vivacidade; parece até agouro...

Este seu compadre era italiano de nascimento. A história das suas relações vale a pena contar. Quitandeiro ambulante, fora fornecedor da casa de Quaresma há vinte e tantos anos. O major já tinha as suas ideias patrióticas, mas não desdenhava conversar com o quitandeiro e até gostava de vê-lo suado, curvado ao peso dos cestos, com duas rosas vermelhas nas faces muito brancas de europeu recém-chegado. Mas um belo dia, ia Quaresma pelo Largo do Paço, muito distraído, a pensar nas maravilhas arquitetônicas do chafariz do Mestre Valentim, quando veio a encontrar-se com o mercador ambulante. Falou-lhe com aquela simplicidade d'alma que era bem sua, e notou que o rapaz tinha alguma preocupação séria. Não só, de onde em onde, soltava exclamações sem ligação

---

estupefatos - paralisados, espantados.
Largo do Paço - atual Praça XV de Novembro, no Rio de Janeiro.
chafariz do Mestre Valentim - localizado na atual Praça XV de Novembro no Rio de Janeiro, também conhecido por "chafariz da Pirâmide". Foi esculpido pelo escultor, entalhador e urbanista Valentim da Fonseca e Silva (1745?-1813), mais conhecido como "Mestre Valentim".

alguma com a conversa atual, como também, cerrava os lábios, rilhava os dentes e crispava raivosamente os punhos. Interrogou-o e veio a saber que tivera uma questão de dinheiro com um seu colega, estando disposto a matá-lo, pois perdera o crédito e em breve estaria na miséria. Havia na sua afirmação uma tal energia e um grande e estranho acento de ferocidade, que fizeram empregar o major toda a sua doçura e persuasão para dissuadi-lo do propósito. E não ficou nisto só: emprestou-lhe também dinheiro. Vicente Coleoni pôs uma quitanda, ganhou uns contos de réis, fez-se logo empreiteiro, enriqueceu, casou, veio a ter aquela filha, que foi levada à pia pelo seu benfeitor. Inútil é dizer que Quaresma não notou a contradição entre as suas ideias patrióticas e o seu ato.

É verdade que ele não as tinha ainda muito firmes, mas já flutuavam na sua cabeça e reagiam sobre a sua consciência como tênues desejos, veleidades de rapaz de pouco mais de vinte anos, veleidades que não tardariam tomar consistência e só esperavam os anos para desabrochar em atos.

Fora, pois, ao seu compadre Vicente e à sua afilhada Olga que ele recebera com o mais legítimo cerimonial guaitacás, e, se não envergara o traje de rigor de tão interessante povo, motivo não foi o não tê-lo. Estava até à mão, mas faltava-lhe tempo para despir-se.

— Lê-se muito, padrinho? perguntou-lhe a afilhada, deitando sobre ele os seus olhos muito luminosos.

Havia entre os dous uma grande afeição. Quaresma era um tanto reservado e o vexame de mostrar os seus sentimentos faziam-no econômico nas demonstrações afetuosas. Adivinha-se, entretanto, que a moça ocupava-lhe no coração o lugar dos filhos que não tivera nem teria jamais. A menina vivaz, habituada a falar alto e desembaraçadamente, não escondia a sua afeição tanto mais que sentia confusamente nele alguma coisa de superior, uma ânsia de ideal, uma tenacidade em seguir um sonho, uma ideia,

---

dissuadi-lo - demovê-lo.
levada à pia - batizada, na igreja católica.
veleidades - intenções passageiras.
guaitacás - variante de "goitacás", comunidade indígena que até à metade do século XVII dominava o litoral brasileiro, do Espírito Santo ao Rio Paraíba do Sul.
tenacidade - persistência.

um voo enfim para as altas regiões do espírito que ela não estava habituada a ver em ninguém do mundo que frequentava. Essa admiração não lhe vinha da educação. Recebera a comum às moças de seu nascimento. Vinha de um pendor próprio, talvez das proximidades europeias do seu nascimento, que a fizeram um pouco diferente das nossas moças.

Fora com um olhar luminoso e prescrutador que ela perguntara ao padrinho:

— Então padrinho, lê-se muito?

— Muito, minha filha. Imagina que medito grandes obras, uma reforma, a emancipação de um povo.

Vicente fora com Dona Adelaide para o interior da casa e os dous conversavam a sós na sala dos livros. A afilhada notou que Quaresma tinha alguma cousa de mais. Falava agora com tanta segurança, ele que antigamente era tão modesto, hesitante mesmo no falar — que diabo! Não, não era possível... Mas, quem sabe? E que singular alegria havia nos seus olhos — uma alegria de matemático que resolveu um problema, de inventor feliz!

— Não se vá meter em alguma conspiração, disse a moça gracejando.

— Não te assustes por isso. A cousa vai naturalmente, não é preciso violências...

Nisto Ricardo Coração dos Outros entrou com o seu longo e rabudo fraque de sarja e o seu violão encapotado em camurça. O major fez as apresentações.

— Já o conhecia de nome, Senhor Ricardo, disse Olga.

Coração dos Outros encheu-se de um alvissareiro contentamento. A sua fisionomia minguada dilatou-se ao brilho do seu olhar satisfeito; e a sua cútis que era ressecada e de um tom de velho mármore, como que ficou macia e jovem. Aquela moça parecia rica, era fina e bonita, conhecia-o — que satisfação!

---

pendor - inclinação, jeito.
prescrutador - observador atento. A forma considerada correta é "perscrutador"; entretanto, outros autores da época usam a primeira.
singular - estranho.
sarja - tecido entrançado — de seda, lã ou algodão.
alvissareiro - que promete (boas notícias).

Ele que era sempre um tanto parvo e atrapalhado, quando se encontrava diante das moças, fossem de que condição fossem, animava-se, soltava a língua, amaciava a voz e ficava numeroso e eloquente.

— Leu então os meus versos, não é, minha senhora?

— Não tive esse prazer, mas li, há meses, uma apreciação sobre um trabalho seu.

— No *Tempo*, não foi?

— Foi.

— Muito injusta! acrescentou Ricardo. Todos os críticos se atêm a essa questão de metrificação. Dizem que os meus versos não são versos... São, sim; mas são versos para violão. Vossa Excelência sabe que os versos para música têm alguma cousa de diferente dos comuns, não é? Não há, portanto, nada a admirar que os meus versos, feitos para o violão, sigam outra métrica e outro sistema, não acha?

— Decerto, disse a moça. Mas parece-me que o Senhor faz versos para a música e não música para os versos.

E ela sorriu devagar, enigmaticamente, deixando parado o seu olhar luminoso, enquanto Ricardo, desconfiado, lhe sondava a intenção com os seus olhinhos vivos e miúdos de camundongo.

Quaresma, que até ali se conservava calado, interveio:

— O Ricardo, Olga, é um artista... Tenta e trabalha para levantar o violão.

— Eu sei, padrinho. Eu sei...

— Entre nós, minha senhora, falou Coração dos Outros, não se levam a sério essas tentativas nacionais, mas, na Europa, todos respeitam e auxiliam... Como é que se chama, major, aquele poeta que escreveu em francês popular?

— Mistral, acudiu Quaresma, mas não é francês popular; é o provençal, uma verdadeira língua.

---

parvo - abobalhado.

numeroso - harmonioso.

Tempo - periódico do Rio de Janeiro

Mistral - Frederico Mistral (1830-1914), poeta da região francesa da Provença, autor do poema rústico *Mireille*. Fundou uma corrente para manter o provençal e outros dialetos como língua literária.

— Sim, é isso, confirmou Ricardo. Pois o Mistral não é considerado, respeitado? Eu, no tocante ao violão, estou fazendo o mesmo.

Olhou triunfante para um e outro circunstante; e Olga dirigindo-se a ele, disse:

— Continue na tentativa, Senhor Ricardo, que é digno de louvor.

— Obrigado. Fique certa, minha senhora, que o violão é um belo instrumento e tem grandes dificuldades. Por exemplo.

— Qual! interrompeu Quaresma abruptamente. Há outros mais difíceis.

— O piano? perguntou Ricardo.

— Que piano! O maracá, a inúbia.

— Não conheço.

— Não conheces? É boa! Os instrumentos mais nacionais possíveis, os únicos que o são verdadeiramente; instrumentos dos nossos antepassados, daquela gente valente que se bateu e ainda se bate pela posse desta linda terra. Os caboclos!

— Instrumento de caboclo, ora! disse Ricardo.

— De caboclo! Que é que tem? O Léry diz que são muito sonoros e agradáveis de ouvir... Se é por ser de caboclo, o violão também não vale nada — é um instrumento de capadócio.

— De capadócio, major! Não diga isso...

E os dous ainda discutiram acaloradamente diante da moça, surpresa, espantada, sem atinar, sem explicação para aquela inopinada transformação de gênio do seu padrinho, até ali tão sossegado e tão calmo.

---

circunstante - interlocutor.

maracá - espécie de chocalho, usado pelos índios nas solenidades religiosas e guerreiras.

inúbia - nome poético do membitarará — trombeta guerreira dos índios tupis-guaranis.

inopinada - imprevista.

C (1ª - II): O patriotismo exacerbado de Quaresma encontra eco em Albernaz, no que toca à prática de representações da cultura popular. Entretanto, este último é o oposto do primeiro. Enquanto o major tem como objetivo ver a pátria suplantar a Inglaterra — então o mais rico país do mundo — o general, que, a bem da verdade, nada tem de general, só pensa em casar as filhas e por isso

III

A notícia do Genelício

Então quando se casa, Dona Ismênia?
— Em março. Cavalcânti já está formado e...
Afinal a filha do general pôde responder com segurança à pergunta que se lhe vinha fazendo há quase cinco anos. O noivo finalmente encontrara o fim do curso de dentista e marcara o casamento para daí a três meses. A alegria foi grande na família; e, como em tal caso, uma alegria não podia passar sem um baile, uma festa foi anunciada para o sábado que se seguia ao pedido da pragmática.

As irmãs da noiva, Quinota, Zizi, Lalá e Vivi, estavam mais contentes que a irmã nubente. Parecia que ela lhes ia deixar o caminho desembaraçado, e fora a irmã quem até ali tinha impedido que se casassem.

Noiva havia quase cinco anos, Ismênia já se sentia meio casada. Esse sentimento junto à sua natureza pobre fê-la não sentir um pouco mais de alegria. Ficou no mesmo. Casar, para ela, não era negócio de paixão, nem se inseria no sentimento ou nos sentidos: era uma ideia, uma pura ideia. Aquela sua inteligência rudimentar tinha separado da ideia de casar o amor, o prazer dos sentidos, uma tal ou qual liberdade, a maternidade, até o noivo. Desde menina,

---

dá festas. Neste capítulo, o tempo de Quaresma divide-se em três momentos: ler e estudar muito e tudo sobre o Brasil, chegando, inclusive, a falar o tupi; colaborar mentalmente com grandes projetos para o engrandecimento do país e cultivar exageradamente as coisas nacionais, renegando as estrangeiras. Nesse último momento, Policarpo já é visto com maus olhos, quando, ao invés de cumprimentar com um aperto de mão, chora, e justifica: assim os índios tupinambás se cumprimentam. Outra atitude estranha é afirmar que tocar o chocalho indígena é mais difícil do que tocar piano. Observe que a ideia de nação e a de raízes pré-cabralinas se confundem. O major não tem uma visão prospectiva e progressista da História, mas uma retrospectiva saudosista e irreal, ao desejar restabelecer o passado (indianista) no presente, por exemplo. O capítulo acaba com indícios de que Quaresma começa a enlouquecer.
pragmática - conjunto das regras formais e rigorosas da etiqueta.
nubente - noiva.

ouvia a mamãe dizer: "Aprenda a fazer isso, porque quando você se casar"... ou se não: "Você precisa aprender a pregar botões, porque quando você se casar..."

A todo instante e a toda a hora, lá vinha aquele — "porque, quando você se casar..." — e a menina foi se convencendo de que toda a existência só tendia para o casamento. A instrução, as satisfações íntimas, a alegria, tudo isso era inútil; a vida se resumia numa cousa: casar.

De resto, não era só dentro de sua família que ela encontrava aquela preocupação. No colégio, na rua, em casa das famílias conhecidas, só se falava em casar. "Sabe, Dona Maricota, a Lili casou-se; não fez grande negócio, pois parece que o noivo não é lá grande cousa"; ou então: "A Zezé está doida para arranjar casamento, mas é tão feia, meu Deus!..."

A vida, o mundo, a variedade intensa dos sentimentos, das ideias, o nosso próprio direito à felicidade, foram parecendo ninharias para aquele cerebrozinho; e, de tal forma casar-se se lhe representou cousa importante, uma espécie de dever, que não se casar, ficar solteira, "tia", parecia-lhe um crime, uma vergonha.

De natureza muito pobre, sem capacidade para sentir qualquer cousa profunda e intensamente, sem quantidade emocional para a paixão ou para um grande afeto, na sua inteligência a ideia de "casar-se" incrustou-se teimosamente como uma obsessão.

Ela não era feia; amorenada, com os seus traços acanhados, o narizinho mal feito, mas galante, não muito baixa nem muito magra e a sua aparência de bondade passiva, de indolência de corpo, de ideia e de sentidos — era até um bom tipo das meninas a que os namorados chamam — "bonitinhas". O seu traço de beleza dominante, porém, eram os seus cabelos: uns bastos cabelos castanhos, com tons de ouro, sedosos até ao olhar.

Aos dezenove anos arranjou namoro com o Cavalcânti, e à fraqueza de sua vontade e ao temor de não encontrar marido não foi estranha a facilidade com que o futuro dentista a conquistou.

---

acanhados - reduzidos.
galante - gracioso.
indolência - languidez, moleza.
bastos - volumosos.

O pai fez má cara. Ele andava sempre ao par dos namoros das filhas: "Diga-me sempre, Maricota — dizia ele — quem são. Olho vivo!... É melhor prevenir que curar... Pode ser um valdevinos e..." Sabendo que o pretendente à Ismênia era um dentista, não gostou muito. Que é um dentista? perguntava ele de si para si. Um cidadão semiformado, uma espécie de barbeiro. Preferia um oficial, tinha montepio e meio soldo; mas a mulher convenceu-o de que os dentistas ganham muito, e ele acedeu.

Começou então Cavalcânti a frequentar a casa na qualidade de noivo "paisano", isto é, que não pediu, não é ainda "oficial".

No fim do primeiro ano, tendo notícia das dificuldades com que o futuro genro lutava para acabar os estudos, o general foi generosamente em seu socorro. Pagou-lhe taxas de matrículas, livros e outras cousas. Não era raro que após uma longa conversa com a filha, Dona Maricota viesse ao marido e dissesse: "Chico, arranja-me vinte mil-réis que o Cavalcânti precisa comprar uma Anatomia".

O general era leal, bom e generoso; a não ser a sua pretensão marcial, não havia no seu caráter a mínima falha. Demais, aquela necessidade de casar as filhas ainda o fazia melhor quando se tratava dos interesses delas.

Ele ouvia a mulher, coçava a cabeça e dava o dinheiro; e até para evitar despesas ao futuro genro, convidou-o a jantar em casa todo o dia; e assim o namoro foi correndo até ali.

Enfim — dizia Albernaz à mulher, na noite do pedido, quando já recolhidos — a cousa vai acabar. Felizmente, respondia-lhe Dona Maricota, vamos descontar esta letra.

---

ao par - a par; atualmente, "ao par" é expressão usada apenas para moedas em equivalência de valor.
valdevinos - malandro.
montepio - direito de, depois da morte, deixar pensão pagável a pessoa de sua escolha.
meio soldo - metade da quantia básica, de referência, para pagamento de militar, à qual se acrescentam percentuais variáveis.
acedeu - concordou.
Anatomia - compêndio de Anatomia
marcial - relativo à guerra.
descontar esta letra - resgatar este título de crédito.

A satisfação resignada do general era porém, falsa; ao contrário: ele estava radiante. Na rua, se encontrava um camarada, no primeiro momento azado, lá dizia ele:

— É um inferno, esta vida! Imagina tu, Castro, que ainda por cima tenho que casar uma filha!

Ao que Castro interrogava:

— Qual delas?

— A Ismênia, a segunda, respondia Albernaz e logo acrescentava: tu é que és feliz: só tiveste filhos.

— Ah! meu amigo! falava o outro cheio de malícia, aprendi a receita. Porque não fizeste o mesmo?

Despedindo-se, o velho Albernaz corria aos armazéns, às lojas de louça, comprava mais pratos, mais compoteiras, um centro de mesa, porque a festa devia ser imponente e ter um ar de abundância e riqueza que traduzisse o seu grande contentamento.

Na manhã do dia da festa comemorativa do pedido, Dona Maricota amanheceu cantando. Era raro que o fizesse; mas nos dias de grande alegria, ela cantarolava uma velha ária, uma cousa do seu tempo de moça e as filhas que sentiam nisto sinal certo de alegria corriam a ela, pedindo-lhe isto ou aquilo.

Muito ativa, muito diligente, não havia dona de casa mais econômica, mais poupada e que fizesse render mais o dinheiro do marido e o serviço das criadas. Logo que despertou, pôs tudo em atividade, as criadas e as filhas. Vivi e Quinota foram para os doces; Lalá e Zizi auxiliaram as raparigas na arrumação das salas e dos quartos, enquanto ela e Ismênia iam arrumar a mesa, dispô-la com muito gosto e esplendor. O móvel ficaria assim galhardo desde as primeiras horas do dia. A alegria de Dona Maricota era grande; ela não compreendia que uma mulher pudesse viver sem estar casada. Não eram só os perigos a que se achava exposta, a falta de arrimo; parecia-lhe feio e desonroso para a família. A sua satisfação não vinha do simples fato de ter descontado uma letra,

---

azado - oportuno.
ária - peça de música para uma só voz; cantiga.
raparigas - moças.
galhardo - elegante.

como ela dizia. Vinha mais profundamente dos seus sentimentos maternos e de família.

Ela arrumava a mesa, nervosa e alegre; e a filha fria e indiferente.

— Mas, minha filha, dizia ela, até parece que não é você quem se vai casar! Que cara! Você parece aí uma "mosca-morta".

— Mamãe, que quer que eu faça?

— Não é bonito rir-se muito, andar aí como uma sirigaita, mas também assim como você está! Eu nunca vi noiva assim.

Durante uma hora, a moça esforçou-se por parecer muito alegre, mas logo lhe tornava toda a pobreza de sua natureza, incapaz de vibração sentimental, e o natural do seu temperamento vencia-a e não tardava em cair naquela doentia lassidão que lhe era própria.

Veio muita gente. Além das moças e as respeitáveis mães, acudiram ao convite do general, o Contra-Almirante Caldas, o doutor Florêncio, engenheiro das águas, o Major honorário Inocêncio Bustamante, o Senhor Bastos, guarda-livros, ainda parente de Dona Maricota, e outras pessoas importantes. Ricardo não fora convidado porque o general temia a opinião pública sobre a presença dele em festa séria; Quaresma o fora, mas não viera; e Cavalcânti jantara com os futuros sogros.

Às seis horas, a casa já estava cheia. As moças cercavam Ismênia, cumprimentando-a, não sem um pouco de inveja no olhar.

Irene, uma alourada e alta, aconselhava:

— Eu, se fosse você, comprava tudo no Parque.

Tratava-se do enxoval. Todas elas, embora solteiras, davam conselhos, sabiam as casas barateiras, as peças mais importantes e as que podiam ser dispensadas. Estavam ao par.

---

mosca-morta - desanimada.
sirigaita - mulher pretensiosa e sedutora.
lassidão - indolência.
guarda-livros - profissional que se encarrega da escrituração dos livros mercantis.
Parque - parece tratar-se do grande magazine Parc Royal, cujas novas instalações, no Largo de São Francisco, foram inauguradas em 1911 e destruídas por um incêndio em 1943.

A Armanda indicava com um requebro feiticeiro nos olhos:
— Eu, ontem, vi na Rua da Constituição um dormitório de casal, muito bonito, você por que não vai ver, Ismênia? Parece barato.

A Ismênia era a menos entusiasmada, quase não respondia às perguntas; e, se as respondia, era por monossílabos. Houve um momento em que sorriu quase com alegria e abandono. Estefânia, a doutora, normalista, que tinha nos dedos um anel, com tantas pedras que nem uma joalheria, num dado momento, chegou a boca carnuda aos ouvidos da noiva e fez uma confidência. Quando deixou de segredar-lhe, assim como se quisesse confirmar o dito, dilatou muito os seus olhos maliciosos e quentes, e disse alto:
— Eu quero ver isso... Todas dizem que não... Eu sei...

Ela aludia à resposta que, à sua confidência, Ismênia tinha dado com parcimônia: qual o quê?

Todas elas, conversando, tinham os olhos no piano. Os rapazes e uma parte dos velhos rodeavam Cavalcânti, muito solene, dentro de um grande fraque preto.
— Então, doutor, acabou, hein? dizia este a jeito de um cumprimento.
— É verdade! Trabalhei. Os senhores não imaginam os tropeços, os embargos — fui de um heroísmo!...
— Conhece o Chavantes? perguntava um outro.
— Conheço. Um crônico, um pândego...
— Foi seu colega?
— Foi, isto é, ele é do curso de medicina. Matriculamo-nos no mesmo ano.

Cavalcânti ainda não tinha tido tempo de atender a este e já era obrigado a ouvir a observação de outro.

Rua da Constituição - rua do centro do Rio de Janeiro. Começa na atual Praça Tiradentes.
parcimônia - economia (de palavras).
embargos - impedimentos, barreiras.
crônico - persistente.
pândego - engraçado e alegre.

— É muito bonito ser formado. Se eu tivesse ouvido meu pai, não estava agora a quebrar a cabeça no "*deve*" e "*haver*". Hoje, torço a orelha e não sai sangue.

— Atualmente, não vale nada, meu caro senhor, dizia modestamente Cavalcânti. Com essas academias livres... Imaginem que já se fala numa Academia Livre de Odontologia! É o cúmulo! Um curso difícil e caro, que exige cadáveres, aparelhos, bons professores, como é que particulares poderão mantê-lo? Se o governo mantém mal...

— Pois doutor, acudia um outro, dou-lhe meus parabéns. Digo-lhe o que disse ao meu sobrinho, quando se formou: vá furando!

— Ah! Seu sobrinho é formado? inquiria delicadamente Cavalcânti.

— Em engenharia. Está no Maranhão, na estrada de Caxias.

— Boa carreira.

Nos intervalos da conversa, todos eles olhavam o novel dentista como se fosse um ente sobrenatural.

Para aquela gente toda, Cavalcânti não era mais um simples homem, era homem e mais alguma cousa sagrada e de essência superior; e não juntavam à imagem que tinham dele atualmente, as cousas que porventura ele pudesse saber ou tivesse aprendido. Isto não entrava nela de modo algum; e aquele tipo, para alguns, continuava a ser vulgar, comum, na aparência, mas a sua substância tinha mudado, era outra diferente da deles e fora ungido de não sei que cousa vagamente fora da natureza terrestre, quase divina.

Para o lado de Cavalcânti, que se achava na sala de visitas, vieram os menos importantes. O general ficara na sala de jantar, fumando, cercado dos mais titulados e dos mais velhos. Estavam

---

"*deve*" - coluna do livro comercial na qual se registram as despesas.
"*haver*" - coluna do livro comercial na qual se registram as receitas
Academia Livre - no século XIX chamavam-se "academias livres" às escolas particulares de curso superior.
Caxias - cidade do Maranhão.
novel - recém-formado.
ungido - purificado.

com ele o Contra-Almirante Caldas, o Major Inocêncio, o doutor Florêncio e o Capitão de Bombeiros Sigismundo.

Inocêncio aproveitou a ocasião para fazer uma consulta a Caldas sobre assunto de legislação militar. O contra-almirante era interessantíssimo. Na Marinha, por pouco que não fazia *pendant* com Albernaz no Exército. Nunca embarcara, a não ser na guerra do Paraguai, mas assim mesmo por muito pouco tempo. A culpa, porém, não era dele. Logo que se viu primeiro-tenente, Caldas foi aos poucos se metendo consigo, abandonando a roda dos camaradas, de forma que, sem empenhos e sem amigos nos altos lugares, se esqueciam dele e não lhe davam comissões de embarque. É curiosa essa cousa das administrações militares: as comissões são merecimento, mas só se as dá aos protegidos.

Certa vez, quando era já capitão-tenente, deram-lhe um embarque em Mato Grosso. Nomearam-no para comandar o couraçado "Lima Barros". Ele lá foi, mas, quando se apresentou ao comandante da flotilha, teve notícia de que não existia no Rio Paraguai semelhante navio. Indagou daqui e dali e houve quem aventurasse que podia ser que o tal "Lima Barros" fizesse parte da esquadrilha do alto Uruguai. Consultou o comandante.

— Eu, no seu caso, disse-lhe o superior, partia imediatamente para a flotilha do Rio Grande.

Ei-lo a fazer malas para o alto Uruguai, onde chegou enfim, depois de uma penosa e fatigante viagem. Mas aí também não estava o tal "Lima Barros". Onde estaria então? Quis telegrafar para o Rio de Janeiro, mas teve medo de ser censurado, tanto mais que não andava em cheiro de santidade. Esteve assim um mês

---

pendant - vocábulo francês: objeto de arte destinado a figurar simetricamente com outro; "fazer *pendant* com" - estar em situação semelhante, conjugada.

couraçado "Lima Barros" - couraçado - variante de "encouraçado": navio de combate, armado de canhões de grosso calibre, e cercado de couraças, isto é, chapas protetoras de aço especial. O Lima Barros foi construído na Inglaterra e incorporado à Marinha do Brasil em 1866.

flotilha - agrupamento de navios de pequeno tamanho e com características idênticas ou semelhantes.

esquadrilha - denominação antiga para "flotilha".

alto Uruguai - região superior do Rio Uruguai.

cheiro de santidade - segundo a tradição, cheiro que exalavam os cadáveres dos santos. No caso, uso metafórico: sem culpabilidade.

em Itaqui, hesitante, sem receber soldo e sem saber que destino tomar. Um dia lhe veio a ideia de que o navio bem poderia estar no Amazonas. Embarcou na intenção de ir ao extremo norte e quando passou pelo Rio, conforme a praxe, apresentou-se às altas autoridades da Marinha. Foi preso e submetido a conselho.

O "Lima Barros" tinha ido a pique, durante a guerra do Paraguai.

Embora absolvido, nunca mais entrou em graça dos ministros e dos seus generais. Todos o tinham na conta de parvo, de um comandante de opereta que andava à cata do seu navio pelos quatro pontos cardeais. Deixaram-no "encostado", como se diz na gíria militar, e ele levou quase quarenta anos para chegar de guarda-marinha a capitão de fragata. Reformado no posto imediato, com graduação do seguinte, todo o seu azedume contra a Marinha se concentrou num longo trabalho de estudar leis, decretos, alvarás, avisos, consultas, que se referissem a promoções de oficiais. Comprava repertórios de legislação, armazenava coleções de leis, relatórios, e encheu a casa de toda essa enfadonha e fatigante literatura administrativa. Os requerimentos, pedindo a modificação da sua reforma, choviam sobre os ministros da Marinha. Corriam meses o infinito rosário de repartições e eram sempre indeferidos, sobre consultas do Conselho Naval ou do Supremo Tribunal Militar. Ultimamente constituíra advogado junto à justiça federal e lá andava ele de cartório em cartório, acotovelando-se com

---

Itaqui - cidade do Rio Grande do Sul, à margem esquerda do Rio Uruguai.

a conselho - a julgamento por um colegiado (de guerra).

entrou em graça - teve a confiança.

parvo - bobo.

alvará - documento passado a alguém por autoridade judiciária ou administrativa, que contém ordem ou autorização para a prática de determinado ato.

enfadonha - aborrecida.

Conselho Naval - órgão consultivo do Ministro da Marinha, à época era composto por cinco membros efetivos. Funcionava no prédio da Secretaria de Estado dos Negócios Estrangeiros, hoje inexistente, na Praça Mauá. Atualmente corresponde ao Almirantado. (Fonte: Capitão-Tenente Ricardo dos Santos Guimarães, chefe do Depto. de História da Marinha.)

Supremo Tribunal Militar - atual Superior Tribunal Militar, denominação anterior à proclamação da república e restaurada em 1946.

meirinhos, escrivães, juízes e advogados — esse poviléu rebarbativo do foro que parece ter contraído todas as misérias que lhe passam pelas mãos e pelos olhos.

Inocêncio Bustamante também tinha a mesma mania demandista. Era renitente, teimoso, mas servil e humilde. Antigo voluntário da pátria, possuindo honras de major, não havia dia em que não fosse ao quartel-general ver o andamento do seu requerimento e de outros. Num pedia inclusão no Asilo dos Inválidos, noutro honras de tenente-coronel, noutro tal ou qual medalha; e, quando não tinha nenhum, ia ver o dos outros.

Não se pejou mesmo de tratar do pedido de um maníaco que, por ser tenente honorário e também da Guarda Nacional, requereu lhe fosse passada a patente de major, visto que dous galões mais outros dous fazem quatro — o que quer dizer: major.

Conhecedor dos estudos meticulosos do almirante, Bustamante fez a sua consulta.

— Assim de pronto, não sei. Não é a minha especialidade o Exército, mas vou ver. Isto também anda tão atrapalhado!

Acabando de responder coçava um dos seus favoritos brancos, que lhe davam um ar de "comodoro" ou de chacareiro português, pois era forte nele o tipo lusitano.

---

meirinhos - antigos funcionários judiciais, correspondentes aos oficiais de justiça de hoje.
poviléu - categorias de baixa classe, ralé.
rebarbativo - repelente por ser desagradável.
demandista - que faz demandas, que propõe ações jurídicas.
renitente - persistente.
voluntário da pátria - cada um dos integrantes dos Voluntários da Pátria, batalhões organizados em 1865 para suprir a necessidade de homens nas tropas brasileiras na Guerra do Paraguai.
Asilo dos Inválidos - Sociedade do Asilo dos Inválidos da Pátria, criada em 1865, com a finalidade de ser uma instituição onde seriam recolhidos e tratados os militares e suas famílias. Situava-se na Ilha do Bom Jesus da Coluna, na baía de Guanabara. A ilha foi anexada, por aterro, à Ilha do Fundão, e sua área pertence à Vila Militar.
pejou - envergonhou.
honorário - que tem honras sem receber pagamento nem ocupar função ou cargo.
galões - tiras douradas, usadas como distintivo nas mangas da farda.
favoritos - variante de "favoritas": pontas (do bigode).
"comodoro" - oficial de alto escalão ou comandante mais antigo.

— Ah! meu tempo, observou Albernaz. Quanta ordem! Quanta disciplina!

— Não há mais gente que preste, disse Bustamante.

Sigismundo por aí aventurou também a sua opinião, dizendo:

— Eu não sou militar, mas...

— Como não é militar? fez Albernaz, com ímpeto. Os senhores é que são os verdadeiros: estão sempre com o inimigo na frente, não acha, Caldas?

— Decerto, decerto, fez o almirante cofiando os favoritos.

— Como ia dizendo, continuou Sigismundo, apesar de não ser militar, eu me animo a dizer que a nossa força está muito por baixo. Onde está um Porto Alegre, um Caxias?

— Não há mais, meu caro, confirmou com voz tênue o doutor Florêncio.

— Não sei porque, pois tudo hoje não vai pela ciência?

Fora Caldas quem falara, tentando a ironia. Albernaz indignou-se e retrucou-lhe com certo calor:

— Eu queria ver esses meninos bonitos, cheios de "xx" e "yy" em Curupaiti, hein Caldas? hein Inocêncio?

O doutor Florêncio era o único paisano da roda. Engenheiro e empregado público, os anos e o sossego da vida lhe tinham feito perder todo o saber que porventura pudesse ter tido ao sair da escola.

---

cofiando - alisando.

Porto Alegre - Manuel Marques de Sousa (1804-1875), Conde de Porto Alegre; comandou o segundo corpo de tropas brasileiras na Guerra do Paraguai.

Caxias - Luís Alves de Lima e Silva (1803-1880), marechal e comandante das tropas brasileiras na Guerra do Paraguai; reorganizou-as e retomou a ofensiva com a conquista da fortaleza de Humaitá, localizada à margem esquerda do Rio Paraguai ao sul da capital Assunção, no Paraguai. No contexto da Guerra, essa fortificação controlava o acesso por via fluvial à capital Assunção, constituindo-se no mais poderoso e temido complexo defensivo paraguaio. O exército, tão desprestigiado pela Monarquia, começava a lhe dar vitórias significativas na Guerra.

tênue - fraca.

cheios de "xx" e "yy" - o dicionário *Aurélio* registra apenas "cheio de yy", isto é, cheio de luxo, complicado.

Curupaiti - local onde as forças aliadas contra o Paraguai, com nove mil argentinos e dez mil brasileiros, perderam uma batalha, deixando mais de quatro mil homens fora de combate.

Era mais um guarda de encanamentos do que mesmo um engenheiro. Morando perto de Albernaz, era raro que não viesse toda a tarde jogar o solo com o general. O doutor Florêncio perguntou:

— O senhor, assistiu, não foi, general?

O general não se deteve, não se atrapalhou, não gaguejou e disse com a máxima naturalidade:

— Não assisti. Adoeci e vim para o Brasil nas vésperas. Mas tive muitos amigos lá: o Camisão, o Venâncio...

Todos se calaram e olharam a noite que chegava. Da janela da sala onde estavam, não se via nem um monte. O horizonte estava circunscrito aos fundos dos quintais das casas vizinhas com as suas cordas de roupa a lavar, suas chaminés e o piar de pintos. Um tamarineiro sem folhas lembrava tristemente o ar livre, as grandes vistas sem fim. O sol já tinha desaparecido do horizonte e as tênues luzes dos bicos de gás e dos lampiões familiares começavam a acender-se por detrás das vidraças.

Bustamante quebrou o silêncio:

— Este país não vale mais nada. Imaginem que o meu requerimento, pedindo honras de tenente-coronel, está no ministério há seis meses!

— Uma desordem, exclamaram todos.

Era noite. Dona Maricota chegou até onde eles estavam, muito ativa, muito diligente e com o rosto aberto de alegria.

— Estão rezando? E logo ajuntou: Dão licença que diga uma cousa ao Chico, sim?

Albernaz saiu fora da roda dos amigos e foi até a um canto da sala, onde a mulher lhe disse alguma cousa em voz baixa. Ouviu a mulher, depois voltou aos amigos e, no meio do caminho, falou alto, nestes termos:

— Se não dançam é porque não querem. Estou pegando alguém?

Dona Maricota aproximou-se dos amigos do marido e explicou:

— Os senhores sabem: se a gente não animar, ninguém tira par, ninguém toca. Estão lá tantas moças, tantos rapazes, é uma pena!

---

solo - jogo de cartas semelhante ao voltarete: neste último, jogam três parceiros e cada um deles recebe nove cartas.

— Bem; eu vou lá, disse Albernaz.

Deixou os amigos e foi à sala de visitas dar começo ao baile.

— Vamos, meninas! Então o que é isso? Zizi, uma valsa!

E ele mesmo em pessoa ia juntando os pares: "Não, general, já tenho par", dizia uma moça. "Não faz mal", retrucava ele, "dance com o Raimundinho; o outro espera".

Depois de ter dado início ao baile, veio para a roda dos amigos, suado, mas contente.

— Isto de família! Qual! A gente até parece bobo, dizia. Você é que fez bem, Caldas; não se quis casar!

— Mas tenho mais filhos que você. Só sobrinhos, oito; e os primos?

— Vamos jogar o solo, convidou Albernaz.

— Somos cinco, como há de ser? observou Florêncio.

— Não, eu não jogo, disse Bustamante.

— Então jogamos os quatro de garrancho? lembrou Albernaz.

As cartas vieram e também uma pequena mesa de tripeça. Os parceiros sentaram-se e tiraram a sorte para ver quem dava. Coube a Florêncio dar. Começaram. Albernaz tinha um ar atento quando jogava: a cabeça lhe caía sobre as costas e os seus olhos tomavam uma grande expressão de reflexão. Caldas aprumava o busto na cadeira e jogava com a serenidade de um lorde-almirante numa partida de *whist*. Sigismundo jogava com todo o cuidado, com o cigarro no canto da boca e a cabeça do lado para fugir à fumaça. Bustamante fora à sala ver as danças.

Tinham começado a partida, quando Dona Quinota, uma das filhas do general, atravessou a sala e foi beber água. Caldas, coçando um dos favoritos, perguntou à moça:

— Então, Dona Quinota, quedê o Genelício?

A moça virou o rosto com faceirice, deu um pequeno muxoxo e respondeu com falso mau humor:

---

garrancho - pessoa que, no jogo do solo e do voltarete, quando há quatro parceiros, dá as cartas e fica sem jogar.

lorde-almirante - título honorífico inglês da hierarquia militar.

whist - vocábulo inglês: uíste; jogo de cartas, considerado o ancestral do *bridge*, para duas duplas de jogadores, cabendo 13 cartas para cada um.

muxoxo - estalo com a língua e o céu da boca, por vezes acompanhado da interjeição ah, para indicar desprezo ou desdém.

— Ué! Sei lá! Ando atrás dele?

— Não precisa zangar-se, Dona Quinota; é uma simples pergunta, advertiu Caldas.

O general que examinava atentamente as cartas recebidas, interrompeu a conversa com voz grave:

— Eu passo.

Dona Quinota retirou-se. Este Genelício era o seu namorado. Parente ainda de Caldas, tinha-se como certo o seu casamento na família. A sua candidatura era favorecida por todos. Dona Maricota e o marido enchiam-no de festas. Empregado do Tesouro, já no meio da carreira, moço de menos de trinta anos, ameaçava ter um grande futuro. Não havia ninguém mais bajulador e submisso do que ele. Nenhum pudor, nenhuma vergonha! Enchia os chefes e os superiores de todo o incenso que podia. Quando saía, remancheava, lavava três ou quatro vezes as mãos, até poder apanhar o diretor na porta. Acompanhava-o, conversava com ele sobre o serviço, dava pareceres e opiniões, criticava este ou aquele colega, e deixava-o no bonde, se o homem ia para casa. Quando entrava um ministro, fazia-se escolher como intérprete dos companheiros e deitava um discurso; nos aniversários de nascimento, era um soneto que começava sempre por — "Salve" — e acabava também por — "Salve! Três vezes Salve!".

O modelo era sempre o mesmo; ele só mudava o nome do ministro e punha a data.

No dia seguinte, os jornais falavam do seu nome, e publicavam o soneto.

Em quatro anos, tinha tido duas promoções e agora trabalhava para ser aproveitado no Tribunal de Contas, a se fundar, num posto acima.

---

festas - agrados, presentes.

Tesouro - Tesouro Nacional - conjunto dos órgãos dirigentes da administração fiscal.

bajulador - adulador.

remancheava - variante de "remanchava": demorava-se.

soneto - poema formado por quatro estrofes, sendo duas de quatro versos (quartetos) e duas de três (tercetos).

Tribunal de Contas - Tribunal de Contas da União, criado em 1890 e instalado em 1893. Sua função é o exame, revisão e julgamento de todas as operações

Na bajulação e nas manobras para subir, tinha verdadeiramente gênio. Não se limitava ao soneto, ao discurso; buscava outros meios, outros processos. Um dos que se servia, eram as publicações nas folhas diárias. No intuito de anunciar aos ministros e diretores que tinha uma erudição superior, de quando em quando desovava nos jornais longos artigos sobre contabilidade pública. Eram meras compilações de bolorentos decretos, salpicadas aqui e ali com citações de autores franceses ou portugueses.

Interessante é que os companheiros o respeitavam, tinham em grande conta o seu saber e ele vivia na secção cercado do respeito de um gênio, um gênio do papelório e das informações. Acresce que Genelício juntava à sua segura posição administrativa, um curso de direito a acabar; e tantos títulos juntos não podiam deixar de impressionar favoravelmente às preocupações casamenteiras do casal Albernaz.

Fora da repartição, tinha um empertigamento que o seu pobre físico fazia cômico, mas que a convicção do alto auxílio que prestava ao Estado, mantinha e sustentava. Um empregado modelo!...

O jogo continuava silenciosamente e a noite avançava. No fim das "mãos" fazia-se um breve comentário ou outro, e no começo ouviam-se unicamente as "falas" sacramentais do jogo: "solo, bolo, melhoro, passo." Feitas elas, jogava-se em silêncio; da sala, porém, vinha o ruído festivo das danças e das conversas.

— Olhem quem está aí!
— O Genelício, fez Caldas. Onde estiveste, rapaz?

Deixou o chapéu e a bengala numa cadeira e fez os cumprimentos. Pequeno, já um tanto curvado, chupado de rosto, com um *pince-nez* azulado, todo ele traía a profissão, os seus gostos e hábitos. Era um escriturário.

— Nada, meus amigos! Estou tratando dos meus negócios.
— Vão bem? perguntou Florêncio.

---

relacionadas com a receita e a despesa da União. Atualmente localiza-se no Setor de Administração Federal Sul (SAFS), Quadra 4, lote 1 — Brasília-DF.
bolorentos - mofados, ultrapassados.
empertigamento - aprumo.

— Quase garantido. O ministro prometeu... Não há nada, estou bem "cunhado"!

— Estimo muito, disse o general.

— Obrigado. Sabe de uma cousa, general?

— O que é?

— O Quaresma está doido.

— Mas... o que? Quem foi que te disse?

— Aquele homem do violão. Já está na casa de saúde...

— Eu logo vi, disse Albernaz, aquele requerimento era de doido.

— Mas não é só, general, acrescentou Genelício. Fez um ofício em tupi e mandou ao ministro.

— É o que eu dizia, fez Albernaz.

— Quem é? perguntou Florêncio.

— Aquele vizinho, empregado do arsenal; não conhece?

— Um baixo, de *pince-nez*?

— Este mesmo, confirmou Caldas.

— Nem se podia esperar outra cousa, disse o doutor Florêncio. Aqueles livros, aquela mania de leitura...

— Pra que ele lia tanto? indagou Caldas.

— Telha de menos, disse Florêncio.

Genelício atalhou com autoridade:

— Ele não era formado, para que meter-se em livros?

— É verdade, fez Florêncio.

— Isto de livros é bom para os sábios, para os doutores, observou Sigismundo.

— Devia até ser proibido, disse Genelício, a quem não possuísse um título "acadêmico" ter livros. Evitavam-se assim essas desgraças. Não acham?

— Decerto, disse Albernaz.

— Decerto, fez Caldas.

— Decerto, disse também Sigismundo.

Calaram-se um instante, e as atenções convergiram para o jogo.

— Já saíram todos os trunfos?

---

estou bem "cunhado" - tenho bom padrinho, pistolão.

trunfos - naipes que prevalecem aos outros, em certos jogos de cartas.

— Contasse, meu amigo.

Albernaz perdeu e lá na sala fez-se silêncio. Cavalcânti ia recitar. Atravessou a sala triunfantemente, com um largo sorriso na face e foi postar-se ao lado do piano. Zizi acompanhava. Tossiu e, com a sua voz metálica, apurando muito os finais em "s", começou:

> A vida é uma comédia sem sentido.
> Uma história de sangue e de poeira
> Um deserto sem luz...

E o piano gemia.

IV
Desastrosas consequências de um requerimento

Os acontecimentos a que aludiam os graves personagens reunidos em torno da mesa de solo, na tarde memorável da festa comemorativa do pedido de casamento de Ismênia, se tinham desenrolado com rapidez fulminante. A força de ideias e sentimentos contidos em Quaresma se havia revelado em atos imprevistos com uma sequência brusca e uma velocidade de turbilhão. O primeiro

---

C (1ª - III): O núcleo do capítulo é a festa de noivado da filha do General Albernaz, Ismênia. Aí o autor trabalha importantes elementos, não só documentando uma comemoração desse tipo na virada do século XIX para o XX, como também a vida familiar de militares de alto escalão. O general vê iniciado seu grande sonho burguês — casar as filhas; Ismênia, retratada como pessoa sem grandes emoções, comporta-se com frieza, vendo no casamento apenas o destino traçado para toda e qualquer moça. Cavalcânti encara a profissão como forma de fugir de um emprego pior. Os amigos do futuro sogro conversam sobre batalhas do Paraguai e burocracias da vida militar. A tudo isso subjaz o interesse de Lima Barreto na tematização do cotidiano de uma classe média suburbana do Rio e seus curtos horizontes.

aludiam - referiam-se.
graves - nobres, elevados.
memorável - inesquecível.
brusca - repentina.
turbilhão - redemoinho.

fato surpreendeu, mas vieram outros e outros, de forma que o que pareceu no começo uma extravagância, uma pequena mania, se apresentou logo em insânia declarada.

Justamente algumas semanas antes do pedido de casamento, ao abrir-se a sessão da Câmara, o secretário teve que proceder à leitura de um requerimento singular e que veio a ter uma fortuna de publicidade e comentário pouco usual em documentos de tal natureza.

O burburinho e a desordem que caracterizam o recolhimento indispensável ao elevado trabalho de legislar, não permitiram que os deputados o ouvissem; os jornalistas, porém, que estavam próximo à mesa, ao ouvi-lo, prorromperam em gargalhadas, certamente inconvenientes à majestade do lugar. O riso é contagioso. O secretário, no meio da leitura, ria-se, discretamente; pelo fim, já ria-se o presidente, ria-se o oficial da ata, ria-se o contínuo — toda a mesa e aquela população que a cerca, riram-se da petição, largamente, querendo sempre conter o riso, havendo em alguns tão franca alegria que as lágrimas vieram.

Quem soubesse o que uma tal folha de papel representava de esforço, de trabalho, de sonho generoso e desinteressado, havia de sentir uma penosa tristeza, ouvindo aquele rir inofensivo diante dela. Merecia raiva, ódio, um deboche de inimigo talvez, o documento que chegava à mesa da Câmara, mas não aquele recebimento hilárico, de uma hilaridade inocente, sem fundo algum, assim como se se estivesse a rir de uma palhaçada, de uma sorte de circo de cavalinhos ou de uma careta de *clown*.

Os que riam, porém, não lhe sabiam a causa e só viam nele um motivo para riso franco e sem maldade. A sessão daquele dia fora fria; e, por ser assim, as secções dos jornais referentes à

---

insânia - loucura.
burburinho - som confuso e prolongado de muitas vozes.
oficial da ata - funcionário encarregado da ata das reuniões.
petição - pedido oficial, requerimento.
mesa - parlamentares que dirigem os trabalhos do legislativo.
hilárico - com um intenso riso provocado.
circo de cavalinhos - circo.
clown - vocábulo inglês: palhaço.

Câmara, no dia seguinte, publicaram o seguinte requerimento e glosaram-no em todos os tons.

Era assim concebida a petição:

> Policarpo Quaresma, cidadão brasileiro, funcionário público, certo de que a língua portuguesa é emprestada ao Brasil; certo também de que, por esse fato, o falar e o escrever em geral, sobretudo no campo das letras, se veem na humilhante contingência de sofrer continuamente censuras ásperas dos proprietários da língua; sabendo, além, que, dentro do nosso país, os autores e os escritores, com especialidade os gramáticos, não se entendem no tocante à correção gramatical, vendo-se, diariamente, surgir azedas polêmicas entre os mais profundos estudiosos do nosso idioma — usando do direito que lhe confere a Constituição, vem pedir que o Congresso Nacional decrete o tupi-guarani, como língua oficial e nacional do povo brasileiro.
>
> O suplicante, deixando de parte os argumentos históricos que militam em favor de sua ideia, pede vênia para lembrar que a língua é a mais alta manifestação da inteligência de um povo, é a sua criação mais viva e original; e, portanto, a emancipação política do país requer como complemento e consequência a sua emancipação idiomática.
>
> Demais, Senhores Congressistas, o tupi-guarani, língua originalíssima, aglutinante, é verdade, mas a que o polissintetismo dá múltiplas feições de riqueza,

---

glosaram-no - comentaram-no.
contingência - obrigação.
suplicante - requerente.
militam - trabalham com ardor.
vênia - permissão.
Demais - Além do mais.
aglutinante - que não tem flexões, caracterizando-se, portanto, pela união dos elementos constitutivos dos vocábulos.
polissintetismo - caráter que uma língua tem, de que diferentes circunstâncias são expressas não por palavras separadas, mas por modificações de uma palavra.
feições - formas.

é a única capaz de traduzir as nossas belezas, de pôr-nos em relação com a nossa natureza e adaptar-se perfeitamente aos nossos órgãos vocais e cerebrais, por ser criação de povos que aqui viveram e ainda vivem, portanto possuidores da organização fisiológica e psicológica para que tendemos, evitando-se dessa forma as estéreis controvérsias gramaticais, oriundas de uma difícil adaptação de uma língua de outra região à nossa organização cerebral e ao nosso aparelho vocal — controvérsias que tanto empecem o progresso da nossa cultura literária, científica e filosófica.

Seguro de que a sabedoria dos legisladores saberá encontrar meios para realizar semelhante medida e cônscio de que a Câmara e o Senado pesarão o seu alcance e utilidade

P. e E. deferimento.

Assinado e devidamente estampilhado, este requerimento do major foi durante dias assunto de todas as palestras. Publicado em todos os jornais, com comentários facetos, não havia quem não fizesse uma pilhéria sobre ele, quem não ensaiasse um espírito à custa da lembrança de Quaresma. Não ficaram nisso; a curiosidade malsã quis mais. Indagou-se quem era, de que vivia, se era casado, se era solteiro. Uma ilustração semanal publicou-lhe a caricatura e o major foi apontado na rua.

Os pequenos jornais alegres, esses semanários de espírito e troça, então! eram de um encarniçamento atroz com o pobre major. Com uma abundância que marcava a felicidade dos redatores em terem encontrado um assunto fácil, o texto vinha cheio dele: O Major Quaresma disse isso; o Major Quaresma fez aquilo.

---

empecem - prejudicam.
cônscio - consciente.
P. e E. - Pede e Espera; fórmula antiga de encerrar um requerimento.
estampilhado - selado. Antigamente, documentos oficiais levavam selo.
palestras - conversas.
facetos - maliciosos, engraçados.
malsã - má, doentia.
encarniçamento atroz - perseguição cruel.

Um deles, além de outras referências, ocupou uma página inteira com o assunto da semana. Intitulava-se a ilustração: "O Matadouro de Santa Cruz, segundo o Major Quaresma", e o desenho representava uma fila de homens e mulheres a marchar para o choupo que se via à esquerda. Um outro referia-se ao caso pintando um açougue, "O Açougue Quaresma"; legenda: a cozinheira perguntava ao açougueiro: — O senhor tem língua de vaca?

O açougueiro respondia: — Não, só temos língua de moça, quer?

Com mais ou menos espírito, os comentários não cessavam e a ausência de relações de Quaresma no meio de que saíam, fazia com que fossem de uma constância pouco habitual. Levaram duas semanas com o nome do subsecretário.

Tudo isto irritava profundamente Quaresma. Vivendo há trinta anos quase só, sem se chocar com o mundo, adquirira uma sensibilidade muito viva e capaz de sofrer profundamente com a menor cousa. Nunca sofrera críticas, nunca se atirou à publicidade, vivia imerso no seu sonho, incubado e mantido vivo pelo calor dos seus livros. Fora deles, ele não conhecia ninguém; e, com as pessoas com quem falava, trocava pequenas banalidades, ditos de todo o dia, cousas com que a sua alma e o seu coração nada tinham que ver.

Nem mesmo a afilhada o tirava dessa reserva, embora a estimasse mais que a todos.

Esse encerramento em si mesmo deu-lhe não sei que ar de estranho a tudo, às competições, às ambições, pois nada dessas cousas que fazem os ódios e as lutas tinha entrado no seu temperamento.

Desinteressado de dinheiro, de glória e posição, vivendo numa reserva de sonho, adquirira a candura e a pureza d' alma

---

Matadouro de Santa Cruz - local de abatimento de gado inaugurado em 1881, era situado no bairro carioca do mesmo nome, à Rua das Palmeiras Imperiais, s/n. Atualmente é o Centro Cultural de Santa Cruz Dr. Antônio Nicolau Jorge.

choupo - variante de "choupa": ferro de dois gumes usado para abater reses nos matadouros.

espírito - graça.

que vão habitar esses homens de uma ideia fixa, os grandes estudiosos, os sábios, e os inventores, gente que fica mais terna, mais ingênua, mais inocente que as donzelas das poesias de outras épocas.

É raro encontrar homens assim, mas os há e, quando se os encontra, mesmo tocados de um grão de loucura, a gente sente mais simpatia pela nossa espécie, mais orgulho de ser homem e mais esperança na felicidade da raça.

A continuidade das troças feitas nos jornais, a maneira com que o olhavam na rua, exasperavam-no e mais forte se enraizava nele a sua ideia. À medida que engolia uma troça, uma pilhéria, vinha-lhe meditar sobre a sua lembrança, pesar-lhe todos os aspectos, examiná-la, detidamente, compará-la a cousas semelhantes, recordar os autores e autoridades; e, à proporção que fazia isso, a sua própria convicção mostrava a inanidade da crítica, a ligeireza da pilhéria, e a ideia o tomava, o avassalava, o absorvia cada vez mais.

Se os jornais tinham recebido o requerimento com facécias de fundo inofensivo e sem ódio, a repartição ficou furiosa. Nos meios burocráticos, uma superioridade que nasce fora deles, que é feita e organizada com outros materiais que não os ofícios, a sabença de textos de regulamentos e a boa caligrafia, é recebida com a hostilidade de uma pequena inveja.

É como se se visse no portador da superioridade um traidor à mediocridade, ao anonimato papeleiro. Não há só uma questão de promoção, de interesse pecuniário; há uma questão de amor-próprio, de sentimentos feridos, vendo aquele colega, aquele galé

---

se os encontra - modernamente é considerado gramaticalmente incorreto o emprego do pronome "se" com os pronomes pessoais do caso reto "o", "a", "os", "as".
exasperavam-no - enfureciam-no.
inanidade - futilidade, vazio.
avassalava - dominava.
facécias - ditos entre a graça e a zombaria.
sabença - termo popular para "sabedoria".
papeleiro - relativo a papel.
pecuniário - relativo a dinheiro.
galé - indivíduo sentenciado a trabalhos forçados.

como eles, sujeito aos regulamentos, aos caprichos dos chefes, às olhadelas superiores dos ministros, com mais títulos à consideração, com algum direito a infringir as regras e os preceitos.

Olha-se para ele com o ódio dissimulado com que o assassino plebeu olha para o assassino marquês que matou a mulher e o amante. Ambos são assassinos, mas, mesmo na prisão, ainda o nobre e o burguês trazem o ar do seu mundo, um resto da sua delicadeza e uma inadaptação que ferem o seu humilde colega de desgraça.

Assim, quando surge numa secretaria alguém cujo nome não lembra sempre o título de sua nomeação, aparecem as pequeninas perfídias, as maledicências ditas ao ouvido, as indiretas, todo o arsenal do ciúme invejoso de uma mulher que se convenceu de que a vizinha se veste melhor do que ela.

Amam-se ou antes suportam-se melhor aqueles que se fazem célebres nas informações, na redação, na assiduidade ao trabalho, mesmo os doutores, os bacharéis, do que os que têm nomeada e fama. Em geral, a incompreensão da obra ou do mérito do colega é total e nenhum deles se pode capacitar que aquele tipo, aquele amanuense, como eles, faça qualquer cousa que interesse os estranhos e dê que falar a uma cidade inteira.

A brusca popularidade de Quaresma, o seu sucesso e nomeada efêmera irritaram os seus colegas e superiores. Já se viu! dizia o secretário. Este tolo dirigir-se ao Congresso e propor alguma cousa! Pretensioso! O diretor, ao passar pela secretaria, olhava-o de soslaio e sentia que o regulamento não cogitasse do caso para lhe infligir uma censura. O colega arquivista era o menos terrível, mas chamou-o logo de doido.

O major sentia bem aquele ambiente falso, aquelas alusões e isso mais aumentava o seu desespero e a teimosia na sua ideia. Não compreendia que o seu requerimento suscitasse tantas

---

perfídias - traições.
nomeada - nome, reputação.
efêmera - passageira.
de soslaio - de lado.
infligir - aplicar.
suscitasse - provocasse.

tempestades, essa má vontade geral; era uma cousa inocente, uma lembrança patriótica que merecia e devia ter o assentimento de todo o mundo; e meditava, voltava à ideia, e a examinava com mais atenção.

A extensa publicidade, que o fato tomou, atingiu o palacete de Real Grandeza, onde morava o seu compadre Coleoni. Rico com os lucros das empreitadas de construções de prédios, viúvo, o antigo quitandeiro retirara-se dos negócios e vivia sossegado na ampla casa que ele mesmo edificara e tinha todos os remates arquitetônicos do seu gosto predileto: compoteiras na cimalha, um imenso monograma sobre a porta da entrada, dous cães de louça, nos pilares do portão da entrada e outros detalhes equivalentes.

A casa ficava ao centro do terreno, elevava-se sobre um porão alto, tinha um razoável jardim na frente, que avançava pelos lados, pontilhado de bolas multicores; varanda, um viveiro, onde pelo calor os pássaros morriam tristemente. Era uma instalação burguesa, no gosto nacional, vistosa, cara, pouco de acordo com o clima e sem conforto.

No interior o capricho dominava, tudo obedecendo a uma fantasia baroca, a um ecletismo desesperador. Os móveis se amontoavam, os tapetes, as sanefas, os *bibelots* e a fantasia da filha, irregular e indisciplinada, ainda trazia mais desordem àquela coleção de cousas caras.

Viúvo, havia já alguns anos, era uma velha cunhada quem dirigia a casa e a filha, quem o encaminhava nas distrações e nas festas. Coleoni aceitava de bom coração esta doce tirania. Queria casar a filha, bem e ao gosto dela, não punha, portanto, nenhum obstáculo ao programa de Olga.

Em começo, pensou em dá-la a seu ajudante ou contramestre, uma espécie de arquiteto que não desenhava, mas projetava casas

---

Real Grandeza - rua do Bairro de Botafogo, no Rio de Janeiro.
cimalha - acabamento do topo de uma parede, entre a laje ou o forro de uma construção.
fantasia baroca - esquisitice muito enfeitada. O autor usou "baroca" por "barroca" talvez devido à entrada do vocábulo no português, proveniente do francês ou do italiano, em que se grafa com um "r" apenas.
ecletismo - mistura de estilos.

e grandes edifícios. Primeiro sondou a filha. Não encontrou resistência, mas não encontrou também assentimento. Convenceu-se de que aquela vaporosidade da menina, aquele seu ar distante de heroína, a sua inteligência, o seu fantástico, não se dariam bem com as rudezas e a simplicidade campônias de seu auxiliar.

Ela quer um doutor — pensava ele — que arranje! Com certeza, não terá ceitil, mas eu tenho e as cousas se acomodam.

Ele se havia habituado a ver no doutor nacional, o marquês ou o barão de sua terra natal. Cada terra tem a sua nobreza; lá, é visconde; aqui, é doutor, bacharel ou dentista; e julgou muito aceitável comprar a satisfação de enobrecer a filha com umas meias dúzias de contos de réis.

Havia momentos que se aborrecia um tanto com os propósitos da menina. Gostando de dormir cedo, tinha que perder noites e noites no Lírico, nos bailes; amando estar sentado em chinelas a fumar cachimbo, era obrigado a andar horas e horas pelas ruas, saltitando de casa em casa de modas atrás da filha para no fim do dia ter comprado meio metro de fita, uns grampos e um frasco de perfume.

Era engraçado vê-lo nas lojas de fazendas cheio de complacência de pai que quer enobrecer o filho, a dar opinião sobre o tecido, achar este mais bonito, comparar um com outro, com uma falta de sentimento daquelas cousas que se adivinhava até no pagá-las. Mas ele ia, demorava-se e esforçava-se por entrar no segredo, no mistério, cheio de tenacidade e candura perfeitamente paternais.

Até aí ele ia bem e calcava a contrariedade. Só o contrariavam bastante as visitas, as colegas da filha, suas mães, suas irmãs, com seus modos de falsa nobreza, os seus desdéns dissimulados, deixando

---

vaporosidade - leveza.
fantástico - imaginação exagerada.
campônias - camponesas.
ceitil - moeda portuguesa antiga, de pouco valor; no caso, metáfora de "dinheiro algum".
Lírico - Teatro Lírico, do Rio de Janeiro, inaugurado em 1871 com o nome "Imperial Teatro D. Pedro II", e demolido em 1933-1934. Ficava na atual Avenida 13 de Maio.
complacência - agrado, benevolência.
desdéns dissimulados - desprezos disfarçados.

perceber ao velho empreiteiro o quanto estava ele distante da sociedade das amigas e das colegas de Olga.

Não se aborrecia, porém, muito profundamente; ele assim o quisera e a fizera, tinha que se conformar. Quase sempre, quando chegavam tais visitas, Coleoni afastava-se, ia para o interior da casa. Entretanto, não lhe era sempre possível fazer isso; nas grandes festas e recepções tinha que estar presente e era quando mais sentia o velado pouco caso da alta nobreza da terra que o frequentava. Ele ficava sempre empreiteiro, com poucas ideias além do seu ofício, não sabendo fingir, de modo que não se interessava por aquelas tagarelices de casamentos, de bailes, de festas e passeios caros.

Uma vez ou outra um mais delicado propunha-lhe jogar o *poker*, aceitava e sempre perdia. Chegou mesmo a formar uma roda em casa, de que fazia parte o conhecido advogado Pacheco. Perdeu e muito, mas não foi isso que o fez suspender o jogo. Que perdia? Uns contos — uma ninharia! A questão, porém, é que Pacheco jogava com seis cartas. A primeira vez que Coleoni deu com isso, pareceu-lhe simples distração do distinto jornalista e famoso advogado. Um homem honesto não ia fazer aquilo! E na segunda, seria também? E na terceira?

Não era possível tanta distração. Adquiriu a certeza da trampolinagem, calou-se, conteve-se com uma dignidade não esperada em um antigo quitandeiro, e esperou. Quando vieram a jogar outra vez e o passe foi posto em prática, Vicente acendeu o charuto e observou com a maior naturalidade deste mundo:

— Os senhores sabem que há agora, na Europa, um novo sistema de jogar o *poker*?

— Qual é? perguntou alguém.

— A diferença é pequena: joga-se com seis cartas, isto é, um dos parceiros, somente.

Pacheco deu-se por desentendido, continuou a jogar e a ganhar, despediu-se à meia-noite cheio de delicadeza, fez alguns comentários sobre a partida e não voltou mais.

---

velado - encoberto, disfarçado.

poker - vocábulo inglês: pôquer - jogo de cartas, em que cada parceiro recebe no máximo cinco cartas.

trampolinagem - trambicagem.

Conforme o seu velho hábito, Coleoni lia de manhã os jornais, com o vagar e a lentidão de homem pouco habituado à leitura, quando se lhe deparou o requerimento do seu compadre do arsenal.

Ele não compreendeu bem o requerimento, mas os jornais faziam troça, caíam tão a fundo sobre a cousa, que imaginou o seu antigo benfeitor enleado numa meada criminosa, tendo praticado, por inadvertência, alguma falta grave.

Sempre o tivera na conta do homem mais honesto deste mundo e ainda tinha, mas daí quem sabe? Na última vez que o visitou ele não veio com aqueles modos estranhos? Podia ser uma pilhéria...

Apesar de ter enriquecido, Coleoni tinha em grande conta o seu obscuro compadre. Havia nele não só a gratidão de camponês que recebeu um grande benefício, como um duplo respeito pelo major, oriundo da sua qualidade de funcionário e de sábio.

Europeu, de origem humilde e aldeã, guardava no fundo de si aquele sagrado respeito dos camponeses pelos homens que recebem a investidura do Estado; e, como, apesar dos bastos anos de Brasil, ainda não sabia juntar o saber aos títulos, tinha em grande consideração a erudição do compadre.

Não é, pois, de estranhar que ele visse com mágoa o nome de Quaresma envolvido em fatos que os jornais reprovavam. Leu de novo o requerimento, mas não entendeu o que ele queria dizer. Chamou a filha.

— Olga!

Ele pronunciava o nome da filha quase sem sotaque; mas, quando falava português, punha nas palavras uma rouquidão singular, e salpicava as frases de exclamações e pequenas expressões italianas.

— Olga, que quer dizer isto? *Non capisco...*

---

oriundo - originário.
aldeã - de aldeia.
investidura - cargo.
bastos - numerosos.
Non capisco - frase em italiano: Não entendo.

A moça sentou-se a uma cadeira próxima e leu no jornal, o requerimento e os comentários.

— *Che!* Então?

— O padrinho quer substituir o português pela língua tupi, entende o senhor?

— Como?

— Hoje, nós não falamos português? Pois bem: ele quer que daqui em diante falemos tupi.

— *Tutti?*

— Todos os brasileiros, todos.

— *Ma che* cousa! Não é possível?

— Pode ser. Os tcheques têm uma língua própria, e foram obrigados a falar alemão, depois de conquistados pelos austríacos; os lorenos, franceses...

— *Per la madonna!* Alemão é língua, agora esse acujelê, *ecco!*

— Acujelê é da África, papai; tupi é daqui.

— *Per Bacco!* É o mesmo... Está doido!

— Mas não há loucura alguma, papai.

— Como? Então é cousa de um homem *bene*?

— De juízo, talvez não seja; mas de doido, também não.

— *Non capisco.*

— É uma ideia, meu pai, é um plano, talvez à primeira vista absurdo, fora dos moldes, mas não de todo doido. É ousado, talvez, mas...

Por mais que quisesses, ela não podia julgar o ato do padrinho sob o critério de seu pai. Neste falava o bom senso e nela o amor às grandes cousas, aos arrojos e cometimentos ousados. Lembrou-se

---

Che! - (que) - interjeição italiana: O quê!
Tutti - vocábulo italiano: Todos.
Ma che - vocábulos italianos: Mas que.
tcheques - variante de "tchecos", povo da antiga Tchecoslováquia.
lorenos - povo da Lorena, atual região da França, que já pertenceu à Alemanha.
Per la madonna! - expressão italiana: Por Nossa Senhora!
acujelê - palavra pejorativa: língua africana.
ecco - interjeição italiana, de diversos significados. No caso, de rejeição.
Per Bacco! - expressão italiana: Por Baco! Baco é o deus do vinho.
bene - vocábulo italiano: de bem.
cometimentos - empreendimentos.

de que Quaresma lhe falara em emancipação; e se houve no fundo de si um sentimento que não fosse de admiração pelo atrevimento do major, não foi decerto o de reprovação ou lástima; foi de piedade simpática por ver mal compreendido o ato daquele homem que ela conhecia há tantos anos, seguindo o seu sonho, isolado, obscuro e tenaz.

— Isto vai causar-lhe transtorno, observou Coleoni.

E ele tinha razão. A sentença do arquivista foi vencedora nas discussões dos corredores e a suspeita de que Quaresma estivesse doido foi tomando foros de certeza. Em princípio, o subsecretário suportou bem a tempestade; mas tendo adivinhado que o supunham insciente no tupi, irritou-se, encheu-se de uma raiva surda, que se continha dificilmente. Como eram cegos! Ele que há trinta anos estudava o Brasil minuciosamente; ele que em virtude desses estudos, fora obrigado a aprender o rebarbativo alemão, não saber tupi, a língua brasileira, a única que o era — que suspeita miserável!

Que o julgassem doido — vá! Mas que desconfiassem da sinceridade de suas afirmações, não! E ele pensava, procurava meios de se reabilitar, caía em distrações, mesmo escrevendo e fazendo a tarefa quotidiana. Vivia dividido em dous: uma parte nas obrigações de todo o dia, e a outra, na preocupação de provar que sabia o tupi.

O secretário veio a faltar um dia e o major lhe ficou fazendo as vezes. O expediente fora grande e ele mesmo redigira e copiara uma parte. Tinha começado a passar a limpo um ofício sobre cousas de Mato Grosso, onde se falava em Aquidauana e Ponta Porã, quando o Carmo disse lá do fundo da sala, com acento escarninho:

— Homero, isto de saber é uma cousa, dizer é outra.

Quaresma nem levantou os olhos do papel. Fosse pelas palavras em tupi que se encontravam na minuta, fosse pela alusão

---

emancipação - independência.
foros - direitos (usado no plural).
insciente - ignorante.
fazendo as vezes - substituindo-o.
Aquidauana e Ponta Porã - municípios do atual Estado do Mato Grosso do Sul.
escarninho - de desprezo.
minuta - rascunho.

do funcionário Carmo, o certo é que ele insensivelmente foi traduzindo a peça oficial para o idioma indígena.

Ao acabar, deu com a distração, mas logo vieram outros empregados com o trabalho que fizeram, para que ele examinasse. Novas preocupações afastaram a primeira, esqueceu-se o ofício em tupi seguiu com os companheiros. O diretor não reparou, assinou e o tupinambá foi dar ao ministério.

Não se imagina o rebuliço que tal cousa foi causar lá. Que língua era? Consultou-se o doutor Rocha, o homem mais hábil da secretaria, a respeito do assunto. O funcionário limpou o *pince-nez*, agarrou o papel, voltou-o de trás para diante, pô-lo de pernas para o ar e concluiu que era grego, por causa do "yy".

O doutor Rocha tinha na secretaria a fama de sábio, porque era bacharel em direito e não dizia cousa alguma.

— Mas, indagou o chefe, oficialmente as autoridades se podem comunicar em línguas estrangeiras? Creio que há um aviso de 84... Veja, Senhor doutor Rocha...

Consultaram-se todos os regulamentos e repertórios de legislação, andou-se de mesa em mesa pedindo auxílio à memória de cada um e nada se encontrara a respeito. Enfim, o doutor Rocha, após três dias de meditação, foi ao chefe e disse com ênfase e segurança:

— O aviso de 84 trata de ortografia.

O diretor olhou o subalterno com admiração e mais ficou considerando as suas qualidades de empregado zeloso, inteligente e... assíduo. Foi informado de que a legislação era omissa no tocante à língua em que deviam ser escritos os documentos oficiais; entretanto não parecia regular usar uma que não fosse a do país.

O ministro, tendo em vista esta informação e várias outras consultas, devolveu o ofício e censurou o arsenal.

Que manhã foi essa no arsenal! Os tímpanos soavam furiosamente, os contínuos andavam numa dobadoura terrível e a toda hora perguntavam pelo secretário que tardava em chegar.

Censurado! monologava o diretor. Ia-se por água abaixo o seu generalato. Viver tantos anos a sonhar com aquelas estrelas

---

tímpanos - campainhas.
dobadoura - peleja, roda-viva, azáfama.

e elas se escapavam assim, talvez por causa da molecagem de um escriturário!

Ainda se a situação mudasse... Mas qual!

O secretário chegou, foi ao gabinete do diretor. Inteirado do motivo, examinou o ofício e pela letra conheceu que fora Quaresma que o escrevera. Mande-o cá, disse o coronel. O major encaminhou-se pensando nuns versos tupis que lera de manhã.

— Então o senhor leva a divertir-se comigo, não é?

— Como? fez Quaresma espantado.

— Quem escreveu isso?

O major nem quis examinar o papel. Viu a letra, lembrou-se da distração e confessou com firmeza:

— Fui eu.

— Então confessa?

— Pois não. Mas Vossa Excelência não sabe...

— Não sabe! que diz?

O diretor levantou-se da cadeira, com os lábios brancos e a mão levantada à altura da cabeça. Tinha sido ofendido três vezes: na sua honra individual, na honra de sua casta e na do estabelecimento de ensino que frequentara, a escola da Praia Vermelha, o primeiro estabelecimento científico do mundo. Além disso escrevera no *Pritaneu*, a revista da escola, um conto — "A Saudade" — produção muito elogiada pelos colegas. Dessa forma, tendo em todos os exames plenamente e distinção, uma dupla coroa de sábio e artista cingia-lhe a fronte. Tantos títulos valiosos e raros de se encontrarem reunidos mesmo em Descartes ou Shakespeare, transformavam aquele — não sabe — de um amanuense em ofensa profunda, em injúria.

Inteirado - Informado.

escola da Praia Vermelha - escola militar, no Rio de Janeiro. O prédio abrigou sucessivas instituições militares, até ser demolido depois de bombardeado em 1935, numa rebelião militar de esquerda.

plenamente - notas entre 06 e 09, numa escala de 00 a 10.

Descartes - René Descartes (1596-1650), filósofo, matemático e militar francês, criador da geometria analítica e descobridor dos princípios da ótica geométrica.

Shakespeare - William Shakespeare (1564-1616), o maior poeta dramático da Inglaterra, autor de *Hamlet* e *Otelo*.

— Não sabe! Como é que o senhor ousa dizer-me isto! Tem o senhor porventura o curso de Benjamin Constant? Sabe o senhor Matemática, Astronomia, Física, Química, Sociologia e Moral? Como ousa então? Pois o senhor pensa que por ter lido uns romances e saber um francesinho aí, pode ombrear-se com quem tirou grau 9 em Cálculo, 10 em Mecânica, 8 em Astronomia, 10 em Hidráulica, 9 em Descritiva? Então?!

E o homem sacudia furiosamente a mão e olhava ferozmente para Quaresma que já se julgava fuzilado.

— Mas, senhor coronel...

— Não tem mas, não tem nada! Considere-se suspenso, até segunda ordem.

Quaresma era doce, bom e modesto. Nunca fora seu propósito duvidar da sabedoria do seu diretor. Ele não tinha nenhuma pretensão a sábio e pronunciara a frase para começar a desculpa; mas, quando viu aquela enxurrada de saber, de títulos, a sobrenadar em águas tão furiosas, perdeu o fio do pensamento, a fala, as ideias e nada mais soube nem pôde dizer.

Saiu abatido, como um criminoso, do gabinete do coronel, que não deixava de olhá-lo furiosamente, indignadamente, ferozmente, como quem foi ferido em todas as fibras do seu ser. Saiu afinal. Chegando à sala do trabalho nada disse: pegou no chapéu, na bengala e atirou-se pela porta afora, cambaleando como um bêbedo. Deu umas voltas, foi ao livreiro buscar uns livros. Quando ia tomar o bonde encontrou o Ricardo Coração dos Outros.

— Cedo, hein major?

— É verdade.

E calaram-se ficando um diante do outro num mutismo contrafeito. Ricardo avançou algumas palavras:

— O major, hoje, parece que tem uma ideia, um pensamento muito forte.

Benjamin Constant - (1836-1891), engenheiro militar brasileiro e um dos fundadores da república. Foi ministro da Guerra e da Instrução no Governo Provisório e promoveu uma reforma educacional.

Descritiva - Geometria Descritiva.

mutismo - silêncio.

contrafeito - constrangido.

— Tenho, filho, não de hoje, mas de há muito tempo.
— É bom pensar, sonhar consola.
— Consola, talvez; mas faz-nos também diferentes dos outros, cava abismos entre os homens....

E os dous separaram-se. O major tomou o bonde e Ricardo desceu descuidado a Rua do Ouvidor, com o seu passo acanhado e as calças dobradas nas canelas, sobraçando o violão na sua armadura de camurça.

V

O *bibelot*

Não era a primeira vez que ela vinha ali. Mais de uma dezena já subira aquela larga escada de pedra, com grupos de mármores de Lisboa de um lado e do outro, a Caridade e Nossa Senhora da Piedade; penetrara por aquele pórtico de colunas dóricas, atravessara o átrio ladrilhado, deixando à esquerda e à direita, Pinel

---

acanhado - pequeno.
sobraçando - carregando debaixo do braço.
C (1ª - IV): Quaresma sofre profundamente, ao cair no ridículo público diante de uns e ser considerado louco por outros, depois de enviar à Câmara um pedido para que se decrete o tupi como língua oficial e nacional do Brasil. O requerimento enfureceu os colegas de trabalho, tão enciumados de vê-lo no noticiário quanto revoltados pelo que consideravam como pretensão propor alguma coisa ao Congresso Nacional. A situação piora quando o major substitui um chefe e, por distração, redige um documento em tupi, o qual foi parar no Ministério. Recebeu com humildade uma repreensão. Seu milionário compadre Coleoni tenta compreender a situação. O capítulo articula basicamente três questões: a ingenuidade bem intencionada do patriótico Quaresma, diante da qual a sociedade e a imprensa reagem com piadas e zombarias, em oposição à incompreensão do major ante tais reações; os bastidores de uma repartição pública, com suas inveja, competições e tarefas realizadas sem empenho; a visão de um amigo, estrangeiro e novo-rico.
Caridade - estátua de Ferdinand Pettrich (1798-1872), escultor norte-americano.
dóricas - sólidas, porém sem base.
átrio - pátio.
Pinel - Philippe Pinel (1745-1826), médico francês, substituiu as violências a que os doentes mentais eram submetidos por medidas de compreensão e doçura.

e Esquirol, meditando sobre o angustioso mistério da loucura; subira outra escada encerada cuidadosamente e fora ter com o padrinho lá em cima, triste e absorvido no seu sonho e na sua mania. Seu pai a trazia às vezes, aos domingos, quando vinha cumprir o piedoso dever de amizade, visitando Quaresma. Há quanto tempo estava ele ali? Ela não se lembrava ao certo; uns três ou quatro meses, se tanto.

Só o nome da casa metia medo. O hospício! É assim como uma sepultura em vida, um semienterramento, enterramento do espírito, da razão condutora, de cuja ausência os corpos raramente se ressentem. A saúde não depende dela e há muitos que parecem até adquirir mais força de vida, prolongar a existência, quando ela se evola não se sabe por que orifício do corpo e para onde.

Com que terror, uma espécie de pavor de cousa sobrenatural, espanto de inimigo invisível e omnipresente, não ouvia a gente pobre referir-se ao estabelecimento da Praia das Saudades! Antes uma boa morte, diziam.

No primeiro aspecto, não se compreendia bem esse pasmo, esse espanto, esse terror do povo por aquela casa imensa, severa e grave, meio hospital, meio prisão, com seu alto gradil, suas janelas gradeadas, a se estender por uns centos de metros, em face do mar imenso e verde, lá na entrada da baía, na Praia das Saudades. Entrava-se, viam-se uns homens calmos, pensativos, meditabundos, como monges em recolhimento e prece.

De resto, com aquela entrada silenciosa, clara e respeitável, perdia-se logo a ideia popular da loucura; o escarcéu, os trejeitos, as fúrias, o entrechoque de tolices ditas aqui e ali.

Esquirol - Jean Étienne Dominique Esquirol (1772-1840), famoso psiquiatra francês.
hospício - referência ao hospital de doentes mentais, inaugurado em 1852 na Praia da Saudade, atual Avenida Pasteur, localizada entre a enseada de Botafogo e o morro da Urca, no Rio de Janeiro. A praia desapareceu em 1920, quando foi construído o Iate Clube do Rio de Janeiro. Atualmente no prédio funciona o Fórum de Ciência e Cultura da Universidade Federal do Rio de Janeiro.
se ressentem - sentem profundamente.
evola - evapora.
omnipresente - presente em toda parte.
baía - baía de Guanabara.
escarcéu - gritaria.
trejeitos - gestos, caretas.

Não havia nada disso; era uma calma, um silêncio, uma ordem perfeitamente naturais. No fim, porém, quando se examinavam bem, na sala das visitas, aquelas faces transtornadas, aqueles ares aparvalhados, alguns idiotas e sem expressão, outros como alheados e mergulhados em um sonho íntimo sem fim, e via-se também a excitação de uns, mais viva em face à atonia de outros, é que se sentia bem o horror da loucura, o angustioso mistério que ela encerra, feito não sei de que inexplicável fuga do espírito daquilo que se supõe o real, para se apossar e viver das aparências das cousas ou de aparências das mesmas.

Quem uma vez esteve diante deste enigma indecifrável da nossa própria natureza, fica amedrontado, sentindo que o gérmen daquilo está depositado em nós e que por qualquer cousa ele nos invade, nos toma, nos esmaga e nos sepulta numa desesperadora compreensão inversa e absurda de nós mesmos, dos outros e do mundo. Cada louco traz em si o seu mundo e para ele não há mais semelhantes: o que foi antes da loucura é outro muito outro do que ele vem a ser após.

E essa mudança não começa, não se sente quando começa e quase nunca acaba. Com o seu padrinho, como fora? A princípio, aquele requerimento... Mas que era aquilo? Um capricho, uma fantasia, cousa sem importância, uma ideia de velho sem consequência. Depois, aquele ofício? Não tinha importância, uma simples distração, cousa que acontece a cada passo... E enfim? A loucura declarada, a torva e irônica loucura que nos tira a nossa alma e põe uma outra, que nos rebaixa... Enfim, a loucura declarada, a exaltação do eu, a mania de não sair, de se dizer perseguido, de imaginar como inimigos, os amigos, os melhores. Como fora doloroso aquilo! A primeira fase do seu delírio, aquela agitação desordenada, aquele falar sem nexo, sem acordo com que se realizava fora dele e com os atos passados, um falar que não se sabia donde vinha, donde saía, de que ponto do seu ser tomava nascimento! E o pavor do doce Quaresma? Um pavor de quem viu um cataclismo, que o fazia tremer todo, desde os pés à

---

atonia - indiferença.
torva - aterrorizante.
cataclismo - transformação brusca e de grande amplitude da crosta terrestre.

cabeça, e enchia-o de indiferença para tudo mais que não fosse o seu próprio delírio.

A casa, os livros e os seus interesses de dinheiro andavam à matroca. Para ele, nada disso valia, nada disso tinha existência e importância. Eram sombras, aparências; o real eram os inimigos, os inimigos terríveis cujos nomes o seu delírio não chegava a criar. A velha irmã, atarantada, atordoada, sem direção, sem saber que alvitre tomar. Educada em casa sempre com um homem ao lado, o pai, depois o irmão, ela não sabia lidar com o mundo, com negócios, com as autoridades e pessoas influentes. Ao mesmo tempo, na sua inexperiência e ternura de irmã, oscilava entre a crença de que aquilo fosse verdade e a suspeita de que fosse loucura pura e simples.

Se não fosse seu pai (e Olga amava mais por isso o seu rude pai) que se interessava, chamando a si os interesses da família e evitando a demissão de que estava ameaçado, transformando-a em aposentadoria, que seria dele? Como é fácil na vida tudo ruir! Aquele homem pautado, regrado, honesto, com emprego seguro, tinha uma aparência inabalável; entretanto bastou um grãozinho de sandice...

Estava há uns meses no hospício, o seu padrinho, e a irmã não o podia visitar. Era tal o seu abalo de nervos, era tal a emoção ao vê-lo ali naquela meia-prisão, decaído dele mesmo que um ataque se seguia e não podia ser evitado.

Vinham ela e o pai, às vezes o pai só, algumas vezes Ricardo, e eram só os três a visitá-lo.

Aquele domingo estava particularmente lindo, principalmente em Botafogo, nas proximidades do mar e das montanhas altas que se recortavam num céu de seda. O ar era macio e docemente o sol faiscava nas calçadas.

O pai vinha lendo os jornais e ela, pensando, de quando em quando folheando as revistas ilustradas que trazia para alegrar e distrair o padrinho.

à matroca - de qualquer maneira, ao acaso.
atarantada - atrapalhada.
alvitre - decisão.
pautado - metódico.
sandice - loucura.

Ele estava como pensionista; mas, embora assim, no começo, ela teve um certo pudor em se misturar com os visitantes.

Parecia-lhe que a sua fortuna a punha acima de presenciar misérias; recalcou porém, dentro de si esse pensamento egoísta, o seu orgulho de classe, e agora entrava naturalmente, pondo em mais destaque a sua elegância natural. Amava esses sacrifícios, essas abnegações, tinha o sentimento da grandeza deles, e ficou contente consigo mesma.

No bonde vinham outros visitantes e todos não tardaram em saltar no portão do manicômio. Como em todas as portas dos nossos infernos sociais, havia de toda a gente, de várias condições, nascimentos e fortunas. Não é só a morte que nivela; a loucura, o crime e a moléstia passam também a sua rasoura pelas distinções que inventamos.

Os bem-vestidos e os malvestidos, os elegantes e os pobres, os feios e os bonitos, os inteligentes e os néscios, entravam com respeito, com concentração, com uma ponta de pavor nos olhos como se penetrassem noutro mundo.

Chegavam aos parentes e os embrulhos se desfaziam: eram guloseimas, fumo, meias, chinelas, às vezes livros e jornais. Dos doentes uns conversavam com os parentes; outros mantinham-se calados, num mutismo feroz e inexplicável; outros indiferentes; e era tal a variedade de aspectos dessas recepções que se chegava a esquecer o império da doença sobre todos aqueles infelizes, tanto ela variava neste ou naquele, para se pensar em caprichos pessoais, em ditames das vontades livres de cada um.

E ela pensava como esta nossa vida é variada e diversa, como ela é mais rica de aspectos tristes que de alegres, e como na variedade da vida a tristeza pode mais variar que a alegria e como que dá o próprio movimento da vida.

Verificando isso, quase teve satisfação, pois a sua natureza inteligente e curiosa se comprazia nas mais simples descobertas que seu espírito fazia.

---

fortuna - riqueza.
rasoura - tudo que nivela ou equipara.
ditames - o que a consciência e a razão dizem que deve ser.

Quaresma estava melhor. A exaltação passara e o delírio parecia querer desaparecer completamente. Chocando-se com aquele meio, houve logo nele uma reação salutar e necessária. Estava doido, pois se o punham ali...

Quando veio a ter com o compadre e a afilhada até trazia um sorriso de satisfação por baixo do bigode já grisalho. Tinha emagrecido um pouco, os cabelos pretos estavam um pouco brancos, mas o aspecto geral era o mesmo. Não perdera totalmente a mansuetude e a ternura no falar, mas quando a mania lhe tomava ficava um tanto seco e desconfiado. Ao vê-los disse amavelmente:

— Então vieram sempre... Estava à espera...

Cumprimentaram-se e ele deu mesmo um largo abraço na afilhada.

— Como está Adelaide?

— Bem. Mandou lembranças e não veio porque... adiantou Coleoni.

— Coitada! disse ele, e pendeu a cabeça como se quisesse afastar uma recordação triste; em seguida, perguntou:

— E o Ricardo?

A afilhada apressou-se em responder ao padrinho, com alvoroço e alegria. Via-o já escapo à semissepultura de insânia.

— Está bom, padrinho. Procurou papai há dias e disse que a sua aposentadoria já está quase acabada.

Coleoni tinha-se sentado. Quaresma também e a moça estava de pé, para melhor olhar o padrinho com os seus olhos muito luminosos e firmes no encarar. Guardas, internos e médicos passavam pelas portas com a indiferença profissional. Os visitantes não se olhavam, pareciam que não queriam conhecer-se na rua. Lá fora, era o dia lindo, os ares macios, o mar infinito e melancólico, as montanhas a se recortar num céu de seda — a beleza da natureza imponente e indecifrável. Coleoni, embora

---

salutar - saudável.
mansuetude - mansidão.
sempre - finalmente.
alvoroço - agitação.

mais assíduo nas visitas, notava as melhoras do compadre com satisfação que errava na sua fisionomia, num ligeiro sorriso. Num dado momento aventurou:

— O major já está muito melhor; quer sair?

Quaresma não respondeu logo; pensou um pouco e respondeu firme e vagarosamente:

— É melhor esperar um pouco. Vou melhor... Sinto incomodar-te tanto, mas vocês que têm sido tão bons, hão de levar tudo isso para conta da própria bondade. Quem tem inimigos deve ter também bons amigos...

O pai e a filha entreolharam-se; o major levantou a cabeça e parecia que as lágrimas queriam rebentar. A moça interveio de pronto:

— Sabe, padrinho, vou casar-me.

— É verdade, confirmou o pai. A Olga vai casar-se e nós vínhamos preveni-lo.

— Quem é teu noivo? perguntou Quaresma.

— É um rapaz...

— Decerto, interrompeu o padrinho sorrindo.

E os dous acompanharam-no com familiaridade e contentamento. Era um bom sinal.

— É o Senhor Armando Borges, doutorando. Está satisfeito, padrinho? fez Olga gentilmente.

— Então é para depois do fim do ano.

— Esperamos que seja por aí, disse o italiano.

— Gostas muito dele? indagou o padrinho.

Ela não sabia responder aquela pergunta. Queria sentir que gostava, mas estava que não. E porque casava? Não sabia... Um impulso do seu meio, uma cousa que não vinha dela — não sabia... Gostava de outro? Também não. Todos os rapazes que ela conhecia, não possuíam relevo que a ferisse, não tinham o "quê", ainda indeterminado na sua emoção e na sua inteligência, que a fascinasse ou subjugasse. Ela não sabia bem o que era, não chegava

---

errava - percorria.
relevo - destaque.
ferisse - impressionasse.

a extremar na percepção das suas inclinações a qualidade que ela queria ver dominante no homem. Era o heroico, era o fora do comum, era a força de projeção para as grandes cousas; mas nessa confusão mental dos nossos primeiros anos, quando as ideias e os desejos se entrelaçam e se embaralham, Olga não podia colher e registrar esse anelo, esse modo de se lhe representar e de amar o indivíduo masculino.

E tinha razão em se casar sem obedecer à sua concepção. É tão difícil ver nitidamente num homem, de vinte a trinta anos, o que ela sonhara que era bem possível tomasse a nuvem por Juno... Casava por hábito de sociedade, um pouco por curiosidade e para alargar o campo de sua vida e aguçar a sensibilidade. Lembrou-se disso tudo rapidamente e respondeu sem convicção ao padrinho:

— Gosto.

A visita não se demorou muito mais. Era conveniente que fosse rápida, não convinha fatigar a atenção do convalescente. Os dous saíram sem esconder que iam esperançados e satisfeitos.

Na porta já havia alguns visitantes à espera do bonde. Como não estivesse o veículo no ponto, foram indo ao longo da fachada do manicômio até lá. Em meio do caminho, encontraram, encostada ao gradil, uma velha preta a chorar. Coleoni, sempre bom, chegou-se a ela:

— Que tem, minha velha?

A pobre mulher deitou sobre ele um demorado olhar, úmido e doce, cheio de uma irremediável tristeza, e respondeu:

— Ah! meu sinhô!... É triste... Um filho, tão bom, coitado!

E continuou a chorar. Coleoni começou a comover-se; a filha olhou-a com interesse e perguntou no fim de um instante:

— Morreu?

— Antes fosse, sinhazinha.

E por entre lágrimas e soluços contou que o filho não a conhecia mais, não lhe respondia às perguntas; era como estranho. Enxugou as lágrimas e concluiu:

---

extremar - assinalar.

anelo - anseio.

tomasse a nuvem por Juno... - enganasse com aparências. Na mitologia, Juno teria sido a deusa da lua. O sentido literal da expressão é "confundir a nuvem com a lua".

— Foi "cousa-feita".

Os dous afastaram-se tristes, levando n'alma um pouco daquela humilde dor.

O dia estava fresco e a viração, que começava a soprar, enrugava a face do mar em pequenas ondas brancas. O Pão de Açúcar erguia-se negro, hirto, solene, das ondas espumejantes, e como que punha uma sombra no dia muito claro.

No Instituto dos Cegos, tocavam violino: e a voz plangente e demorada do instrumento parecia sair daquelas cousas todas, da sua tristeza e da sua solenidade.

O bonde tardou um pouco. Chegou. Tomaram. Desceram no Largo da Carioca. É bom ver-se a cidade nos dias de descanso, com as suas lojas fechadas, as suas estreitas ruas desertas, onde os passos ressoam como em claustros silenciosos. A cidade é como um esqueleto, faltam-lhe as carnes, que são a agitação, o movimento de carros, de carroças e gente. Na porta de uma loja ou outra, os filhos do negociante brincam em velocípedes, atiram bolas e ainda mais se sente a diferença da cidade do dia anterior.

Não havia ainda o hábito de procurar os arrabaldes pitorescos e só encontravam, por vezes, casais que iam apressadamente a visitas, como eles agora. O Largo de São Francisco estava silencioso e a estátua, no centro daquele pequeno jardim que desapareceu, parecia um simples enfeite. Os bondes chegavam preguiçosamente ao largo com poucos passageiros. Coleoni e sua filha tomaram um que os levasse à casa de Quaresma. Lá foram. A tarde se aproximava e as *toilettes* domingueiras já apareciam nas janelas. Pretos com

---

"cousa-feita" - feitiço.

hirto - retesado.

Instituto dos Cegos - Instituto Benjamin Constant, situado na Praia da Saudade, atual Avenida Pasteur.

plangente - lamentosa.

Largo da Carioca - situado no coração do Rio de Janeiro, local do primeiro chafariz da cidade, demolido no século XX.

arrabaldes - arredores (da cidade).

Largo de São Francisco - Largo de São Francisco de Paula, no centro do Rio de Janeiro.

estátua no centro daquele pequeno jardim - referência à estátua de José Bonifácio de Andrada e Silva, colocada em 1872, num jardim ao centro do Largo.

toilettes - vocábulo francês: tualetes — roupas de festa.

roupas claras e grandes charutos ou cigarros; grupos de caixeiros com flores estardalhantes; meninas em cassas bem engomadas; cartolas antediluvianas ao lado de vestidos pesados de cetim negro, envergados em corpos fartos de matronas sedentárias; e o domingo aparecia assim decorado com a simplicidade dos humildes, com a riqueza dos pobres e a ostentação dos tolos.

Dona Adelaide não estava só. Ricardo viera visitá-la e conversavam. Quando o compadre de seu irmão bateu no portão, ele contava à velha senhora o seu último triunfo:

— Não sei como há de ser, Dona Adelaide. Eu não guardo as minhas músicas, não escrevo — é um inferno!

O caso era de pôr um autor em maus lençóis. O Senhor Paysandón, de Córdova (República Argentina), autor muito conhecido na mesma cidade, lhe tinha escrito, pedindo exemplares de suas músicas e canções. Ricardo estava atrapalhado. Tinha os versos escritos, mas a música não. É verdade que as sabia de cor, porém, escrevê-las de uma hora para outra era trabalho acima de sua força.

— É o diabo! continuou ele. Não é por mim; a questão é que se perde uma ocasião de fazer o Brasil conhecido no estrangeiro.

A velha irmã de Quaresma não tinha grande interesse pelo violão. A sua educação, que se fizera vendo semelhante instrumento entregue a escravos ou gente parecida, não podia admitir que ele preocupasse a atenção de pessoas de certa ordem. Delicada, entretanto, suportava a mania de Ricardo, mesmo porque já começava a ter uma ponta de estima pelo famoso trovador dos suburbanos. Nasceu-lhe essa estima pela dedicação com que ele se houve no seu drama familiar. Os pequenos serviços e trabalhos, os passos para ali e para aqui, ficaram a cargo de Ricardo, que os desempenhara com boa vontade e diligência.

Atualmente era ele o encarregado de tratar da aposentadoria do seu antigo discípulo. É um trabalho árduo, esse de liquidar uma

---

flores estardalhantes - flores espalhafatosas (na lapela).
cassas - tecidos muito finos, de linho ou de algodão.
antediluvianas - antiquíssimas.
matronas - senhoras respeitáveis.
sedentárias - que não se exercitam.
trovador - cantor popular.

aposentadoria, como se diz na gíria burocrática. Aposentado o sujeito, solenemente por um decreto, a cousa corre uma dezena de repartições e funcionários para ser ultimada. Nada há mais grave do que a gravidade com que o empregado nos diz: ainda estou fazendo o cálculo; e a cousa demora um mês, mais até, como se se tratasse de mecânica celeste.

Coleoni era o procurador do major, mas não sendo entendido em cousas oficiais, entregou ao Coração dos Outros aquela parte do seu mandato.

Graças à popularidade de Ricardo, e da sua lhaneza, vencera a resistência da máquina burocrática e a liquidação estava anunciada para breve.

Foi isso que ele anunciou a Coleoni, quando este entrou seguido da filha. Pediram, tanto ele como Dona Adelaide, notícias do amigo e do irmão.

A irmã nunca entendera direito o irmão, com a crise não o ficou compreendendo melhor; mas o sentira profundamente com o sentimento simples de irmã e desejava ardentemente a sua cura.

Ricardo Coração dos Outros gostava do major, encontrara nele certo apoio moral e intelectual de que precisava. Os outros gostavam de ouvir o seu canto, apreciavam como simples diletantes; mas o major era o único que ia ao fundo da sua tentativa e compreendia o alcance patriótico de sua obra.

De resto, ele agora sofria particularmente — sofria na sua glória, produto de um lento e seguido trabalho de anos. É que aparecera um crioulo a cantar modinhas e cujo nome começava a tomar força e já era citado ao lado do seu.

Aborrecia-se com o rival, por dous fatos: primeiro: pelo sujeito ser preto; e segundo: por causa das suas teorias.

Não é que ele tivesse ojeriza particular aos pretos. O que ele via no fato de haver um preto famoso tocar violão, era que

---

ultimada - concluída.
procurador - pessoa que recebe documento (procuração) de outra, para agir legalmente em seu nome.
mandato - obrigação, tarefa.
lhaneza - honestidade.
diletantes - admiradores.

tal cousa ia diminuir ainda mais o prestígio do instrumento. Se o seu rival tocasse piano e por isso ficasse célebre, não havia mal algum; ao contrário: o talento do rapaz levantava a sua pessoa, por intermédio do instrumento considerado; mas, tocando violão, era o inverso: o preconceito que lhe cercava a pessoa, desmoralizava o misterioso violão que ele tanto estimava. E além disso com aquelas teorias! Ora! Querer que a modinha diga alguma cousa e tenha versos certos! Que tolice!

E Ricardo levava a pensar nesse rival inesperado que se punha assim diante dele como um obstáculo imprevisto na subida maravilhosa para a sua glória. Precisava afastá-lo, esmagá-lo, mostrar a sua superioridade indiscutível; mas como?

A *réclame* já não bastava; o rival a empregava também. Se ele tivesse um homem notável, um grande literato, que escrevesse um artigo sobre ele e a sua obra, a vitória estava certa. Era difícil encontrar. Esses nossos literatos eram tão tolos e viviam tão absorvidos em cousas francesas... Pensou num jornal, *O Violão*, em que ele desafiasse o rival e o esmagasse numa polêmica.

Era isso que precisava obter e a esperança estava em Quaresma, atualmente recolhido ao hospício, mas felizmente em via de cura. A sua alegria foi justamente quando soube que o amigo estava melhor.

— Não pude ir hoje, disse ele, mas irei domingo. Está mais gordo?

— Pouca cousa, disse a moça.

— Conversou bem, acrescentou Coleoni. Até ficou contente quando soube que Olga ia casar-se.

— Vai casar-se, Dona Olga? Parabéns.

— Obrigada, fez ela.

— Quando é, Olga? perguntou Dona Adelaide.

— Lá para o fim do ano... Tem tempo...

E logo choveram perguntas sobre o noivo e afloraram as considerações sobre o casamento.

E ela se sentia vexada; julgava, tanto as perguntas como as considerações, impudentes e irritantes; queria fugir à conversa,

---

réclame - vocábulo francês: propaganda.

afloraram - surgiram.

impudentes - sem pudor, cínicas.

mas voltavam ao mesmo assunto, não só Ricardo, mas a velha Adelaide, mais loquaz e curiosa que comumente. Esse suplício que se repetia em todas as visitas, quase a fazia arrepender-se de ter aceitado o pedido. Por fim, achou um subterfúgio, perguntando:

— Como vai o general?

— Não o tenho visto, mas a filha sempre vem aqui. Ele deve andar bem, a Ismênia é que anda triste, desolada — coitadinha!

Dona Adelaide contou então o drama que agitava a pequenina alma da filha do general. Cavalcânti, aquele Jacó de cinco anos, embarcara para o interior, há três ou quatro meses, e não mandara nem uma carta nem um cartão. A menina tinha aquilo como um rompimento; e ela, tão incapaz de um sentimento mais profundo, de uma aplicação mais séria de energia mental e física, sentia-o muito, como cousa irremediável que absorvia toda a sua atenção.

Para Ismênia, era como se todos os rapazes casadoiros tivessem deixado de existir. Arranjar outro era problema insolúvel, era trabalho acima de suas forças. Cousa difícil! Namorar, escrever cartinhas, fazer acenos, dançar, ir a passeios — ela não podia mais com isso. Decididamente, estava condenada a não se casar, a ser tia, a suportar durante toda a existência esse estado de solteira que a apavorava. Quase não se lembrava das feições do noivo, dos seus olhos esgazeados, do seu nariz duro e fortemente ósseo; independente da memória dele, vinha-lhe sempre à consciência, quando, de manhã, o estafeta não lhe entregava carta, essa outra ideia: não casar. Era um castigo... A Quinota ia casar-se, o Genelício já estava tratando dos papéis; e ela que esperara tanto, e fora a primeira a noivar-se, ia ficar maldita, rebaixada diante de todas. Parecia até que ambos estavam contentes com aquela fuga inexplicável

---

subterfúgio - pretexto.

Jacó de cinco anos - referência ao fato bíblico: Jacó apaixonou-se por Raquel, tendo trabalhado para o pai dela durante sete anos, com o objetivo de ter sua mão. Entretanto, o pai lhe deu Lia como esposa, a irmã de Raquel. Jacó se dispôs a trabalhar mais sete anos, para casar com seu amor. Ele acaba por ter as duas como esposas.

esgazeados - inquietos nas órbitas e com expressão de espanto.

estafeta - carteiro.

de Cavalcânti. Como eles se riam durante o carnaval! Como eles atiraram aos seus olhos aquela viuvez prematura, durante os folguedos carnavalescos! Punham tanta fúria no jogo de confetes e bisnagas, de modo a deixar bem claro a felicidade de ambos, aquela marcha gloriosa e invejada para o casamento, em face do seu abandono.

Ela disfarçava bem a impressão da alegria deles que lhe parecia indecente e hostil; mas o escárnio da irmã que lhe dizia constantemente: "Brinca, Ismênia! Ele está longe, vai aproveitando" — metia-lhe raiva, a raiva terrível de gente fraca, que corrói interiormente, por não poder arrebentar de qualquer forma.

Então, para espancar os maus pensamentos, ela se punha a olhar o aspecto pueril da rua, marchetada de papeluchos multicores, e as serpentinas irisadas pendentes nas sacadas; mas o que fazia bem à sua natureza pobre, comprimida, eram os cordões, aquele ruído de atabaques, e adufes, de tambores e pratos. Mergulhando nessa barulheira, o seu pensamento repousava e como que a ideia que a perseguia desde tanto tempo, ficava impedida de lhe entrar na cabeça.

De resto, aqueles vestuários extravagantes de índios, aqueles adornos de uma mitologia francamente selvagem, jacarés, cobras, jabutis, vivos, bem vivos, traziam à pobreza de sua imaginação imagens risonhas de rios claros, florestas imensas, lugares de sossego e pureza que a reconfortavam.

Também aquelas cantigas gritadas, berradas, num ritmo duro e de uma grande indigência melódica, vinham como reprimir a mágoa que ia nela, abafada, comprimida, contida, que

---

folguedos - brincadeiras.
bisnagas - espécie de seringas com água aromatizada, usadas nos carnavais de antigamente.
escárnio - desprezo.
pueril - infantil.
marchetada - enfeitada
irisadas - de várias cores.
atabaques - tambores pequenos, de uma só pele.
adufes - antigos pandeiros quadrados, de madeira.
indigência - pobreza, deficiência.

pedia uma explosão de gritos, mas para o que não lhe sobrava força bastante e suficiente.

O noivo partira um mês antes do carnaval e depois do grande festejo carioca a sua tortura foi maior. Sem hábito de leitura e de conversa, sem atividade doméstica qualquer, ela passava os dias deitada, sentada, a girar em torno de um mesmo pensamento: não casar. Era-lhe doce chorar.

Nas horas da entrega da correspondência, tinha ainda uma alegre esperança. Talvez? Mas a carta não vinha, e, voltava ao seu pensamento: não casar.

Dona Adelaide, acabando de contar o desastre da triste Ismênia, comentou:

— Merecia um castigo isso, não acham?

Coleoni interveio com brandura e boa vontade:

— Não há razão para desesperar. Há muita gente que tem preguiça de escrever...

— Qual! fez Dona Adelaide. Há três meses, Senhor Vicente!

— Não volta, disse Ricardo sentenciosamente.

— E ela ainda o espera, Dona Adelaide? perguntou Olga.

— Não sei, minha filha. Ninguém entende essa moça. Fala pouco, se fala diz meias palavras... É mesmo uma natureza que parece sem sangue nem nervos. Sente-se a sua tristeza, mas não fala.

— É orgulho? perguntou ainda Olga.

— Não, não... Se fosse orgulho, ela não se referia de vez em quando ao noivo. É antes moleza, preguiça... Parece que ela tem medo de falar para que as cousas não venham a acontecer.

— E os pais que dizem a isso? indagou Coleoni.

— Não sei bem. Mas pelo que pude perceber, o incômodo do general não é grande e Dona Maricota julga que ela deve arranjar "outro".

— Era o melhor, disse Ricardo.

— Eu creio que ela não tem mais prática, disse sorrindo Dona Adelaide. Levou tanto tempo noiva...

E a conversa já tinha virado para outros assuntos, quando a Ismênia veio fazer a sua visita diária à irmã de Quaresma.

Cumprimentou todos e todos sentiram que ela penava. O sofrimento dava-lhe mais atividade à fisionomia.

As pálpebras estavam roxas e até os seus pequenos olhos pardos tinham mais brilho e expansão. Indagou da saúde de Quaresma e depois calaram-se um instante. Por fim Dona Adelaide lhe perguntou:

— Recebeste carta, Ismênia?

— Ainda não, respondeu ela, com grande economia de voz.

Ricardo moveu-se na cadeira. Batendo com o braço num *dunkerque*, veio atirar ao chão uma figurinha de *biscuit*, que se esfacelou em inúmeros fragmentos, quase sem ruído.

---

dunkerque - em português: dunquerque – pequeno armário de encostar na parede, da altura de uma cômoda.

biscuit - vocábulo francês: porcelana fina.

C (1ª - V): Quaresma, já internado no hospício, mas bem melhor, recebe a visita do compadre Coleoni e sua filha Olga. A doença dele caracteriza-se pelo complexo de perseguição. O narrador aproveita a oportunidade para retratar um hospital de doentes mentais, o comportamento destes e para refletir sobre a loucura. Começa a delinear-se também o destino de outros personagens: aparece um músico rival na vida de Ricardo, o noivo de Ismênia viajou e não dava notícias, e Olga, tal como Ismênia, vai casar por casar. A questão do casamento naquela sociedade é aqui tratada com maior extensão. Observe a técnica de intitular o capítulo: uma cena final, desligada do enredo, é o título. O recurso se repete em outros capítulos.

SEGUNDA PARTE

I

No "Sossego"

Não era feio o lugar, mas não era belo. Tinha, entretanto, o aspecto tranquilo e satisfeito de quem se julga bem com a sua sorte.

A casa erguia-se sobre um socalco, uma espécie de degrau, formando a subida para a maior altura de uma pequena colina que lhe corria nos fundos. Em frente, por entre os bambus da cerca, olhava uma planície a morrer nas montanhas que se viam ao longe; um regato de águas paradas e sujas cortava-a paralelamente à testada da casa; mais adiante, o trem passava vincando a planície com a fita clara de sua linha capinada; um carreiro, com casas, de um e de outro lado, saía da esquerda e ia ter à estação, atravessando o regato e serpeando pelo plaino. A habitação de Quaresma tinha assim um amplo horizonte, olhando para o levante, a "noruega", e era também risonha e graciosa nos seus muros caiados. Edificada com a desoladora indigência arquitetônica das nossas casas de campo, possuía, porém, vastas salas, amplos quartos, todos com janelas, e uma varanda com uma colunata heterodoxa. Além desta principal, o sítio do "Sossego", como se chamava, tinha outras

---

testada - fachada.
serpeando - volteando.
plaino - planície.
levante - leste.
"noruega" - terras frescas e úmidas de encosta de montanha, pouco batidas pelo sol.
risonha - alegre.
colunata heterodoxa - série de colunas dispostas assimetricamente.

construções: a velha casa da farinha, que ainda tinha o forno intacto e a roda desmontada, e uma estrebaria coberta de sapê.

Não havia três meses que viera habitar aquela casa, naquele ermo lugar, a duas horas do Rio, por estrada de ferro, após ter passado seis meses no hospício da Praia das Saudades. Saíra curado? Quem sabe lá? Parecia; não delirava e os seus gestos e propósitos eram de homem comum embora, sob tal aparência, se pudesse sempre crer que não se lhe despedira de todo, já não se dirá a loucura, mas o sonho que cevara durante tantos anos. Foram mais seis meses de repouso e útil sequestração que mesmo de uso de uma terapêutica psiquiátrica.

Quaresma viveu lá, no manicômio, resignadamente, conversando com os seus companheiros, onde via ricos que se diziam pobres, pobres que se queriam ricos, sábios a maldizer da sabedoria, ignorantes a se proclamarem sábios: mas deles todos, daquele que mais se admirou, foi de um velho e plácido negociante da Rua dos Pescadores que se supunha Átila. Eu, dizia o pacato velho, sou Átila, sabe? Sou Átila. Tinha fracas notícias da personagem, sabia o nome e nada mais. Sou Átila, matei muita gente — e era só.

Saiu o major mais triste ainda do que vivera toda a vida. De todas as cousas tristes de ver, no mundo, a mais triste é a loucura; é a mais depressora e pungente.

Aquela continuação da nossa vida tal e qual, com um desarranjo imperceptível, mas profundo e quase sempre insondável, que a inutiliza inteiramente, faz pensar em alguma cousa mais forte que nós, que nos guia, que nos impele e em cujas mãos somos simples joguetes. Em vários tempos e lugares, a loucura foi considerada sagrada, e deve haver razão nisso no sentimento que se apodera de

---

casa da farinha - telheiro ou abrigo destinado ao preparo de farinha de mandioca.
cevara - alimentara.
sequestração - sequestro (tempo que passou no hospício).
Rua dos Pescadores - próxima ao porto do Rio de Janeiro. Atualmente, teve parte absorvida pela Avenida Visconde de Inhaúma e parte pela Avenida Marechal Floriano.
Átila - (406-453), rei dos Hunos em 445 e vencedor dos imperadores do Oriente e do Ocidente.
pungente - dolorosa.

nós quando, ao vermos um louco desarrazoar, pensamos logo que já não é ele quem fala, é alguém, é alguém que vê por ele, interpreta as cousas por ele, está atrás dele, invisível!...

Quaresma saiu envolvido, penetrado da tristeza do manicômio. Voltou à sua casa, mas a vista das suas cousas familiares não lhe tirou a forte impressão de que vinha impregnado. Embora nunca tivesse sido alegre, a sua fisionomia apresentava mais desgosto que antes, muito abatimento moral, e foi para levantar o ânimo que se recolheu àquela risonha casa de roça, onde se dedicava a modestas culturas.

Não fora ele, porém, quem se lembrara; fora a afilhada que lhe trouxe à ideia aquele doce acabar para a sua vida. Vendo-o naquele estado de abatimento, triste e taciturno, sem coragem de sair, enclausurado em sua casa de São Cristóvão, Olga dirigiu-se um dia ao padrinho meiga e filialmente:

— O padrinho por que não compra um sítio? Seria tão bom fazer as suas culturas, ter o seu pomar, a sua horta... não acha?

Tão taciturno que ele estivesse, não pôde deixar de modificar imediatamente a sua fisionomia à lembrança da moça. Era um velho desejo seu, esse de tirar da terra o alimento, a alegria e a fortuna; e foi lembrando dos seus antigos projetos que respondeu à afilhada:

— É verdade, minha filha. Que magnífica ideia, tens tu! Há por aí tantas terras férteis sem emprego... A nossa terra tem os terrenos mais férteis do mundo... O milho pode dar até duas colheitas e quatrocentos por um...

A moça esteve quase arrependida da sua lembrança. Pareceu-lhe que ia atear no espírito do padrinho manias já extintas.

— Em toda a parte — não acha, meu padrinho? — há terras férteis.

— Mas como no Brasil, apressou-se ele em dizer, há poucos países que as tenham. Vou fazer o que tu dizes: plantar, criar, cultivar o milho, o feijão, a batata inglesa... Tu irás ver as minhas culturas, a minha horta, o meu pomar — então é que te convencerás como são fecundas as nossas terras!

A ideia caiu-lhe na cabeça e germinou logo. O terreno estava amanhado e só esperava uma boa semente. Não lhe voltou a

---

desarrazoar - falar ou proceder sem a razão ou com falta de bom senso.
amanhado - preparado, adubado.

alegria que jamais teve, mas a taciturnidade foi-se com o abatimento moral, e veio-lhe a atividade mental cerebrina, por assim dizer, de outros tempos. Indagou dos preços correntes das frutas, dos legumes, das batatas, dos aipins; calculou que cinquenta laranjeiras, trinta abacateiros, oitenta pessegueiros, outras árvores frutíferas, além dos abacaxis (que mina!), das abóboras e outros produtos menos importantes, podiam dar o rendimento anual de mais de quatro contos, tirando as despesas. Seria ocioso trazer para aqui os detalhes dos seus cálculos, baseados em tudo no que vem estabelecido nos boletins da Associação de Agricultura Nacional. Levou em linha de conta a produção média de cada pé de fruteira, de hectare cultivado, e também os salários, as perdas inevitáveis; e, quanto aos preços, ele foi em pessoa ao mercado buscá-los.

Planejou a sua vida agrícola com a exatidão e meticulosidade que punha em todos os seus projetos. Encarou-a por todas as faces, pesou as vantagens e ônus; e muito contente ficou em vê-la monetariamente atraente, não por ambição de fazer fortuna, mas por haver nisso mais uma demonstração das excelências do Brasil.

E foi obedecendo a essa ordem de ideias que comprou aquele sítio, cujo nome — "Sossego" — cabia tão bem à nova vida que adotara, após a tempestade que o sacudira durante quase um ano. Não ficava longe do Rio e ele o escolhera assim mesmo maltratado, abandonado, para melhor demonstrar a força e o poder da tenacidade, do carinho, no trabalho agrícola. Esperava grandes colheitas de frutas, de grãos, de legumes; e do seu exemplo, nasceriam mil outros cultivadores, estando em breve a grande capital cercada de um verdadeiro celeiro, virente e abundante a dispensar os argentinos e europeus.

Com que alegria ele foi para lá! Quase não teve saudades de sua velha casa de São Januário, agora propriedade de outras mãos,

---

Associação de Agricultura Nacional - parece tratar-se de referência à Sociedade Nacional de Agricultura, fundada em 1897 e ainda existente. Ela emitia regularmente boletins sobre o assunto.

hectare - medida correspondente a dez mil metros quadrados.

meticulosidade - detalhamento.

ônus - despesas.

virente - verdejante.

talvez destinada ao mercenário mister de lar de aluguel... Não sentiu que aquela vasta sala, abrigo calmo dos seus livros durante tantos anos, fosse servir para salão de baile fútil, fosse testemunhar talvez rixas de casais desentendidos, ódios de família — ela tão boa, tão doce, tão simpática, com o seu teto alto e as suas paredes lisas, em que se tinham incrustado os desejos de sua alma e toda ela penetrada da exalação dos seus sonhos!...

Ele foi contente. Como era tão simples viver na nossa terra! Quatro contos de réis por ano, tirados da terra, facilmente, docemente, alegremente! Oh! terra abençoada! Como é que toda a gente queria ser empregado público, apodrecer numa banca, sofrer na sua independência e no seu orgulho? Como é que se preferia viver em casas apertadas, sem ar, sem luz, respirar um ambiente epidêmico, sustentar-se de maus alimentos, quando se podia tão facilmente obter uma vida feliz, farta, livre, alegre e saudável?

E era agora que ele chegava a essa conclusão, depois de ter sofrido a miséria da cidade e o emasculamento da repartição pública, durante tanto tempo! Chegara tarde, mas não a ponto de que não pudesse antes da morte, travar conhecimento com a doce vida campestre e a feracidade das terras brasileiras. Então pensou que foram vãos aqueles seus desejos de reformas capitais nas instituições e costumes: o que era principal à grandeza da pátria estremecida, era uma forte base agrícola, um culto pelo seu solo ubérrimo, para alicerçar fortemente todos os outros destinos que ela tinha de preencher.

Demais, com terras tão férteis, climas variados, a permitir uma agricultura fácil e rendosa, este caminho estava naturalmente indicado.

E ele viu então diante dos seus olhos as laranjeiras, em flor, olentes, muito brancas, a se enfileirar pelas encostas das colinas, como teorias de noivas; os abacateiros, de troncos rugosos, a sopesar com esforço os grandes pomos verdes; as jabuticabas

---

mister - necessitado.
emasculamento - castração.
feracidade - fertilidade.
estremecida - amada.
ubérrimo - fertilíssimo.
teorias - procissões.
sopesar - suportar.

negras a estalar dos caules rijos; os abacaxis coroados que nem reis, recebendo a unção quente do sol; as abobreiras a se arrastarem com flores carnudas cheias de pólen; as melancias de um verde tão fixo que parecia pintado; os pêssegos veludosos, as jacas monstruosas, os jambos, as mangas capitosas; e dentre tudo aquilo surgia uma linda mulher, com o regaço cheio de fruto e um dos ombros nu, a lhe sorrir agradecida, com um imaterial sorriso demorado de deusa — era Pomona, a deusa dos vergéis e dos jardins!...

Às primeiras semanas que passou no "Sossego", Quaresma as empregou numa exploração em regra da sua nova propriedade. Havia nela terra bastante, velhas árvores frutíferas, um capoeirão grosso com camarás, bacurubus, tinguacibas, tibibuias, munjolos, e outros espécimens. Anastácio que o acompanhara, apelava para as suas recordações de antigo escravo de fazenda, e era quem ensinava os nomes dos indivíduos da mata a Quaresma muito lido e sabido em cousas brasileiras.

O major logo organizou um museu dos produtos naturais do "Sossego". As espécies florestais e campesinas foram etiquetadas com os seus nomes vulgares, e quando era possível com os científicos. Os arbustos, em herbário, e as madeiras, em pequenos tocos, seccionados longitudinal e transversalmente.

Os azares de leituras tinham-no levado a estudar as ciências naturais e o furor autodidata dera a Quaresma sólidas noções de Botânica, Zoologia, Mineralogia e Geologia.

Não foram só os vegetais que mereceram as honras de um inventário; os animais também, mas como ele não tinha espaço suficiente e a conservação dos exemplares exigia mais cuidado, Quaresma limitou-se a fazer o seu museu no papel, por onde sabia que as terras eram povoadas de tatus, cutias, preás, cobras variadas,

---

capitosas - deliciosas.

vergéis - pomares.

capoeirão - mato muito denso e alto, que nasceu nas derrubadas de mata virgem.

camarás [...] *munjolos* - espécimens de vegetais de médio porte. "Tibibuia" não está dicionarizado, mas "tabibuia" – árvore cuja madeira era muito utilizada para fazer tamancos.

azares - os acasos.

saracuras, sanãs, avinhados, coleiros, tiês, etc. A parte mineral era pobre, argilas, areia e, aqui e ali, uns blocos de granito esfoliando-se.

Acabado esse inventário, passou duas semanas a organizar a sua biblioteca agrícola e uma relação de instrumentos meteorológicos para auxiliar os trabalhos da lavoura.

Encomendou livros nacionais, franceses, portugueses; comprou termômetros, barômetros, pluviômetros, higrômetros, anemômetros. Vieram estes e foram arrumados e colocados convenientemente.

Anastácio assistia a todos esses preparativos com assombro. Para que tanta cousa, tanto livro, tanto vidro? Estaria o seu antigo patrão dando para farmacêutico? A dúvida do preto velho não durou muito. Estando certa vez Quaresma a ler o pluviômetro, Anastácio, ao lado, olhava-o espantado, como quem assiste a um passe de feitiçaria. O patrão notou o espanto do criado e disse:

— Sabes o que estou fazendo, Anastácio?

— Não "sinhô".

— Estou vendo se choveu muito.

— Pra que isso, patrão? A gente sabe logo "de olho" quando chove muito ou pouco... Isso de plantar é capinar, pôr a semente na terra, deixar crescer e apanhar...

Ele falava com a voz mole de africano, sem "rr" fortes, com lentidão e convicção.

Quaresma, sem abandonar o instrumento, tomou em consideração o conselho de seu empregado. O capim e o mato cobriam as suas terras. As laranjeiras, os abacateiros, as mangueiras estavam sujos, cheios de galhos mortos, e cobertos de uma medusina cabeleira de erva-de-passarinho; mas, como não fosse época própria à poda e ao corte dos galhos, Quaresma limitou-se a capinar por entre os pés das

---

tatus [...] *tiês* - espécimens de animais.
esfoliando-se - separando-se em lâminas.
pluviômetros - aparelhos para medir chuva.
higrômetros - aparelhos para medir a umidade do ar.
anemômetros - instrumentos para medir a velocidade, intensidade ou direção do vento.
medusina - Relativo a "Medusa", figura mitológica de rara beleza, que tinha uma cabeleira magnífica. Transformava em pedra a todos os que a olhavam.
erva-de-passarinho - parasita disseminada pelos pássaros, ávidos por seus frutos.

fruteiras. De manhã, logo ao amanhecer, ele mais o Anastácio, lá iam, de enxada ao ombro, para o trabalho do campo. O sol era forte e rijo; o verão estava no auge, mas Quaresma era inflexível e corajoso. Lá ia.

Era de vê-lo, coberto com um chapéu de palha de coco, atracado a um grande enxadão de cabo nodoso, ele, muito pequeno, míope, a dar golpes sobre golpes para arrancar um teimoso pé de guaximba. A sua enxada mais parecia uma draga, um escavador, que um pequeno instrumento agrícola. Anastácio, junto ao patrão, olhava-o com piedade e espanto. Por gosto andar naquele sol a capinar sem saber?... Há cada cousa neste mundo!

E os dous iam continuando. O velho preto, ligeiro, rápido, raspando o mato rasteiro, com a mão habituada, a cujo impulso a enxada resvalava sem obstáculo pelo solo, destruindo a erva má; Quaresma, furioso, a arrancar torrões de terra daqui, dali, demorando-se muito em cada arbusto e, às vezes, quando o golpe falhava e a lâmina do instrumento roçava a terra, a força era tanta que se erguia uma poeira infernal, fazendo supor que por aquelas paragens passara um pelotão de cavalaria. Anastácio, então, intervinha humildemente, mas em tom professoral:

— Não é assim, "seu majó". Não se mete a enxada pela terra adentro. É de leve, assim.

E ensinava ao Cincinato inexperiente o jeito de servir-se do velho instrumento de trabalho.

Quaresma agarrava-o, punha-se em posição e procurava com toda a boa vontade usá-lo da maneira ensinada. Era em vão. O *flange* batia na erva, a enxada saltava e ouvia-se um pássaro ao alto soltar uma piada irônica: bem-te-vi! O major enfurecia-se, tentava outra vez, fatigava-se, suava, enchia-se de raiva e batia com toda a força; e houve várias vezes que a enxada, batendo em falso, escapando ao chão, fê-lo perder o equilíbrio, cair, e beijar a terra, mãe dos frutos e dos homens. O *pince-nez* saltava, partia-se de encontro a um seixo.

---

nodoso - cheio de nós.
guaximba - espécie vegetal. O que se dicionariza é "guaximba-preta".
Cincinato - Lúcio Quinto Cincinato (519-438 a. C.), romano da Antiguidade, célebre pela simplicidade e pela austeridade dos costumes.
flange - vocábulo inglês: aro com que se prende a enxada ao cabo.
seixo - pedra.

O major ficava todo enfurecido e voltava com mais rigor e energia à tarefa que se impusera; mas, tanto é em nossos músculos firme a memória ancestral desse sagrado trabalho de tirar da terra o sustento de nossa vida, que não foi impossível a Quaresma acordar nos seus o jeito, a maneira de empregar a enxada vetusta.

Ao fim de um mês, ele capinava razoavelmente, não seguido, de sol a sol, mas com grandes repousos de hora em hora que a sua idade e falta de hábito requeriam.

Às vezes, o fiel Anastácio seguia-o no descanso e ambos, lado a lado, à sombra de uma fruteira mais copada, ficavam a ver o ar pesado daqueles dias de verão que enrodilhava as folhas das árvores e punha nas cousas um forte acento de resignação mórbida. Então, aí por depois do meio-dia, quando o calor parecia narcotizar tudo e mergulhar em silêncio a vida inteira, é que o velho major percebia bem a alma dos trópicos, feita de desencontros como aquele que se via agora, de um sol alto, claro, olímpico, a brilhar sobre um torpor de morte, que ele mesmo provocava.

Almoçavam mesmo no eito, comidas do dia anterior, aquecidas rapidamente sobre um improvisado fogão de calhaus, e o trabalho ia assim até à hora do jantar. Havia em Quaresma um entusiasmo sincero, entusiasmo de ideólogo que quer pôr em prática a sua ideia. Não se agastou com as primeiras ingratidões da terra, aquele seu mórbido amor pelas ervas daninhas e o incompreensível ódio pela enxada fecundante. Capinava e capinava sempre até vir jantar.

Esta refeição ele fazia mais demorada. Conversava um pouco com a irmã, contava-lhe a tarefa do dia, consistindo sempre em avaliar a área já limpa.

— Sabes, Adelaide, amanhã estarão as laranjeiras limpas, não ficará nem mais uma touceira de mato.

---

vetusta - velha.
acento - tom.
mórbida - doentia.
olímpico - divino.
torpor - languidez, moleza.
eito - roça.
calhaus - fragmentos de rocha dura.
touceira - conjunto de brotos ou filhos de uma planta.

A irmã, mais velha que ele, não partilhava aquele seu entusiasmo pelas cousas da roça. Considerava-o silenciosa, e, se viera viver com ele, não foi senão pelo hábito de acompanhá-lo. Decerto, ela o estimava, mas não o compreendia. Não chegava a entender nem os seus gestos nem a sua agitação interna. Porque não seguira ele o caminho dos outros? Não se formara e se fizera deputado? Era tão bonito... Andar com livros, anos e anos, para não ser nada, que doideira! Seguira-o ao "Sossego" e, para entreter-se, criava galinhas, com grande alegria do irmão cultivador.

— Está direito, dizia ela, quando o irmão lhe contava as cousas do seu trabalho. Não vá ficares doente... Neste sol todo o dia...

— Qual, doente, Adelaide! Não estás vendo como essa gente tem tanta saúde por aí... Se adoecem, é porque não trabalham.

Acabado o jantar, Quaresma chegava à janela que dava para o galinheiro e atirava migalhas de pão às aves.

Ele gostava desse espetáculo, daquela luta encarniçada entre patos, gansos, galinhas, pequenos e grandes. Dava-lhe uma imagem reduzida da vida e dos prêmios que ela comporta. Depois, fazia indagações sobre a vida do galinheiro:

— Já nasceram os patos, Adelaide?

— Ainda não. Faltam oito dias ainda.

E logo a irmã acrescentava:

— Tua afilhada deve casar-se sábado, tu não vais?

— Não. Não posso... Vou incomodar-me, luxo... Mando um leitão e um peru.

— Ora, tu! Que presente!

— Que é que tem? É da tradição.

Justamente estavam nesse dia assim a conversar os dous irmãos na sala de jantar da velha casa roceira, quando Anastácio veio avisar-lhes que se achava um cavalheiro na porteira.

Desde que ali se instalara, nenhuma visita batera à porta de Quaresma, a não ser a gente pobre do lugar, a pedir isso ou aquilo, esmolando disfarçadamente. Ele mesmo não travara conhecimento com ninguém, de modo que foi com surpresa que recebeu o aviso do velho preto.

Considerava-o - Pensava nele.
encarniçada - feroz.

Apressou-se em ir receber o visitante na sala principal. Ele já subia a pequena escada da frente e penetrava pela varanda adentro.

— Boas tardes, major.

— Boas tardes. Faça o favor de entrar.

O desconhecido entrou e sentou-se. Era um tipo comum, mas o que havia nele de estranho, era a gordura. Não era desmedida ou grotesca, mas tinha um aspecto desonesto. Parecia que a fizera de repente e comia, a mais não poder, com medo de a perder de um dia para outro. Era assim como a de um lagarto que entesoura enxúndia para o inverno ingrato. Através da gordura de suas bochechas, via-se perfeitamente a sua magreza natural, normal, e se devia ser gordo não era naquela idade, com pouco mais de trinta anos, sem dar tempo que todo ele engordasse; porque, se as suas faces eram gordas, as suas mãos continuavam magras com longos dedos fusiformes e ágeis. O visitante falou:

— Eu sou o Tenente Antonino Dutra, escrivão da coletoria...

— Alguma formalidade? indagou medroso Quaresma.

— Nenhuma, major. Já sabemos quem o senhor é; não há novidade nem nenhuma exigência legal.

O escrivão tossiu, tirou um cigarro, ofereceu outro a Quaresma e continuou.

— Sabendo que o major vem estabelecer-se aqui, tomei a iniciativa de vir incomodá-lo... Não é cousa de importância... Creio que o major...

— Oh! Por Deus, tenente!

— Venho pedir-lhe um pequeno auxílio, um óbulo, para a festa da Conceição, a nossa padroeira, de cuja irmandade sou tesoureiro.

---

desmedida - desproporcional.
entesoura - armazena.
enxúndia - gordura.
fusiformes - em forma de fuso.
escrivão - oficial que escreve documentos de fé pública.
coletoria - repartição encarregada de recolher impostos.
formalidade - requisito previsto em lei, para que um ato jurídico seja válido, oponível contra terceiros, e sirva de prova.
óbulo - doação, esmola religiosa.
festa da Conceição - celebração católica em homenagem à Imaculada Conceição, cuja data é 8 de dezembro.
irmandade - associação de caráter religioso.

— Perfeitamente. É muito justo. Apesar de não ser religioso, estou...

— Uma cousa nada tem com a outra. É uma tradição do lugar que devemos manter.

— É justo.

— O senhor sabe, continuou o escrivão, a gente daqui é muito pobre e a irmandade também, de forma que somos obrigados a apelar para a boa vontade dos moradores mais remediados. Desde já, portanto, major...

— Não. Espere um pouco...

— Oh! major, não se incomode. Não é pra já.

Enxugou o suor, guardou o lenço, olhou um pouco lá fora e acrescentou:

— Que calor! Um verão como este nunca vi aqui. Tem-se dado bem, major?

— Muito bem.

— Pretende dedicar-se à agricultura?

— Pretendo, e foi mesmo por isso que vim para a roça.

— Isto hoje não presta, mas noutro tempo!... Este sítio já foi uma lindeza, major! Quanta fruta! Quanta farinha! As terras estão cansadas e...

— Qual cansadas, Seu Antonino! Não há terras cansadas... A Europa é cultivada há milhares de anos, entretanto...

— Mas lá se trabalha.

— Porque não se há de trabalhar aqui também?

— Lá isso é verdade; mas há tantas contrariedades na nossa terra que...

— Qual, meu caro tenente! Não há nada que não se vença.

— O senhor verá com o tempo, major. Na nossa terra não se vive senão de política, fora disso, babau! Agora mesmo anda tudo brigado por causa da questão da eleição de deputados...

Ao dizer isto, o escrivão lançou por baixo das suas pálpebras gordas um olhar pesquisador sobre a ingênua fisionomia de Quaresma.

— Que questão é? indagou Quaresma.

O tenente parecia que esperava a pergunta e logo fez com alegria:

---

babau - acabou-se, foi-se, era uma vez.

— Então não sabe?
— Não.
— Eu lhe explico: o candidato do governo é o doutor Castrioto, moço honesto, bom orador; mas entenderam aqui certos presidentes de Câmaras Municipais do Distrito que se hão de sobrepor ao governo, só porque o Senador Guariba rompeu com o governador; e — zás — apresentaram um tal Neves que não tem serviço algum ao partido e nenhuma influência... Que pensa o senhor?
— Eu... Nada!
O serventuário do fisco ficou espantado. Havia no mundo um homem que, sabendo e morando no município de Curuzu, não se incomodasse com a briga do Senador Guariba com o governador do Estado! Não era possível! Pensou e sorriu levemente. Com certeza, disse ele consigo, este malandro quer ficar bem com os dous, para depois arranjar-se sem dificuldade. Estava tirando sardinha com mão de gato... Aquilo devia ser um ambicioso matreiro; era preciso cortar as asas daquele "estrangeiro", que vinha não se sabe donde!
— O major é um filósofo, disse ele com malícia.
— Quem me dera? fez com ingenuidade Quaresma.
Antonino ainda fez rodar um pouco a conversa sobre a grave questão, mas, desanimado de penetrar nas tenções ocultas do major, apagou a fisionomia e disse em ar de despedida:
— Então o major não se recusa a concorrer para a nossa festa, não é?
— Decerto.
Os dous se despediram. Debruçado na varanda, Quaresma ficou a vê-lo montar no seu pequeno castanho, luzidio de suor,

---

serventuário do fisco - funcionário do imposto (o escrivão).
Curuzu - parece tratar-se do atual Bairro Curuzu, no município de Itaboraí, região metropolitana do Rio de Janeiro.
tirando sardinha com mão de gato - tentando obter um proveito sorrateiramente, valendo-se de outra pessoa e/ou pondo-a em risco.
matreiro - sabido, astuto.
tenções - intenções.
castanho - cavalo de pelo castanho.

gordo e vivo. O escrivão afastou-se, desapareceu na estrada, e o major ficou a pensar no interesse estranho que essa gente punha nas lutas políticas, nessas tricas eleitorais, como se nelas houvesse qualquer cousa de vital e importante. Não atinava porque uma rezinga entre dous figurões importantes vinha pôr desarmonia entre tanta gente, cuja vida estava tão fora da esfera daqueles. Não estava ali a terra boa para cultivar e criar? Não exigia ela uma árdua luta diária? Porque não se empregava o esforço que se punha naqueles barulhos de votos, de atas, no trabalho de fecundá-la, de tirar dela seres, vidas — trabalho igual ao de Deus e dos artistas? Era tolo estar a pensar em governadores e guaribas, quando a nossa vida pede tudo à terra e ela quer carinho, luta, trabalho e amor...

O sufrágio universal pareceu-lhe um flagelo.

O trem apitou e ele demorou-se a vê-lo chegar. É uma emoção especial de quem mora longe, essa de ver chegar os meios de transporte que nos põem em comunicação com o resto do mundo. Há uma mescla de medo e de alegria. Ao mesmo tempo que se pensa em boas novas, pensam-se também más. A alternativa angustia...

O trem ou o vapor como que vem do indeterminado, do Mistério, e traz, além de notícias gerais, boas ou más, também o gesto, um sorriso, a voz das pessoas que amamos e estão longe.

Quaresma esperou o trem. Ele chegou arfando e se estirando como um réptil pela estação afora à luz forte do sol poente. Não se demorou muito. Apitou de novo e saiu a levar notícias, amigos, riquezas, tristezas por outras estações além. O major pensou ainda um pouco como aquilo era bruto e feio, e como as invenções do nosso tempo se afastam tanto da linha imaginária da beleza que os nossos educadores de dous mil anos atrás nos legaram. Olhou a estrada que levava à estação. Vinha um sujeito... Dirigia-se para a sua casa... Quem podia ser? Limpou o *pince-nez* e assestou-o

---

tricas - trapaças.
rezinga - rixa.
guaribas - pretos.
sufrágio universal - direito de voto para todos, isto é, homens e mulheres. Estas não tinham direito de voto.
boas novas - boas notícias.

para o homem que caminhava com pressa... Quem era? Aquele chapéu dobrado, como um morrião... Aquele fraque comprido... Passo miúdo... Um violão! Era ele!

Adelaide, está aí o Ricardo.

II

Espinhos e flores

Os subúrbios do Rio de Janeiro são a mais curiosa cousa em matéria de edificação de cidade. A topografia do local, caprichosamente montuosa, influiu decerto para tal aspecto, mais influíram, porém, os azares das construções.

Nada mais irregular, mais caprichoso, mais sem plano qualquer, pode ser imaginado. As casas surgiram como se fossem semeadas ao vento e, conforme as casas, as ruas se fizeram. Há algumas delas que começam largas como *boulevards* e acabam estreitas que nem vielas; dão voltas, circuitos inúteis e parecem fugir ao alinhamento reto com um ódio tenaz e sagrado.

Às vezes se sucedem na mesma direção com uma frequência irritante, outras se afastam, e deixam de permeio um longo intervalo coeso e fechado de casas. Num trecho, há casas amontoadas umas sobre outras numa angústia de espaço desoladora, logo adiante um vasto campo abre ao nosso olhar uma ampla perspectiva.

---

assestou-o para o - colocou-o na direção do.

morrião - antigo capacete sem viseira, e com tope enfeitado.

C (2ª - I): Policarpo sai do hospício, troca a casa da cidade por um sítio e começa a trabalhar na terra, vivendo em companhia da irmã Adelaide e sendo ajudado pelo empregado Anastácio. O autor retrata um Policarpo que procura esquecer no duro trabalho de sol a sol sua profunda tristeza e decepção. Mostra aí a importância da agricultura — deixada em plano inferior, apesar da fertilidade das terras — num país que dava os primeiros passos para a industrialização. O personagem, que praticamente não demonstra neste capítulo sintomas de loucura, se torna símbolo da oposição campo *versus* cidade, agricultura *versus* industrialização.

montuosa - montanhosa.

boulevards - vocábulo francês: bulevares; avenidas, ruas largas e arborizadas.

Marcham assim ao acaso as edificações e conseguintemente o arruamento. Há casas de todos os gostos e construídas de todas as formas.

Vai-se por uma rua a ver um correr de *chalets*, de porta e janela, parede de frontal, humildes e acanhados, de repente se nos depara uma casa burguesa, dessas de compoteiras na cimalha rendilhada, a se erguer sobre um porão alto com mezaninos gradeados. Passada essa surpresa, olha-se acolá e dá-se com uma choupana de pau a pique, coberta de zinco ou mesmo palha, em torno da qual formiga uma população; adiante, é uma velha casa de roça, com varanda e colunas de estilo pouco classificável, que parece vexada e querer ocultar-se diante daquela onda de edifícios disparatados e novos.

Não há nos nossos subúrbios cousa alguma que nos lembre os famosos das grandes cidades europeias, com as suas vilas de ar repousado e satisfeito, as suas estradas e ruas macadamizadas e cuidadas, nem mesmo se encontram aqueles jardins, cuidadinhos, aparadinhos, penteados, porque os nossos, se os há, são em geral pobres, feios e desleixados.

Os cuidados municipais também são variáveis e caprichosos. Às vezes, nas ruas, há passeios, em certas partes e outras não; algumas vias de comunicação são calçadas e outras da mesma importância estão ainda em estado de natureza. Encontra-se aqui um pontilhão bem cuidado sobre um rio seco e passos além temos que atravessar um ribeirão sobre uma pinguela de trilhos mal juntos.

Há pelas ruas damas elegantes, com sedas e brocados, evitando a custo que a lama ou o pó lhes empanem o brilho do vestido; há operários de tamancos; há peralvilhos à última moda; há mulheres

---

conseguintemente - consequentemente.
arruamento - conjunto de ruas.
de frontal - de meio tijolo.
mezaninos - janelas de porão.
pau-a-pique - taipa: parede feita de ripas ou varas entrecruzadas e barro.
macadamizadas - calçadas com uma camada de pedra britada, com cerca de 0,30 m de espessura, aglutinada e comprimida.
pontilhão - pequena ponte, de vão total inferior a cerca de 10 m.
brocados - tecidos de seda com desenhos trabalhados em relevo.
peralvilhos - homens afetados nas maneiras ou no vestir.

de chita; e assim pela tarde, quando essa gente volta do trabalho ou do passeio, a mescla se faz numa mesma rua, num quarteirão, e quase sempre o mais bem posto não é que entra na melhor casa.

Além disto, os subúrbios têm mais aspectos interessantes, sem falar no namoro epidêmico e no espiritismo endêmico; as casas de cômodos (quem as suporia lá!) constituem um deles bem inédito. Casas que mal dariam para uma pequena família, são divididas, subdivididas, e os minúsculos aposentos assim obtidos, alugados à população miserável da cidade. Aí, nesses caixotins humanos, é que se encontra a fauna menos observada da nossa vida, sobre a qual a miséria paira com um rigor londrino.

Não se podem imaginar profissões mais tristes e mais inopinadas da gente que habita tais caixinhas. Além dos serventes de repartições, contínuos de escritórios, podemos deparar velhas fabricantes de rendas de bilros, compradores de garrafas vazias, castradores de gatos, cães e galos, mandingueiros, catadores de ervas medicinais, enfim, uma variedade de profissões miseráveis que as nossas pequena e grande burguesias não podem adivinhar. Às vezes, num cubículo desses se amontoa uma família, e há ocasiões em que os seus chefes vão a pé para a cidade por falta do níquel do trem.

Ricardo Coração dos Outros morava em uma pobre casa de cômodos de um dos subúrbios. Não era das sórdidas, mas era uma casa de cômodos dos subúrbios.

Desde anos que ele a habitava e gostava da casa que ficava trepada sobre uma colina, olhando a janela do seu quarto para uma ampla extensão edificada que ia da Piedade a Todos os Santos. Vistos assim do alto, os subúrbios têm a sua graça. As casas

---

bem posto - bem vestido, bem arrumado.
caixotins - termo de tipografia: caixetas onde ficam dispostas as matrizes manuais da linotipo (compositora mecânica) e similares. O autor compara-lhes o tamanho com o dos cômodos das moradias miseráveis.
bilros - peças de madeira ou de metal, semelhantes ao fuso, usadas para fazer renda de almofada.
mandingueiros - macumbeiros, feiticeiros.
níquel - moeda de baixo valor.
Piedade a Todos os Santos - bairros do Rio de Janeiro.

pequeninas, pintadas de azul, de branco, de oca, engastadas nas comas verde-negras das mangueiras, tendo de permeio, aqui e ali, um coqueiro ou uma palmeira, alta e soberba, fazem a vista boa e a falta de percepção do desenho das ruas põe no panorama um sabor de confusão democrática, de solidariedade perfeita entre as gentes que as habitam; e o trem minúsculo, rápido, atravessa tudo aquilo, dobrando à esquerda, inclinando-se para a direita, muito flexível nas suas grandes vértebras de carros, como uma cobra entre pedrouços.

Era daquela janela que Ricardo espraiava as suas alegrias, as suas satisfações, os seus triunfos e também os seus sofrimentos e mágoas.

Ainda agora estava ele lá, debruçado no peitoril, com a mão em concha no queixo, colhendo com a vista uma grande parte daquela bela, grande e original cidade, capital de um grande país, de que ele a modos que era e se sentia ser, a alma, consubstanciando os seus tênues sonhos e desejos em versos discutíveis, mas que a plangência do violão, se não lhes dava sentido, dava um quê de balbucio, de queixume dorido da pátria criança ainda, ainda na sua formação...

Em que pensava ele? Não pensava só, sofria também. Aquele tal preto continuava na sua mania de querer fazer a modinha dizer alguma cousa, e tinha adeptos. Alguns já o citavam como rival dele, Ricardo; outros já afirmavam que o tal rapaz deixava longe o Coração dos Outros, e alguns mais — ingratos! — já esqueciam os trabalhos, o tenaz trabalhar de Ricardo Coração dos Outros em prol do levantamento da modinha e do violão, e nem nomeavam o abnegado obreiro.

Com o olhar perdido, Ricardo lembrava-se de sua infância, daquela sua aldeia sertaneja, da casinha dos seus pais, com seu curral e o mugido dos vitelos... E o queijo? Aquele queijo tão

---

oca - variante de "ocra": argila colorida com óxido de ferro, dando vermelho, amarelo ou castanho.
comas - copas.
de permeio - no meio de.
pedrouços - montões de pedras.
consubstanciando - materializando.
abnegado obreiro - desprendido trabalhador.

substancial, tão forte, feio como aquela terra, mas feraz como ela tanto que bastava comer dele uma pequena fatia para se sentir almoçado... E as festas? Saudades... E o violão, como aprendeu? O seu mestre, o Maneco Borges, não lhe predissera o futuro: "Irás longe, Ricardo. A viola quer teu coração"?

Porque então aquele encarniçamento, aquele ódio contra ele — ele que trouxera para esta terra de estrangeiros a alma, o suco, a substância do país!

E as lágrimas lhe saltaram quentes dos olhos afora. Olhou um pouco as montanhas, farejou o mar lá longe... Era bela a terra, era linda, era majestosa, mas parecia ingrata e áspera no seu granito omnipresente que se fazia negro e mau quando não era amaciado pela verdura das árvores.

E ele estava ali só, só com a sua glória e o seu tormento, sem amor, sem confidente, sem amigo, só como um deus ou como um apóstolo em terra ingrata que não lhe quer ouvir a boa nova.

Sofria em não ter um peito amado, amigo em que derramasse aquelas lágrimas que iam cair no solo indiferente. Por aí, lembrou-se dos famosos versos:

"Se choro... bebe o pranto a areia ardente..."

Com a lembrança, ele baixou um pouco o olhar à terra e viu que, no tanque da casa, um tanto escondida dele, uma rapariga preta lavava. Ela abaixava o corpo sobre a roupa, carregava todo o seu peso, ensaboava-a ligeira, batia-a de encontro à pedra, e recomeçava. Teve pena daquela pobre mulher, duas vezes triste na sua condição e na sua cor. Veio-lhe um aflux de ternura e, depois, pôs-se a pensar no mundo, nas desgraças, ficando um instante enleado no enigma do nosso miserável destino humano.

A rapariga não o viu, distraída com o trabalho; e se pôs a cantar:

---

feraz - fértil.

"Se choro... bebe o pranto a areia ardente" - verso da oitava estrofe do poema "Vozes d' África", do poeta romântico brasileiro Castro Alves (1847-1871).

aflux - segundo as "Notas ao texto" da edição de 1959, o homólogo "afluxo" (dicionarizado) contém ideia geral mas concreta de "afluência", ao passo que "aflux" traz ideia afetiva.

enleado - envolvido.

> Da doçura dos teus olhos
> A brisa inveja já tem

Era dele. Ricardo sorriu satisfeito e teve vontade de ir beijar aquela pobre mulher, abraçá-la...

E como eram as cousas? Ele recebia lenitivo daquela rapariga; era a sua humilde e dorida voz que vinha afagar o seu tormento! Vieram-lhe então à memória aqueles versos do Padre Caldas, esse seu antecessor feliz que teve um auditório de fidalgas:

> Lereno alegrou os outros
> E nunca teve alegria...

Enfim era uma missão!... A rapariga acabou de cantar e Ricardo não se pôde conter:

— Vai bem, Dona Alice, vai bem! Se não fosse, por que lhe pedia *bis*?

A rapariga estendeu a cabeça, reconheceu quem falava e disse:

— Não sabia que o senhor estava aí, senão não cantava na vista do senhor.

— Qual o quê! Posso garantir-lhe que está bom, muito bom. Cante.

— Deus me livre! Para o senhor me "acriticar"...

Embora insistisse muito, a rapariga não quis continuar. As mágoas pareciam ter passado do pensamento de Ricardo. Veio ao interior do quarto e pôs-se à mesa na tenção de escrever.

O seu quarto tinha o mobiliário mais reduzido possível. Havia uma rede com franjas de rendas, uma mesa de pinho, sobre ela objetos de escrever; uma cadeira, uma estante com livros, e, pendurado a uma parede, o violão na sua armadura de camurça. Havia também uma máquina para fazer café.

Sentou-se e quis começar uma modinha sobre a Glória, essa cousa fugace, que se tem e se pensa que não se tem, alguma cousa impalpável, incolhível como um sopro, que nos alanceia, queima, inquieta e abrasa como o Amor.

---

lenitivo - consolação.

Lereno alegrou os outros / E nunca teve alegria - versos da última estrofe do poema "Lereno melancólico", de Domingos Caldas Barbosa.

fugace - variante poética de "fugaz": fugitiva.

incolhível - que não se pode colher.

alanceia - fere com lança, atormenta.

Tentou começar, dispôs o papel, mas não pôde. A emoção tinha sido forte, toda a sua natureza tinha sido lavrada, baralhada, com a ideia daquele furto que se queria fazer ao seu mérito. Não conseguiu assentar o pensamento, apanhar as palavras no ar, sentir a música zumbir no ouvido.

A manhã ia alta. As cigarras defronte chilreavam no tamarineiro desfolhado; começava a esquentar e o céu estava de um azul ligeiro, tênue, fino. Quis sair, procurar um amigo, espairecer com ele, mas quem? Ainda se o Quaresma... Ah! O Quaresma! Esse, sim, trazia-lhe conforto e consolo.

É verdade que ultimamente esse seu amigo achava-se pouco interessado pela modinha: mas assim mesmo compreendia o seu propósito, os fins e o alcance da obra a que ele, Ricardo, se propunha. Ainda se o major estivesse perto, mas tão longe! Consultou as algibeiras. Não chegava a dois mil-réis a sua fortuna. Como ir? Arranjaria um passe e iria. Bateram à porta. Traziam-lhe uma carta. Não reconheceu a letra; rasgou o envelope com emoção. Que seria? Leu:

"Meu caro Ricardo — Saúde — Minha filha Quinota casa-se depois de amanhã, quinta-feira. Ela e o noivo fazem muito gosto que você apareça. Se o amigo não estiver comprometido com alguém, agarre o violão e venha até cá tomar uma chávena de chá conosco — Seu amigo Albernaz".

O trovador, à proporção que lia, ia mudando de fisionomia. Até então estava carregada e dura; quando acabou de ler o bilhete, um sorriso brincava por toda ela, descia e subia, ia de uma face a outra. O general não o abandonara; para o respeitável militar, Ricardo Coração dos Outros ainda era o rei do violão. Iria e arranjaria passagem com o antigo vizinho de Quaresma. Contemplou um pouco o violão, demoradamente, ternamente, agradecidamente como se fosse um ídolo benfazejo.

Quando Ricardo penetrou em casa do General Albernaz, o último brinde havia sido levantado e todos se dirigiam para a sala de visitas em pequenos grupos. Dona Maricota vestia seda malva e o seu busto curto parecia ainda mais abafado, mais socado, naquele

---

algibeiras - bolsos.
chávena - xícara.
benfazejo - caridoso.
malva - rosa-arroxeada.

tecido caro que parece requerer corpos elegantes e flexíveis. Quinota estava radiante no vestido de noiva. Ela era alta, de feições mais regulares que a irmã Ismênia, mas menos interessante e mais comum de temperamento e alma, embora faceira. Lalá, a terceira filha do general, que já se ajeitava a moça, tinha muito pó de arroz, estava sempre a concertar o penteado e a sorrir para o Tenente Fontes. Um casamento bem cotado e esperado. Genelício dava o braço à noiva, encasacado numa casaca mal talhada, que punha bem à mostra a sua gibosidade, e caminhava todo atrapalhado nos apertados sapatos de verniz.

Ricardo não os viu passar, pois ao entrar, a fila estava no general, metido num segundo uniforme dos grandes dias, que lhe ia mal como a farda de um guarda-nacional endomingado; mas, quem tinha um ar importante, marcial e navegado, ao mesmo tempo palaciano, era o Contra-Almirante Caldas. Fora padrinho e estava irrepreensível na sua casaca do uniforme. As âncoras reluziam como metais de bordo em hora de revista e os seus favoritos, muito penteados, alargavam a sua face e pareciam desejar com ardor os grandes ventos do vasto oceano sem fim. Ismênia estava de rosa e andava pelas salas com o seu ar dolente, com o seu vagar, com os seus gestos lentos, dando providências. O Lulu, o único filho do general, impava no seu uniforme do Colégio Militar, cheio de dourados e cabelos, tanto mais que passara de ano, graças aos empenhos do pai.

O general não tardou em vir falar com Ricardo; e os noivos, quando o trovador os cumprimentou, agradeceram-lhe muito, e até Quinota disse um — "sou muito feliz..." — deitando a cabeça de lado e sorrindo para o chão, sorriso que encheu de imenso transporte a cândida alma do menestrel.

Deram começo às danças e o general, o almirante, o Major Inocêncio Bustamante, que também viera de uniforme, com a sua banda roxa de honorário, o doutor Florêncio, Ricardo e dous convidados outros foram para a sala de jantar palestrar um pouco.

---

faceira - charmosa.
talhada - cortada.
gibosidade - corcunda.
transporte - êxtase.
banda - cinta dos oficiais do exército.

O general estava satisfeito. Sonhava há tantos anos uma cerimônia daquelas em sua casa e enfim pela primeira vez via realizado esse anseio.

A Ismênia foi aquela desgraça... O ingrato!... Mas para que recordar?

Os cumprimentos se repetiram.

— É um rapagão, o seu novo genro, disse um dos convidados novos.

O general tirou o *pince-nez* que era preso por um trancelim de ouro, e enquanto o limpava, respondeu, olhando com aquele jeito dos míopes:

— Estou muito contente.

Por aí pôs o *pince-nez*, endireitou o trancelim e continuou:

— Creio que casei bem minha filha; rapaz formado, bem encaminhado e inteligente.

O almirante acudiu:

— E que carreira! Não é por ser meu parente, mas com trinta e dois anos primeiro escriturário do Tesouro, é cousa nunca vista.

— O Genelício não está no Tribunal de Contas, não passou? perguntou Florêncio.

— Passou, mas é a mesma cousa, replicou o outro convidado novo, que era da amizade do recém-casado.

De fato, Genelício tinha arranjado a transferência e não fora só isso que o decidira a casar-se. Tendo escrito uma — *Síntese de Contabilidade Pública Científica* — viu-se, sem saber como, cumulado de elogios pela "imprensa desta capital." O ministro, atendendo ao mérito excepcional da obra, mandou-lhe dar dous contos de prêmio, tendo sido a edição feita à custa do Estado, na Imprensa Nacional. Era um grosso volume de quatrocentas páginas, tipo doze, escrito em estilo de ofício, com uma basta documentação de decretos e portarias, ocupando dous terços do livro.

---

trancelim - cordão delgado.

cumulado - a quem foi dada grande quantidade.

Imprensa Nacional - criada em 1808, é responsável por todas as publicações oficiais do governo federal. Funcionou na Rua Treze de Maio, no centro do Rio de Janeiro, de 1874 a 1940. Atualmente está sediada no Setor de Indústrias Gráficas (SIG), Quadra 06, Lote 800, em Brasília-DF.

portarias - documentos de atos administrativos de autoridade, que contêm instruções a respeito da aplicação de leis e documentos similares.

A primeira frase da primeira parte, o quinhão do livro verdadeiramente sintético e científico, fora até muito notada e gabada pelos críticos, não só pela novidade da ideia, como também pela beleza da expressão.

Dizia assim: "A Contabilidade Pública é a arte ou ciência de escriturar convenientemente a despesa e receita do Estado".

Além do prêmio e da transferência, ele já tinha promessa de ser subdiretor na primeira vaga.

Ouvindo tudo isso que tinham dito o almirante, o general e os convidados novos, o major não pôde deixar de observar:

— Depois da militar, a melhor carreira é a de Fazenda, não acham?

— Sim... Bem entendido, fez o doutor Florêncio.

— Eu não quero falar dos formados, apressou-se o major. Esses...

Ricardo sentia-se na obrigação de dizer qualquer cousa e foi soltando a primeira frase que lhe veio aos lábios:

— Quando se prospera, todas as profissões são boas.

— Não é tanto assim, obtemperou o almirante, alisando um dos favoritos. Não é para desfazer nas outras, mas a nossa, hein Albernaz? hein Inocêncio?

Albernaz levantou a cabeça como se quisesse apanhar no ar uma lembrança e depois replicou:

— É, mas tem os seus precalços. Quando se está numa trapalhada, fogo daqui, tiro dali, morre um, grita outro como em Curupaiti, então...

— O senhor esteve lá, general? perguntou o convidado amigo de Genelício.

— Não estive. Adoeci e vim para o Brasil. Mas o Camisão... Não imaginam o que foi — você sabe, não é Inocêncio?

— Se estive lá...

---

quinhão - parte.
Fazenda - área da administração pública que trata da gestão das finanças públicas e suas políticas. Atualmente está abrangida pelo Ministério da Fazenda.
obtemperou - ponderou.
precalços - variante popular não dicionarizada de "percalços": dificuldades.

— Polidoro tinha ordem de atacar Sauce, Flores à esquerda e "nós" caímos sobre os paraguaios. Mas os malandros estavam bem entrincheirados, tinham aproveitado o tempo...

— Foi "Seu" Mitre, disse Inocêncio.

— Foi. Atacamos com fúria. Era um ribombar de canhões que metia medo, bala por todo o canto, os homens morriam como moscas... Um inferno!

— Quem venceu? perguntou um dos convidados novos.

Todos se entreolharam admirados, exceto o general que julgava a sabedoria do Paraguai excepcional.

— Foram os paraguaios, isto é, repeliram o nosso ataque. É por isso que eu digo que a nossa profissão é bela, mas tem as suas "cousas"...

— Isso não quer dizer nada. Também na passagem de Humaitá... ia dizendo o almirante.

— O senhor estava a bordo?

— Não, eu fui mais tarde. Perseguições fizeram com que eu não fosse designado, porque o embarque equivalia a uma promoção... Mas, na passagem de Humaitá...

Na sala de visitas as danças continuavam com animação. Era raro que alguém viesse lá de dentro até onde eles estavam. Os risos, a música, e o mais que se adivinhava não distraíam aqueles homens das suas preocupações belicosas.

O general, o almirante e o major enchiam de pasmo aqueles burgueses pacíficos, contando batalhas em que não estiveram e pugnas valorosas que não pelejaram.

Polidoro - Polidoro da Fonseca Quintanilha Jordão (1792-1879), general brasileiro da Guerra do Paraguai, substituto do marechal-de-campo Manuel Luís Osório (1808-1879), que se demitiu por doença.

Sauce - Linha de Sauce, uma das trincheiras da Guerra do Paraguai.

Flores - Venâncio Flores (1809-1868), general uruguaio da Guerra do Paraguai.

Mitre - Bartolomeu Mitre (1821-1906), presidente da república argentina e fundador da nação. Teve parte ativa na Guerra do Paraguai.

passagem de Humaitá - operação militar, que se constituiu na ultrapassagem da Fortaleza de Humaitá, pelo rio Paraguai, por uma pequena força de seis navios monitores da Marinha do Brasil, a 19 de fevereiro de 1868, no contexto da Guerra da Tríplice Aliança.

belicosas - guerreiras.

pugnas - lutas.

Não há como um cidadão pacato, bem comido, tendo tomado alguns vinhos generosos, para apreciar as narrações de guerra. Ele só vê a parte pitoresca, a parte por assim dizer espiritual das batalhas, dos encontros; os tiros são os de salva e se matam é cousa de somenos. A Morte mesmo, nas narrações feitas assim, perde a sua importância trágica: três mil mortos, só!!!

De resto, contadas pelo General Albernaz, que nunca tinha visto a guerra, a cousa ficava edulcorada, uma guerra *bibliothèque rose*, guerra de estampa popular, em que não aparecem a carniçaria, a brutalidade e a ferocidade normais.

Estavam Ricardo, o doutor Florêncio, o exato empregado como engenheiro das águas, aqueles dous recentes conhecimentos de Albernaz, embevecidos, boquiabertos e invejosos diante das proezas imaginárias daqueles três militares, um honorário, talvez o menos pacífico dos três, o único que tivesse mesmo tomado parte em alguma cousa guerreira — quando Dona Maricota chegou, sempre diligente, altiva, dando movimento e vida à festa. Era mais moça que o marido, tinha ainda inteiramente pretos os cabelos na sua cabeça pequena, que contrastava tanto com o seu corpo enorme. Ela vinha ofegante e dirigiu-se ao marido:

— Então, Chico, que é isso? Ficam aí e eu que faça sala, que anime as moças... Pra sala todos!

— Já vamos, Dona Maricota, disse alguém.

— Não, fez com rapidez a dona da casa, é já. Vamos, "Seu" Caldas, "Seu" Ricardo, os senhores!

E foi empurrando um a um pelo ombro.

— Depressa, depressa, que a filha do Lemos vai cantar; e depois é o senhor... Está ouvindo, "Seu" Ricardo!

---

generosos - de qualidade superior e elevada graduação alcoólica, a ser bebidos fora das refeições ou durante a sobremesa.
de salva - de canhão, para celebrar um acontecimento.
edulcorada - adoçada.
bibliothèque rose - expressão em francês: biblioteca cor de rosa — de livros leves, destinados à leitura de adolescentes femininas.
carniçaria - carnificina.
embevecido - encantado.
diligente - aplicada, interessada.

— Pois não, minha senhora. É uma ordem...

E foram. No caminho o general parou um pouco, chegou-se a Coração dos Outros e perguntou:

— Diga-me uma cousa: como vai o nosso amigo Quaresma?

— Vai bem.

— Tem-lhe escrito?

— Às vezes. Eu queria, general...

O general suspendeu a cabeça, levantou um pouco o *pince-nez* que começava a cair, e perguntou:

— O quê?

Ricardo ficou intimidado com o ar marcial com que Albernaz lhe fez a pergunta. Depois de uma ligeira hesitação, respondeu de um jato, com medo de perder as palavras.

— Eu queria que o senhor me arranjasse uma passagem, um passe, para ir vê-lo.

O general esteve uns instantes de cabeça baixa, coçou o cabelo e disse:

— Isso é difícil, mas você apareça lá, na repartição, amanhã.

E continuaram a andar. Ainda andando, Coração dos Outros acrescentou:

— Estou com saudades dele, depois tenho certos desgostos... O senhor sabe: um homem que tem nome...

— Vá lá amanhã.

Dona Maricota apareceu na frente e falou agastada:

— Vocês não vêm!

— Já vamos, fez o general.

E depois, dirigindo-se a Ricardo, ajuntou:

— Aquele Quaresma podia estar bem, mas foi meter-se com livros... É isto! Eu, há bem quarenta anos, que não pego em livro...

Chegaram à sala. Era vasta. Tinha dous grandes retratos em pesadas molduras douradas, furiosos retratos a óleo de Albernaz e da mulher; um espelho oval e alguns quadrinhos, e a decoração estava completa. Da mobília não se podia julgar, tinha sido retirada, para dar mais espaço aos dançantes. A noiva e o noivo estavam no sofá sentados a presidir a festa. Havia um ou outro decote, poucas casacas, algumas sobrecasacas e muitos fraques. Por entre as cortinas de uma janela, Ricardo pôde ver a rua. A calçada defronte estava cheia. A casa era alta e tinha jardim; só de lá os curiosos, os "serenos", podiam ver alguma cousa da festa. Lalá, no vão de uma sacada, conversava com o Tenente Fontes. O general contemplou-os e abençoou-os com um olhar aprovador...

A moça, a famosa filha do Lemos, dispôs-se a cantar. Foi ao piano, colocou a partitura e começou. Era uma *romanza* italiana que ela cantou com a perfeição e o mau gosto de uma moça bem educada. Acabou. Palmas gerais, mas frias, soaram.

O doutor Florêncio que ficara atrás do general, comentou:

— Tem uma bela voz esta moça. Quem é?

— É a filha do Lemos, o doutor Lemos da Higiene, respondeu o general.

— Canta muito bem.

— Está no último ano do conservatório, observou ainda Albernaz.

Chegou a vez de Ricardo. Ele ocupou um canto da sala, agarrou o violão, afinou-o, correu a escala; em seguida, tomou o ar trágico de quem vai representar o Édipo-Rei e falou com voz grossa: "Senhoritas, senhores e senhoras". Concertou a voz e continuou: "Vou cantar 'Os teus braços', modinha de minha composição, música e versos. É uma composição terna, decente e de uma poesia exaltada". Seus olhos, por aí, quase lhe saíam das órbitas. Emendou: "Espero que nenhum ruído se ouça, porque senão a inspiração se evola. É o violão instrumento muito... mui... to 'dê-li-cádo'. Bem".

A atenção era geral. Deu começo. Principiou brando, gemebundo, macio e longo, como um soluço de onda; depois, houve uma parte rápida, saltitante, em que o violão estalava. Alternando um andamento e outro, a modinha acabou.

"serenos" - agrupamentos de gente do lado de fora de casa onde haja festa.

romanza - vocábulo italiano: romança; composição em geral curta, para canto e piano, de caráter sentimental ou patético, típica do século XIX.

Higiene - secção da Diretoria-Geral da Saúde Pública, então localizada na Rua do Resende, 128, no Rio de Janeiro. O órgão, como um todo, corresponde ao atual Ministério da Saúde, hoje situado na Esplanada dos Ministérios, bloco G, Brasília-DF. Tem departamentos no Rio de Janeiro.

conservatório - escola oficial de música.

Édipo-Rei - tragédia de Sófocles (415 a.C.), tida como das mais perfeitas da Antiguidade, cuja temática é a descoberta, pelo herói Édipo, de sua verdadeira origem. Ele matou o pai e casou-se com a mãe.

Aquilo tinha ido ao fundo de todos, tinha acudido ao sonho das moças e aos desejos dos homens. As palmas foram ininterruptas. O general abraçou-o, Genelício levantou-se e deu-lhe a mão, Quinota, no seu imaculado vestido de noiva, também.

Para fugir aos cumprimentos, Ricardo correu à sala de jantar. No corredor chamavam-no: "Senhor Ricardo, Senhor Ricardo!" Voltou-se. "Que ordena minha senhora?" Era uma moça que lhe pedia uma cópia da modinha.

— Não se esqueça, dizia ela com meiguice, não se esqueça. Gosto tanto das suas modinhas... São tão ternas, tão delicadas... Olhe: dê aqui a Ismênia para me entregar.

A noiva de Cavalcânti aproximava-se e, ouvindo falar em seu nome, perguntou:

— Que é, Dulce?

A outra explicou-lhe. Ela aceitou a incumbência e, por sua vez, perguntou a Ricardo com a sua voz dolente:

— "Seu" Ricardo, quando é que o senhor pretende estar com Dona Adelaide?

— Depois de amanhã, espero eu.

— Vai lá?

— Vou.

— Pois então diga-lhe que me escreva. Eu queria tanto receber uma carta...

E limpou os olhos furtivamente, com o seu pequenino lenço rendado.

C (2ª - II): O capítulo está centrado em Ricardo Coração dos Outros: a pobre casa de cômodos em que mora em solidão, dando oportunidade ao narrador de descrever o que eram, na época, aquilo que corresponde às atuais favelas; sua infância no sertão; suas modinhas cantadas na vizinhança; a alegria pelo convite de Albernaz, para cantar no casamento da filha Quinota. O autor continua a focalizar a questão do casamento e os costumes sociais. No capítulo III da primeira parte, focalizou-se a festa de noivado de Ismênia. Aqui, a festa do casamento da irmã: os arranjos da casa, o noivo, os curiosos que assistem a tudo do lado de fora, as mesmas conversas bélicas de sempre entre os militares, enfatizando-se a Guerra do Paraguai. Ricardo é uma espécie de rei da comemoração, aquele que traz alegria e romantismo. De Policarpo fala-se apenas que foram os livros que o enlouqueceram, o que justifica a fala do general: ainda bem que não pegava em livro havia quarenta anos!

III
Golias

No sábado da semana seguinte àquela em que a filha do general recebera como marido o grave e giboso Genelício, glória e orgulho do nosso funcionalismo público, Olga casara-se. A cerimônia correra com a pompa e a riqueza acostumada em pessoas de sua camada. Houve uns arremedos parisienses de *corbeille* de noiva e outros pequenos detalhes *chics*, que não a aborreceram, mas que não a encheram lá de satisfação maior que as noivas comuns. Talvez nem mesmo essa ela tivesse.

Não foi para a igreja em virtude de uma determinação certa de sua vontade. Continuava a não encontrar dentro de si motivo para aquele ato, mas, aparentemente, nenhuma vontade estranha à sua influíra para isso. O marido é que estava contente. Não seria muito com a noiva, mas com a volta que a sua vida ia tomar. Ficando rico e sendo médico, cheio de talento nas notas e recompensas escolares, via diante de si uma larga estrada de triunfos nas posições e na indústria clínica. Não tinha fortuna alguma, mas julgava o seu banal título um foral de nobreza, equivalente àqueles com que os autênticos fidalgos da Europa brunem o nascimento das filhas dos salchicheiros *yankees*. Apesar de ser seu pai um importante fazendeiro por aí, em algum lugar deste Brasil, o sogro lhe dera tudo e tudo ele aceitara sem pejo, com o desprezo de um duque, duque de plenamentes e medalhas, a receber homenagens de um vilão que não roçou os bancos de uma "academia".

Golias - personagem bíblica: gigante morto pelo pequenino Davi, com uma pedra que este arremessou em sua testa. No caso, é metáfora da luta que o fraco Policarpo irá travar com a quantidade gigantesca de formigas que invade suas terras.

arremedos - imitações.

corbeille - vocábulo francês: corbelha; lugar onde se expõem os presentes ganhos de casamento.

foral - documento legal que concedia privilégios a indivíduos.

brunem - tornam brilhante, apuram.

salchicheiros - variante de "salsicheiros".

yankees - vocábulo inglês: ianques; norte-americanos.

não roçou os bancos de uma "academia" - não se esfregou nos bancos de uma faculdade, isto é, não fez curso superior.

Julgava que a noiva o aceitara pelo seu maravilhoso título, o pergaminho; é verdade que foi, não tanto pelo título, mas pela sua simulação de inteligência, de amor à ciência, de desmedidos sonhos de sábio. Tal imagem que dele fizera, durara instantes em Olga; depois foi a inércia da sociedade, a sua tirania e a timidez natural da moça em romper que a levaram ao casamento. Tanto mais que ela, de si para si, pensava que se não fosse este, seria outro a ele igual, e o melhor era não adiar.

Era por isso que ela não ia para a igreja, em virtude de uma determinação certa de sua vontade, embora sem perceber o constrangimento de um comando fora dela.

Apesar da pompa, esteve longe de ser uma noiva majestosa. Não obstante as origens puramente europeias, era pequena, muito mesmo, ao lado do noivo, alto, erecto, com uma fisionomia irradiante de felicidade; e, desse modo, ela desaparecia dentro do vestido, dos véus e daqueles atavios obsoletos com que se arreiam as moças que se vão casar. De resto, a sua beleza não era a grande beleza — aquela que nós exigimos das noivas ricas, segundo o modelo das estampas clássicas.

No seu rosto, nada de grego, desse grego autêntico ou de pacotilha, ou também dessa majestade de ópera lírica. Havia nos seus traços muita irregularidade, mas a sua fisionomia era profunda e própria. Não só a luz dos seus grandes olhos negros, que quase cobriam toda a cavidade orbitária, fazia fulgurar o seu rosto móbil, como a sua pequena boca, de um desenho fino, exprimia bondade, malícia e o seu ar geral era de reflexão e curiosidade.

Ao contrário do costume, não saíram da cidade e foram morar em casa do antigo empreiteiro.

Quaresma não fora à festa, mandara o leitão e o peru da tradição e escrevera uma longa carta. O sítio empolgara-o, o

---

pergaminho - diploma. Até a algum tempo seu papel era feito em pergaminho (pele de animal).
desmedidos - exagerados.
atavios obsoletos - enfeites fora de moda.
arreiam - enfeitam.
de pacotilha - grosseiro, mal acabado.
móbil - em movimento.

calor ia passar, vinha a época das chuvas, das semeaduras, e não queria afastar-se de suas terras. A viagem seria breve, mas mesmo assim, perdendo um dia ou dous, era como se começasse a desertar da batalha.

O pomar estava todo limpo e já estavam preparados os canteiros da horta. A visita de Ricardo veio distraí-lo um pouco, sem desviá-lo contudo, dos seus afazeres agrícolas.

Passou um mês com o major, e foi um triunfo. A fama do seu nome precedia-o, de forma que todo o município o disputava e festejava.

O seu primeiro trabalho foi ir à vila. Ficava a quatro quilômetros adiante da casa de Quaresma e a estrada de ferro tinha uma estação lá. Ricardo dispensou a estrada e foi a pé, pela estrada de rodagem, se assim se pode chamar um trilho, cheio de caldeirões, que subia e descia morros, cortava planícies e rios em toscas pontes. A vila!... Tinha duas ruas principais: a antiga, determinada pelo velho caminho de tropas, e a nova, cuja origem veio da ligação da velha com a estrada de ferro. Elas se encontravam em T, sendo o braço vertical o caminho da estação. As outras partiam delas, as casas juntavam-se urbanamente no começo, depois iam espaçando, espaçando, até acabar em mato, em campo. A antiga chamava-se Marechal Deodoro, ex-Imperador; e a nova, Marechal Floriano, ex-Imperatriz. De uma das extremidades da Rua Marechal Deodoro, partia a da Matriz, que ia ter à igreja, ao alto de uma colina, feia e pobre no seu estilo jesuítico. À esquerda da estação, num campo, a Praça da República, a que ia dar uma rua mal esboçada por espaçadas casas, ficava a Câmara Municipal.

Era um grande paralelepípedo de tijolo, cimalha, janela com sacadas de grade de ferro, puro estilo mestre de obras. Compungia

---

caldeirões - cavidades abertas nas estradas, pelas enxurradas ou pelo pisar dos animais.

toscas - malfeitas.

Marechal Deodoro - Deodoro da Fonseca (1827-1892), proclamador da república do Brasil, chefe do Governo Provisório e primeiro presidente, que acabou renunciando na metade do mandato.

Marechal Floriano - Floriano Peixoto (1839-1895), presidente da república, de 1891 a 1894. Vai aparecer muitas vezes no romance.

Compungia - Causava piedade.

essa pobreza de gosto a quem se lembrasse dos edifícios da mesma natureza das pequenas comunas francesas e belgas da Idade Média.

Ricardo entrou num barbeiro da Rua Marechal Deodoro, Salão Rio de Janeiro, e fez a barba. O fígaro deu-lhe informações sobre a vila e ele se deu a conhecer. Havia certos circunstantes, um deles tomou-o a seu cargo e daí em pouco estava relacionado.

Quando voltou para a casa do major já tinha convite para o baile do doutor Campos, presidente da Câmara, festa que teria lugar na quarta-feira próxima.

Chegara sábado e fora passear à vila domingo.

Tinha havido missa e o trovador assistiu a saída. A concorrência nunca é grande na roça, mas Ricardo pôde ver algumas daquelas moças do interior, linfáticas e tristes, ataviadinhas, cheias de laços, descendo silenciosas a colina em que se erguia a igreja, espalhando-se pela rua e logo entrando para as casas, onde iriam passar uma semana de reclusão e tédio. Foi na saída da missa que lhe apresentaram o doutor Campos.

Era o médico do lugar, morava, porém, fora, na sua fazenda, e viera de "aranha" com a sua filha, Nair, assistir o ofício religioso.

O trovador e o médico estiveram um instante conversando, enquanto a filha, muito magra, pálida, com uns longos braços descarnados, olhava com um vexame fingido o solo poeirento da rua. Quando eles partiram, ainda Ricardo considerou um pouco aquele rebento dos ares livres do Brasil.

À festa do doutor Campos, seguiram-se outras a que Ricardo deu a honra de sua presença e alegria da sua voz. Quaresma não o acompanhava, mas gozava a sua vitória. Se bem que o major tivesse abandonado o violão, ainda continuava a prezar aquele instrumento essencialmente nacional. As consequências desastrosas do seu requerimento em nada tinham abalado as suas convicções patrióticas. Continuavam as suas ideias profundamente arraigadas,

---

comunas - cidades que obtinham do senhor feudal carta de autonomia.
fígaro - barbeiro.
linfáticas - sem vida, apáticas.
ataviadinhas - arrumadinhas.
"aranha" - carruagem leve, de duas rodas, puxada por um cavalo.
rebento - filhote; no caso, a moça.
arraigadas - enraizadas.

tão somente ele as escondia, para não sofrer com a incompreensão e maldade dos homens.

    Gozava, portanto, a fulminante vitória de Ricardo, que indicava bem naquela população a existência de um resíduo forte da nossa nacionalidade a resistir às invasões das modas e gostos estrangeiros.

    Ricardo recebia todas as honras, todos os favores, por parte de todos os partidos. O doutor Campos, presidente da Câmara, era quem mais o cumulava de homenagens. Naquela manhã até esperava um dos cavalos do edil, para dar um passeio ao Carico; e, esperando, foi dizendo a Quaresma, que ainda não tinha partido para o eito:

— Major, foi uma boa ideia vir para a roça. Vive-se bem e pode-se subir...

— Não tenho nenhum desejo disso. Você sabe como me são estranhas todas essas cousas.

— Sei... É... Não digo que se peça, mas, quando nos oferecem, não devemos rejeitar, não acha?

— Conforme, meu caro Ricardo. Eu não podia aceitar encargo de comandar uma esquadra.

— Até aí não vou. Olhe, major: eu gosto muito de violão, mesmo dedico a minha vida ao seu levantamento moral e intelectual, entretanto, se amanhã o presidente dissesse: "Seu Ricardo, você vai ser deputado", o senhor pensa que eu não aceitava, sabendo perfeitamente que não podia mais desferir os trenos do instrumento? Ora, se não! Não se deve perder vaza, major.

— Cada um tem as suas teorias.

— Decerto. Outra cousa, major: conhece o doutor Campos?

— De nome.

— Sabe que ele é presidente da Câmara?

Quaresma olhou um instante para Ricardo com uma ligeira desconfiança. O menestrel não notou o gesto do amigo e emendou:

---

edil - vereador.
Carico - nome do sítio em que Lima Barreto morou na infância, na Ilha do Governador, Rio de Janeiro.
desferir os trenos do instrumento? - fazer vibrar a música lamentosa do violão?
vaza - cartas dos parceiros que são recolhidas pelo ganhador, num lance ou mão de um jogo de baralho.

— Mora daqui a uma légua. Já lhe toquei em casa e hoje vou a cavalo passear com ele.
— Fazes bem.
— Ele quer conhecê-lo. Posso trazê-lo aqui?
— Podes.

Um camarada do doutor Campos, neste instante, entrava pela porteira trazendo o cavalo prometido. Ricardo montou e Quaresma seguiu para a roça ao encontro dos seus dous empregados. Eram agora dous, pois, além do Anastácio, que não era bem um empregado, mas agregado, admitira o Felizardo.

Era manhã de verão, mas as chuvas continuadas dos dias anteriores tinham atenuado a temperatura.

Havia uma grande profusão de luz e os ares estavam doces. Quaresma foi caminhando por entre aquele rumor de vida, rumor que vinha do farfalhar do mato e do piar das aves e pássaros. Esvoaçavam tiês vermelhos, bandos de coleiros; anuns voavam e punham pequenas manchas negras no verdor das árvores. Até as flores, essas tristes flores dos nossos campos, no momento, parece que tinham saído à luz, não somente para a fecundação vegetal mas também para a beleza.

Quaresma e seus empregados trabalhavam agora longe, faziam um roçado, e fora para auxiliar esse serviço que contratou o Felizardo. Era este um camarada magro, alto, de longos braços, longas pernas, como um símio. Tinha a face cor de cobre, a barba rala e, sob uma aparência de fraqueza muscular, não havia ninguém mais valente que ele a roçar. Com isto era um tagarela incansável. De manhã, quando chegava, aí pelas seis horas, já sabia todas as intriguinhas do município.

O roçado tinha por fim ganhar terreno ao mato, no lado do norte do sítio, que o capão invadira. Obtido ele, o major plantaria obra de meio alqueire ou pouco mais de milho, e nos intervalos batatas

---

légua - antiga medida itinerária, correspondente a 6.600 m.
agregado - pessoa que vive de favor em uma casa de família.
atenuado - amenizado.
farfalhar - ruído na folhagem, provocado pelo vento.
símio - macaco.
capão - porção de mato isolado no meio do campo.

inglesas, cultura nova em que depositava grandes esperanças. Já se fizera a derrubada e o aceiro estava aberto; Quaresma, porém, não lhe quisera atear fogo. Evitava assim calcinar o terreno, eliminando dele os princípios voláteis ao fogo. Agora o seu trabalho era separar os paus mais grossos, para aproveitar como lenha; os galhos miúdos e folhas, ele removia para longe, onde então queimaria em coivaras pequenas.

Isso levava tempo, custava tombos ao seu corpo mal habituado aos cipós e tocos; mas prometia dar um rendimento maior ao plantio.

Durante o trabalho, Felizardo ia contando as suas novidades para se distrair. Há quem cante, ele falava e pouco se incomodava que lhe dessem ou não atenção.

— Essa gente anda acesa por aí, disse Felizardo logo que o major chegou.

Certas vezes Quaresma fazia-lhe perguntas, atendia-lhe a conversa, raras não. Anastácio era silencioso e grave. Nada dizia: trabalhava e, de quando em quando, parava, considerava, numa postura hierática de uma pintura mural tebana. O major perguntou ao Felizardo:

— Que é que há, Felizardo?

O camarada descansou o grosso tronco de camará no monte, limpou o suor com os dedos e respondeu com a sua fala branda e chiante:

— Negócio de política... "Seu" Tenente Antonino quase briga ontem com "Seu dotô Campo".

---

aceiro - desbaste de terreno em volta de propriedades, matas, etc., para evitar a propagação de incêndios ou queimadas.
calcinar - queimar.
voláteis - voadores.
coivaras - restos de mato não atingidos pela queimada na roça em que se pôs fogo, e que se juntam para ser incinerados, a fim de limpar o terreno e adubá-lo com as cinzas, para a cultura.
grave - sério.
considerava - meditava.
hierática - rígida e majestosa.
pintura mural - a que é feita diretamente sobre uma parede ou nela aplicada.
tebana - relativo a Tebas, uma das duas cidades com este nome: na Grécia antiga e no antigo Egito.

— Onde?
— Na estação.
— Porquê?
— Negócio de partido. Pelo que ouvi: "Seu" Tenente Antonino é pelo "governadô" e "Seu dotô Campo" é pelo "senadô"... Um sarcero, patrão!
— E você, por quem é?

Felizardo não respondeu logo. Apanhou a foice e acabou de cortar um galho que enleava o tronco a remover. Anastácio estava de pé e considerou um instante a figura do companheiro palrador. Respondeu afinal:

— Eu! Sei lá... Urubu pelado não se mete no meio dos coroados. Isso é bom pro "sinhô".
— Eu sou como você, Felizardo.
— Quem me dera, meu "sinhô". Inda "trasantonte" ouvi "dizê" que o patrão é amigo do "marechá".

Afastou-se com o pau; e, quando voltou Quaresma indagou assustado:

— Quem disse?
— Não sei, não "sinhô". Ouvi a modo de "dizê" lá na venda do espanhol, tanto assim que "dotô Campo tá" inchado que nem sapo com a sua amizade.
— Mas é falso, Felizardo. Eu não sou amigo cousa alguma... Conheci-o... E nunca disse isso aqui a ninguém... Qual amigo!
— "Quá!" fez Felizardo com um riso largo e duro. O patrão "tá" é varrendo a testada.

Apesar de todo o esforço de Quaresma, não houve meio de tirar daquela cabeça infantil a ideia de que ele fosse amigo do Marechal Floriano. "Conheci-o no meu emprego" — dizia o major; Felizardo sorria grosso e por uma vez dizia: "Quá!" o patrão é fino que nem cobra.

---

sarcero - pronúncia popular de "salseiro": confusão, desordem.
considerou - refletiu sobre.
palrador - falador.
"trasantonte" - pronúncia popular de "trasantontem", variante de "trasanteontem".
"marechá" - pronúncia popular de "marechal": referência ao presidente da república brasileira no período de 1891 a 1894 — Marechal Floriano Peixoto.
varrendo a testada - expressão idiomática: desviando de si certa responsabilidade.
grosso - forte.

Tal teimosia não deixou de impressionar Quaresma. Que queria dizer aquilo? Demais, as palavras de Ricardo, as suas insinuações pela manhã... Ele tinha o trovador em conta de homem leal e amigo fiel, incapaz de lhe estar armando laços para passar maus momentos; os entusiasmos dele, entretanto, junto à vontade de ser bom amigo, podiam iludi-lo e fazê-lo instrumento de algum perverso. Quaresma ficou um instante pensativo, deixando de remover os galhos cortados; em breve, porém, esqueceu-se e a preocupação dissipou-se. À tarde, quando foi jantar, já nem mais se lembrava da conversa e a refeição correu natural, nem muito alegre, nem muito triste, mas sem sombra alguma de cogitações por parte dele.

Dona Adelaide, sempre com a sua *matinée* creme e saia preta, sentava-se à cabeceira; Quaresma à direita e à esquerda, Ricardo. Era a velha quem sempre puxava a língua do trovador.

— Gostou muito do passeio, Senhor Ricardo?

Não havia meio dela dizer "Seu". A sua educação de "senhora" de outros tempos, não lhe permitia usar esse plebeísmo generalizado. Vira os pais, gente ainda fortemente portuguesa, dizerem "senhor" e continuava a dizer, sem fingimento, naturalmente.

— Muito. Que lugar! Uma catadupa... Que maravilha! Aqui, na roça, é que se tem inspiração.

E ele tomava aquela atitude de arroubo: uma fisionomia de máscara de trágico grego e uma voz cavernosa que rolava como uma trovoada abafada.

— Tens composto muito, Ricardo? indagou Quaresma.

— Hoje acabei uma modinha.

— Como se chama? indagou Dona Adelaide.

— "Os Lábios da Carola".

— Bonito! Já fez a música?

---

insinuações - indiretas.

matinée - vocábulo francês: matinê - espécie de blusa solta, folgada, que as mulheres antigamente usavam em casa.

plebeísmo - forma popular.

catadupa - queda d' água.

arroubo - exaltação.

trágico grego - referência aos teatrólogos ou atores gregos da Antiguidade.

cavernosa - rouca e profunda.

Era ainda a irmã de Quaresma a perguntar. Ricardo levava agora o garfo à boca; deixou-o suspenso entre os lábios e o prato e respondeu com toda a convicção:

— A música, minha senhora, é a primeira cousa que faço.

— Hás de no-la cantar logo.

— Pois não, major.

Após o jantar, Quaresma e Coração dos Outros saíram a passear no sítio. Fora essa a única concessão que ao amigo fizera Policarpo, no tocante ao regímen de seus trabalhos agrícolas. Levava sempre o pedaço de pão, que esfarelava em migalhas no galinheiro, para ver a atroz disputa entre as aves. Acabando, ficava um instante a considerar aquelas vidas, criadas, mantidas e protegidas para sustento da sua. Sorria para os frangos, agarrava os pintinhos, ainda implumes, muito vivos e ávidos, e demorava-se a apreciar a estupidez do peru, imponente, fazendo roda, a dar estouros presunçosos. Em seguida ia ao chiqueiro; assistia Anastácio dar a ração, despejando-a nos cochos. O enorme cevado de grandes orelhas pendentes levantava-se dificilmente, e solenemente vinha mergulhar a cabeça na caldeira; noutro compartimento os bacorinhos grunhiam e grunhindo vinham com a mãe chafurdar-se na comida.

A avidez daqueles animais era deveras repugnante, mas os seus olhos tinham uma longa doçura bem humana que os fazia simpáticos.

Ricardo apreciava pouco aquelas formas inferiores de vida, mas Quaresma ficava minutos esquecido a contemplá-las numa demorada interrogação muda. Sentavam-se a um tronco de árvore; e Quaresma olhava o céu alto, enquanto Coração dos Outros contava qualquer história.

A tarde ia adiantada. A terra já começava a amolecer, pelo fim daquele beijo ardente e demorado do sol. Os bambus suspiravam;

---

atroz - cruel.
implumes - sem penas.
ávidos - famintos.
presunçosos - pretensiosos.
cevado - porco castrado.
bacorinhos - filhotes de porco.
chafurdar-se - atolar-se.

as cigarras ciciavam; as rolas gemiam amorosamente. Ouvindo passos, o major voltou-se. Padrinho! Olga!

Mal se viram, abraçaram-se, e quando se separaram ficaram ainda a olhar um para o outro, com as mãos presas. E vieram aquelas estúpidas e tocantes frases dos encontros satisfeitos: Quando chegaste? Não esperava... É longe... Ricardo olhava embevecido com a ternura dos dous; Anastácio tirara o chapéu e olhava a "sinhazinha", com o seu terno e vazio olhar de africano.

Passada a emoção, a moça se debruçou sobre o chiqueiro, depois passou a vista pelos quatro pontos e Quaresma perguntou:

— Quedê teu marido?

— O doutor?... Está lá dentro.

O marido tinha resistido muito em acompanhá-la até ali. Não lhe parecia bem aquela intimidade com um sujeito sem título, sem posição brilhante e sem fortuna. Ele não compreendia como o seu sogro, apesar de tudo um homem rico, de outra esfera, tinha podido manter e estreitar relações com um pequeno empregado de uma repartição secundária, e até fazê-lo seu compadre! Que o contrário se desse, era justo; mas como estava a cousa parecia que abalava toda a hierarquia da sociedade nacional. Mas, em definitivo, quando Dona Adelaide o recebeu cheia de um imenso respeito, de uma particular consideração, ele ficou desarmado e todas as suas pequenas vaidades foram tocadas e satisfeitas.

Dona Adelaide, mulher velha, do tempo em que o Império armava essa nobreza escolar, possuía em si uma particular reverência, um culto pelo doutorado; e não lhe foi, pois, difícil demonstrá-lo quando se viu diante do doutor Armando Borges, de cujas notas e prêmios ela tinha exata notícia.

Quaresma mesmo recebeu-o com as maiores marcas de admiração e o doutor, gozando aquele seu sobre-humano prestígio, ia conversando pausadamente, sentenciosamente, dogmaticamente; e, à proporção que conversava, talvez para que o efeito não se dissipasse, virava com a mão direita o grande anelão "simbólico", o talismã, que cobria a falange do dedo indicador esquerdo, ao jeito de *marquise*.

---

sentenciosamente, dogmaticamente - seriamente, afirmativamente.
talismã - espécie de amuleto.

Conversaram muito. O jovem par contou a agitação política do Rio, a revolta da fortaleza de Santa Cruz; Dona Adelaide, a epopeia da mudança, móveis quebrados, objetos partidos. Pela meia-noite todos foram dormir com uma alegria particular, enquanto os sapos levantavam no riacho defronte o seu grave hino à transcendente beleza do céu negro, profundo e estrelado.

Acordaram cedo. Quaresma não foi logo para o trabalho. Tomou café e esteve conversando com o doutor. O correio chegou e trouxe-lhe um jornal. Rasgou a cinta e leu o título. Era o *O Município*, órgão local, hebdomadário, filiado ao partido situacionista. O doutor se havia afastado; ele aproveitou a ocasião para ler o jornaleco. Pôs o *pince-nez*, recostou-se na cadeira de balanço e desdobrou o jornal. Estava na varanda; o terral soprava nos bambus que se inclinavam molemente. Começou a leitura. O artigo de fundo intitulava-se "Intrusos" e consistia em uma tremenda descompostura aos não nascidos no lugar que moravam nele — "verdadeiros estrangeiros que se vinham intrometer na vida particular e política da família curuzuense, perturbando-lhe a paz e a tranquilidade".

Que diabo queria dizer aquilo? Ia deitar fora o jornaleco, quando lhe pareceu ler seu nome entre versos. Procurou o lugar e deu com estas quadrinhas:

POLÍTICA DE CURUZU

Quaresma, meu bem, Quaresma!
Quaresma do coração!
Deixa as batatas em paz,
Deixa em paz o feijão.

---

revolta da fortaleza de Santa Cruz - referência à sublevação, em janeiro de 1892, da Fortaleza de Santa Cruz da Barra, na entrada da baía de Guanabara, na margem oposta ao Pão de Açúcar. A sublevação foi contrária ao presidente da república Floriano Peixoto, por ter este declarado sem efeito a dissolução do Congresso em novembro de 1891 e ter substituído ilegalmente todos os governantes estaduais que a haviam apoiado.
transcendente - superior, sublime.
cinta - faixa envoltória (do jornal).
hebdomadário - semanal.
terral - vento que sopra da terra para o mar.
artigo de fundo - editorial.

Jeito não tens para isso
Quaresma, meu cocumbi!
Volta à mania antiga
De redigir em tupi.

OLHO VIVO

O major ficou estuporado. Que vinha ser aquilo? Porquê? Quem era? Não atinava, não achava o motivo e o fundo de semelhante ataque. A irmã aproximara-se acompanhada da afilhada. Quaresma estendeu-lhe o jornal com o braço tremendo: "Lê isto, Adelaide".

A velha senhora viu logo a perturbação do irmão e leu com pressa e solicitude. Ela tinha aquela ampla maternidade das solteironas; pois parece que a falta de filhos reforça e alarga o interesse da mulher pelas dores dos outros. Enquanto ela lia, Quaresma dizia: mas que fiz eu? que tenho com política? E coçava os cabelos já bastante encanecidos.

Dona Adelaide disse então docemente:

— Sossega, Policarpo. Por isso só?... Ora!

A afilhada leu também os versos e perguntou ao padrinho:

— O senhor se meteu algum dia nessa política daqui?

— Eu nunca!... Vou até declarar que...

— Está doido! exclamaram as duas mulheres a um tempo, ajuntando a irmã:

— Isto seria uma covardia... Uma satisfação... Nunca!

O doutor e Ricardo chegavam de fora e encontraram os três nessas considerações. Notaram a alteração de Quaresma. Estava pálido, tinha os olhos úmidos e coçava sucessivamente a cabeça.

— Que há, major? indagou o troveiro.

As senhoras explicaram o caso e deram-lhe as quadrinhas a ler. Ricardo depois contou o que ouvira na vila. Acreditavam

---

cocumbi - personagem de dança africana, usado em sentido pejorativo: comparsa de negros.
estuporado - assombrado.
atinava - descobria.
solicitude - boa vontade.
encanecidos - embranquecidos.
troveiro - trovador, cantor.

todos que o major viera para ali no intuito de fazer política, tanto assim que dava esmolas, deixava o povo fazer lenha no seu mato, distribuía remédios homeopáticos... O Antonino afirmara que havia de desmascarar semelhante tartufo.

— E não desmentiste? perguntou Quaresma.

Ricardo afirmou que sim, mas o escrivão não quisera acreditar nele e reiterara os seus propósitos de ataque.

O major ficou profundamente impressionado com tudo; mas, de acordo com seu gênio, incubou nos primeiros tempos a impressão, e, enquanto estiveram com ele os seus amigos, não demonstrou preocupação.

Olga e o marido passaram no "Sossego" cerca de quinze dias. O marido, ao fim de uma semana, já parecia cansado. Os passeios não eram muitos. Em geral, os nossos lugarejos são de uma grande pobreza do pitoresco; há um ou dois lugares célebres, assim como na Europa cada aldeia tem a sua curiosidade histórica.

Em Curuzu, o passeio afamado era o Carico, uma cachoeira distante duas léguas da casa de Quaresma, para as bandas das montanhas que lhe barravam o horizonte fronteiro. O doutor Campos já travara relações com o major e, graças a ele, houve cavalos e silhão que também permitisse à moça ir à cachoeira.

Foram de manhã, o presidente da Câmara, o doutor, sua mulher e a filha de Campos. O lugar não era feio. Uma pequena cachoeira, de uns quinze metros de altura, despenhava-se em três partes, pelo flanco da montanha abaixo. A água estremecia na queda, como que se enrodilhava e vinha pulverizar-se numa grande bacia de pedra, mugindo e roncando. Havia muita verdura e como que toda a cascata vivia sob uma abóbada de árvores. O sol coava-se dificilmente e vinha faiscar sobre a água ou sobre as pedras em pequenas manchas, redondas ou oblongas. Os periquitos, de um verde mais claro, pousados nos galhos eram como as incrustações daquele salão fantástico.

---

tartufo - hipócrita.

reiterara - repetira.

silhão - sela grande, com estribo apenas em um dos lados, e aparelhada para as mulheres cavalgarem de saias.

bacia - depressão de terreno.

oblongas - ovais.

Olga pôde ver tudo isso bem à vontade, andando de um para outro lado, porque a filha do presidente era de um silêncio de túmulo e o pai desta tomava com o seu marido informações sobre novidades medicinais: Como se cura hoje erisipela? Ainda se usa muito o tártaro emético?

O que mais a impressionou no passeio foi a miséria geral, a falta de cultivo, a pobreza das casas, o ar triste, abatido da gente pobre. Educada na cidade, ela tinha dos roceiros ideia de que eram felizes, saudáveis e alegres. Havendo tanto barro, tanta água, porque as casas não eram de tijolos e não tinham telhas? Era sempre aquele sapê sinistro e aquele "sopapo" que deixava ver a trama de varas, como o esqueleto de um doente. Porque ao redor dessas casas, não havia culturas, uma horta, um pomar? Não seria tão fácil, trabalho de horas? E não havia gado, nem grande nem pequeno. Era raro uma cabra, um carneiro. Porquê? Mesmo nas fazendas, o espetáculo não era mais animador. Todas soturnas, baixas, quase sem o pomar olente e a horta suculenta. A não ser o café e um milharal, aqui e ali, ela não pôde ver outra lavoura, outra indústria agrícola. Não podia ser preguiça só ou indolência. Para o seu gasto, para uso próprio, o homem tem sempre energia para trabalhar. As populações mais acusadas de preguiça, trabalham relativamente. Na África, na Índia, na Cochinchina, em toda a parte, os casais, as famílias, as tribos, plantam um pouco, algumas cousas para eles. Seria a terra? Que seria? E todas essas questões desafiavam a sua curiosidade, o seu desejo de saber, e também a sua piedade e simpatia por aqueles párias, maltrapilhos, mal alojados, talvez com fome, sorumbáticos!...

Pensou em ser homem. Se o fosse passaria ali e em outras localidades meses e anos, indagaria, observaria e com certeza havia de encontrar o motivo e o remédio. Aquilo era uma situação do

---

erisipela - doença infecciosa, contagiosa e estreptocócica, que atinge a pele e o plano subcutâneo, e se caracteriza clinicamente pela vermelhidão e tumefação da área afetada.
tártaro emético - medicamento vomitório.
sapê - variante de "sapé": capim de folhas duras, que serve para cobrir cabanas.
"sopapo" - habitação feita com barro que se atira com a mão.
soturnas - escuras.
Cochinchina - variante de "Cochichina" — atual parte do Vietnam.
párias - excluídos sociais.
sorumbáticos - tristes.

camponês da Idade Média e começo da nossa: era o famoso animal de La Bruyère que tinha face humana e voz articulada...

Como no dia seguinte fosse passear ao roçado do padrinho, aproveitou a ocasião para interrogar a respeito o tagarela Felizardo. A faina do roçado ia quase no fim; o grande trato da terra estava quase inteiramente limpo e subia um pouco em ladeira a colina que formava a lombada do sítio.

Olga encontrou o camarada cá em baixo, cortando a machado as madeiras mais grossas; Anastácio estava no alto, na orla do mato, juntando, a ancinho, as folhas caídas. Ela lhe falou.

— Bons dias, "sá dona".
— Então trabalha-se muito, Felizardo?
— O que se pode.
— Estive ontem no Carico, bonito lugar... Onde é que você mora, Felizardo?
— É doutra banda, na estrada da vila.
— É grande o sítio de você?
— Tem alguma terra, sim senhora, "sá dona".
— Você porque não planta para você?
— "Quá sá dona!" O que é que a gente come?
— O que plantar ou aquilo que a plantação der em dinheiro.
— "Sá dona tá" pensando uma cousa e a cousa é outra. Enquanto planta cresce, e então? "Quá, sá dona", não é assim.

Deu uma machadada; o tronco escapou: colocou-o melhor no picador e, antes de desferir o machado, ainda disse:

— Terra não é passa... E "frumiga"?... Nós não "tem" ferramenta... isso é bom para italiano ou "alamão", que governo dá tudo... Governo não gosta de nós...

Desferiu o machado, firme, seguro; e o rugoso tronco se abriu em duas partes, quase iguais, de um claro amarelado, onde o cerne escuro começava a aparecer.

La Bruyère - (1645-1696), escritor francês que pintou de forma viva e cruel os costumes de seu tempo. Escreveu *Os caracteres*.
roçado - terreno onde se derrubou ou se queimou o mato, e que está preparado para a cultura.
faina - labuta, trabalho duro.
trato - espaço de terreno.
cerne - âmago, centro.

Ela voltou querendo afastar do espírito aquele desacordo que o camarada indicara, mas não pôde. Era certo. Pela primeira vez notava que o *self-help* do Governo era só para os nacionais; para os outros todos os auxílios e facilidades, não contando com a sua anterior educação e apoio dos patrícios.

E a terra não era dele? Mas de quem era então, tanta terra abandonada que se encontrava por aí? Ela vira até fazendas fechadas, com as casas em ruínas... Por que esse acaparamento, esses latifúndios inúteis e improdutivos?

A fraqueza de atenção não lhe permitiu pensar mais no problema. Foi vindo para casa, tanto mais que era hora de jantar e a fome lhe chegava.

Encontrou o marido e o padrinho a conversar. Aquele perdera um pouco da sua *morgue*; havia mesmo ocasião em que era até natural. Quando ela chegou, o padrinho exclamava:

— Adubos! É lá possível que um brasileiro tenha tal ideia! Pois se temos as terras mais férteis do mundo!

— Mas se esgotam, major, observou o doutor.

Dona Adelaide, calada, seguia com atenção o *crochet* que estava fazendo; Ricardo ouvia, com os olhos arregalados; e Olga intrometeu-se na conversa:

— Que zanga é essa, padrinho?

— É teu marido que quer convencer-me que as nossas terras precisam de adubos... Isto é até uma injúria!

— Pois fique certo, major, se eu fosse o senhor, aduziu o doutor, ensaiava uns fosfatos...

— Decerto, major, obtemperou Ricardo. Eu, quando comecei a tocar violão, não queria aprender música... Qual música! Qual nada! A inspiração basta!... Hoje vejo que é preciso... É assim, resumia ele.

---

self-help - expressão em inglês: autoajuda.
acaparamento - acumulação (de terras) para revendê-las posteriormente com lucro exorbitante.
morgue - vocábulo francês: morgue, isto é, atitude superior e desprezível.
crochet - vocábulo francês: crochê.
injúria - insulto.
fosfatos - quaisquer sais do ácido que contém fósforo, úteis como adubo.

Todos se entreolharam, exceto Quaresma que logo disse com toda a força d' alma:

— Senhor doutor, o Brasil é o país mais fértil do mundo, é o mais bem dotado e as suas terras não precisam "empréstimos" para dar sustento ao homem. Fique certo!

— Há mais férteis, major, avançou o doutor.

— Onde?

— Na Europa.

— Na Europa!

— Sim, na Europa. As terras negras da Rússia, por exemplo.

O major considerou o rapaz durante algum tempo e exclamou triunfante:

— O senhor não é patriota! Esses moços...

O jantar correu mais calmo. Ricardo fez ainda algumas considerações sobre o violão. À noite, o menestrel cantou a sua última produção: "Os Lábios da Carola!". Suspeitava-se que Carola fosse uma criada do doutor Campos; mas ninguém aludiu a isso. Ouviram-no com interesse e ele foi muito aclamado. Olga tocou no velho piano de Dona Adelaide; e, antes das onze horas, estavam todos recolhidos.

Quaresma chegou a seu quarto, despiu-se, enfiou a camisa de dormir e, deitado, pôs-se a ler um velho elogio das riquezas e opulências do Brasil.

A casa estava em silêncio; do lado de fora, não havia a mínima bulha. Os sapos tinham suspendido um instante a sua orquestra noturna. Quaresma lia; e lembrava-se que Darwin escutava com prazer esse concerto dos charcos. Tudo na nossa terra é extraordinário! pensou. Da despensa, que ficava junto a seu aposento, vinha um ruído estranho. Apurou o ouvido e prestou atenção. Os sapos recomeçaram o seu hino. Havia vozes baixas, outras mais altas e estridentes; uma se seguia à outra, num dado instante todas se juntaram num *unisono*

---

elogio das riquezas e opulências do Brasil - possível referência à obra de André João Antonil (1650-1716?) *Cultura e opulência do Brasil por suas drogas e minas*, fonte de informações importantíssimas sobre as atividades econômicas do Brasil nos séculos XVII e XVIII.

bulha - ruído.

charcos - pântanos.

unisono - vocábulo italiano: uníssono — mesmo tom.

sustentado. Suspenderam um instante a música. O major apurou o ouvido; o ruído continuava. Que era? Eram uns estalos tênues; parecia que quebravam gravetos, que deixavam outros cair no chão... Os sapos recomeçaram; o regente deu uma martelada e logo vieram os baixos e os tenores. Demoraram muito; Quaresma pôde ler umas cinco páginas. Os batráquios pararam; a bulha continuava. O major levantou-se, agarrou o castiçal e foi à dependência da casa donde partia o ruído, assim mesmo como estava, em camisa de dormir.

Abriu a porta; nada viu. Ia procurar nos cantos, quando sentiu uma ferroada no peito do pé. Quase gritou. Abaixou a vela para ver melhor e deu com uma enorme saúva agarrada com toda a fúria à sua pele magra. Descobriu a origem da bulha. Eram formigas que, por um buraco no assoalho, lhe tinham invadido a despensa e carregavam as suas reservas de milho e feijão, cujos recipientes tinham sido deixados abertos por inadvertência. O chão estava negro, e carregadas com os grãos, elas, em pelotões cerrados, mergulhavam no solo em busca da sua cidade subterrânea.

Quis afugentá-las. Matou uma, duas, dez, vinte, cem; mas eram milhares e cada vez mais o exército aumentava. Veio uma, mordeu-o, depois outra, e o foram mordendo pelas pernas, pelos pés, subindo pelo seu corpo. Não pôde aguentar, gritou, sapateou e deixou a vela cair.

Estava no escuro. Debatia-se para encontrar a porta; achou e correu daquele ínfimo inimigo que, talvez, nem mesmo à luz radiante do sol, o visse distintamente...

C (2ª - III): Ricardo visita o major no Sossego, e aí fica por um mês. Aproveita para visitar a vila próxima, onde trava conhecimento com pessoas que o convidam para cantar em festas, como o médico Campos. Simultaneamente, o major continua trabalhando arduamente no sítio, onde recebe também a visita de Olga, já casada com um médico, o qual não aprecia a roça. A mulher impressiona-se com a miséria do meio rural, onde tanta terra "sem dono" e tanto latifúndio parecem a grande contradição em face da miséria. Quaresma recebe ataques no jornal do lugar, que o considera um intruso — nova rejeição que o faz sofrer. Como se não bastasse, formigas atacam a propriedade. O narrador continua o aprofundamento de quatro temas dominantes no romance: a questão militar — do culto dos valores nacionais sob a forma de um patriotismo ingênuo e tido como loucura; a questão da cultura popular — sua tentativa de penetrar nas áreas da cultura pretensamente erudita; a questão do casamento — objetivo da vida feminina a que as moças se submetem com indiferença, e a questão da valorização da agricultura como solução para o país.

IV
"Peço energia, sigo já"

Dona Adelaide, a irmã de Quaresma, tinha uns quatro anos mais que ele. Era uma bela velha, com um corpo médio, uma tez que começava a adquirir aquela pátina da grande velhice, uma espessa cabeleira já inteiramente amarelada e um olhar tranquilo, calmo e doce. Fria, sem imaginação, de inteligência lúcida e positiva, em tudo formava um grande contraste com o irmão; contudo, nunca houve entre eles uma separação profunda nem tampouco uma penetração perfeita. Ela não entendia nem procurava entender a substância do irmão, e sobre ele em nada reagia aquele ser metódico, ordenado e organizado, de ideias simples, médias e claras.

Ela já atingira aos cinquenta e ele para lá marchava; mas ambos tinham ar saudável, poucos achaques, e prometiam ainda muita vida. A existência calma, doce e regrada que tinham levado até ali, concorrera muito para a boa saúde de ambos. Quaresma incubou as suas manias até depois dos quarenta e ela nunca tivera qualquer.

Para Dona Adelaide, a vida era cousa simples, era viver, isto é, ter uma casa, jantar e almoço, vestuário, tudo modesto, médio. Não tinha ambições, paixões, desejos. Moça, não sonhara príncipes, belezas, triunfos, nem mesmo um marido. Se não casou foi porque não sentiu necessidade disso; o sexo não lhe pesava e de alma e corpo ela sempre se sentiu completa.

O seu aspecto tranquilo e o sossego dos seus olhos verdes, de um brilho lunar de esmeralda, emolduravam e realçavam naquele interior familiar a agitação e a inquietude, o alanceado do irmão.

Não se vá supor que Quaresma andasse transtornado como um doido. Felizmente não. Na aparência até poder-se-ia imaginar que nada conturbava sua alma; porém, se mais vagarosamente se examinassem os seus hábitos, gestos e atitudes logo se havia de ver que o sossego e a placidez não moravam no seu pensamento.

---

tez - pele.
pátina - coloração.
achaques - doenças sem gravidade, no geral repetitivas.
alanceado - amargurado, atormentado.
conturbava - perturbava.

Ocasiões havia em que ficava a olhar, durante minutos seguidos, ao longe o horizonte, perdido em cisma; outras, isso quando no trabalho da roça, em que suspendia todos os movimentos, fincava o olhar no chão, demorava-se assim um instante, coçando uma mão com a outra, dava depois um muxoxo, continuava o trabalho; e mesmo momentos surgiam em que não reprimia uma exclamação ou uma frase.

Anastácio em tais instantes, olhava por baixo dos olhos o patrão. O antigo escravo não os sabia mais fixar, e nada dizia; Felizardo continuava a contar a fuga da filha do Custódio com o Manduca da venda; e o trabalho marchava.

Inútil dizer que a irmã não fazia reparo nisso, mesmo porque, a não ser no jantar e nas primeiras horas do dia, eles viviam separados. Quaresma na roça, nas plantações, e ela superintendendo o serviço doméstico.

As outras pessoas de suas relações não podiam também notar as preocupações absorventes do major, pelo simples motivo de que estavam longe.

Ricardo havia seis meses que não lhe visitava e da afilhada e do compadre as últimas cartas que recebera, datavam de uma semana, não vendo aquela há tanto tempo, quanto ao trovador, e aquele desde quase um ano, isto é, o tempo em que estava no "Sossego".

Durante esse tempo, Quaresma não cessou de se interessar pelo aproveitamento de suas terras. Os seus hábitos não foram mudados e a sua atividade continuava sempre a mesma. É verdade que deixara de parte os instrumentos de meteorologia.

O higrômetro, o barômetro e os outros companheiros não eram mais consultados e as observações registradas num caderno. Dera-se mal com eles. Fosse inexperiência e ignorância das bases teóricas deles, fosse porque fosse, o certo é que toda a previsão que Quaresma fazia baseado em combinações dos seus dados, saíam erradas. Se esperava tempo seguro, lá vinha chuva; se esperava chuva, lá vinha seca.

Assim perdeu muita semente e Felizardo mesmo sorria dos seus aparelhos, com aquele grosso e cavernoso sorriso de troglodita:

---

cisma - pensamentos.

troglodita - membro de comunidade pré-histórica que vivia em cavernas.

— "Quá" patrão! Isso de chuva vem quando Deus "qué".

O barômetro aneroide continuava a um canto a dançar o seu ponteiro sem ser percebido; o termômetro de máxima e mínima, legítimo Casella, jazia dependurado na varanda sem receber um olhar amigo; a caçamba do pluviômetro estava no galinheiro e servia de bebedouro às aves; só o anemômetro continuava teimosamente a rodar, a rodar, já sem fio, no alto do mastro, como se protestasse contra aquele desprezo pela ciência que Quaresma representava.

Quaresma vivia assim, sentindo que a campanha que lhe tinham movido, embora tendo deixado de ser pública, lavrava ocultamente. Havia no seu espírito e no seu caráter uma vontade de acabá-la de vez, mas como? Se não o acusavam, se não articulavam nada contra ele diretamente? Era um combate com sombras, com aparências, que seria ridículo aceitar.

De resto, a situação geral que o cercava, aquela miséria da população campestre que nunca suspeitara, aquele abandono de terras à improdutividade, encaminhavam sua alma de patriota meditativo a preocupações angustiosas.

Via o major com tristeza não existir naquela gente humilde sentimento de solidariedade, de apoio mútuo. Não se associavam para cousa alguma e viviam separados, isolados, em famílias geralmente irregulares, sem sentir a necessidade de união para o trabalho da terra. Entretanto, tinham bem perto o exemplo dos portugueses que, unidos aos seis e mais, conseguiam em sociedade cultivar a arado roças de certa importância, lucrar e viver. Mesmo o velho costume do "moitirão" já se havia apagado.

Como remediar isso?

Quaresma desesperava...

---

aneroide - que opera sem a interveniência de fluidos.
Casella - famosa marca de termômetro.
caçamba - balde.
lavrava - trabalhava.
"moitirão" - variante de "mutirão": auxílio gratuito que prestam uns aos outros os lavradores, reunindo-se todos os da redondeza e realizando o trabalho em proveito de um só, que é o beneficiado, mas que nesse dia faz as despesas de uma festa. Esse trabalho pode ser a colheita, o plantio e similares.

A tal afirmação de falta de braços pareceu-lhe uma afirmação de má fé ou estúpida, e estúpido ou de má fé era o Governo que os andava importando aos milhares, sem se preocupar com os que já existiam. Era como se no campo em que pastavam mal meia dúzia de cabeças de gado, fossem introduzidas mais três, para aumentar o estrume!...

Pelo seu caso, ele via bem as dificuldades, os óbices de toda a sorte que havia para fazer a terra produtiva e remunerada. Um fato veio mostrar-lhe com eloquência um dos aspectos da questão. Vencendo a erva-de-passarinho, os maus tratos e o abandono de tantos anos, os abacateiros de suas terras conseguiram frutificar, fracamente é verdade, mas de forma superior às necessidades de sua casa.

A sua alegria foi grande. Pela primeira vez, ia passar-lhe pelas mãos dinheiro que lhe dava a terra, sempre mãe e sempre virgem. Tratou de vender, mas como? a quem? No lugar havia um ou outro que os queria comprar por preços ínfimos. Com decisão foi ao Rio procurar comprador. Andou de porta em porta. Não queriam, eram muitos. Ensinaram-lhe que procurasse um tal Senhor Azevedo no Mercado, o rei das frutas. Lá foi.

— Abacates! Ora! Tenho muitos... Estão muito baratos!

— Entretanto, disse Quaresma, ainda hoje indaguei em uma confeitaria e pediram-me pela dúzia cinco mil-réis.

— Em porção, o senhor sabe que... É isso... Enfim, se quer mande-os...

Depois, tilintou a pesada corrente de ouro, pôs uma das mãos na cava do colete e quase de costas para o major:

— É preciso vê-los... O tamanho influi...

Quaresma os mandou e, quando lhe veio o dinheiro, teve a satisfação orgulhosa de quem acaba de ganhar uma grande batalha imortal. Acariciou uma por uma aquelas notas encardidas, leu-lhes bem o número e a estampa, arrumou-as todas uma ao lado da outra sobre uma mesa e muito tempo levou sem ânimo de trocá-las.

Para avaliar o lucro, descontou o frete, de estrada de ferro e carroça, o custo dos caixões, o salário dos auxiliares e, após esse

---

óbices - impedimentos.
estampa - figura impressa.

cálculo que não era laborioso, teve a evidência de que ganhara mil e quinhentos réis, nem mais nem menos. O Senhor Azevedo tinha-lhe pago pelo cento a quantia com que se compra uma dúzia.

Assim mesmo o seu orgulho não diminuiu e ele viu naquele ridículo lucro objeto para maior contentamento do que se recebesse um avultado ordenado.

Foi, portanto, com redobrada atividade que se pôs ao trabalho. Para o ano, o lucro seria maior. Tratava-se agora de limpar as fruteiras. Anastácio e Felizardo continuavam ocupados nas grandes plantações; contratou um outro empregado para ajudá-lo no tratamento das velhas árvores frutíferas.

Foi, pois, com o Mané Candeeiro que ele se pôs a serrar os galhos das árvores, os galhos mortos e aqueles em que a erva daninha segurava as suas raízes. Era árduo e difícil o trabalho. Tinham às vezes que subir às grimpas para a extirpação do galho atingido; os espinhos rasgavam as roupas e feriam as carnes; e em muitas ocasiões estiveram em risco de vir ao chão serrote e Quaresma ou o camarada.

Mané Candeeiro falava pouco, a não ser que se tratasse de cousas de caça; mas cantava que nem passarinho. Estava a serrar, estava a cantar trovas roceiras, ingênuas, onde com surpresa o major não via entrar a fauna, a flora locais, os costumes das profissões roceiras. Eram vaporosamente sensuais e muito ternas, melosas até; por acaso lá vinha uma em que um pássaro local entrava; então o major escutava:

> Eu vou dar a despedida
> Como deu o bacurau,
> Uma perna no caminho
> Outra no galho de pau.

Este bacurau que entrava aí satisfazia particularmente às aspirações de Quaresma. A observação popular já começava a interessar-se pelo espetáculo ambiente, já se emocionava com ele e a nossa raça deitava, portanto, raízes na grande terra que habitava.

---

laborioso - trabalhoso.
fruteiras - pés de fruta.
grimpas - alturas, copas.
bacurau - espécie de ave noturna.

Ele a copiou e mandou ao velho poeta de São Cristóvão. Felizardo dizia que Mané Candeeiro era um mentiroso, pois todas aquelas caçadas de caititus, jacus, onças eram patranhas; mas, respeitava o seu talento poético, principalmente no desafio: o moleque é bom!

Ele era claro e tinha umas feições regulares, cesarianas, duras e fortes, um tanto amolecidas pelo sangue africano.

Quaresma procurou descobrir nele aquela odiosa catadura que Darwin achou nos mestiços; mas, sinceramente, não a encontrou.

Com auxílio de Mané Candeeiro, foi que Quaresma conseguiu acabar de limpar as fruteiras daquele velho sítio abandonado há quase dez anos. Quando o serviço ficou pronto, ele viu com tristeza aquelas velhas árvores amputadas, mutiladas, com folhas aqui e sem folhas ali... Pareciam sofrer e ele se lembrou das mãos que as tinham plantado há vinte ou trinta anos, escravos, talvez, banzeiros e desesperançados!...

Mas não tardou que os botões rebentassem e tudo reverdecesse, e o renascimento das árvores como que trouxe o contentamento das aves e do passaredo solto. De manhã, esvoaçavam os tiês vermelhos, com o seu pio pobre, espécie de ave tão inútil e tão bela de plumas que parece ter nascido para os chapéus das damas; as rolas pardas e caboclas em bando, mariscando, no chão capinado; pelo correr do dia, eram os sanhaçus a cantar nos galhos altos, os papa-capins, as nuvens de coleiros; e de tarde como que todos eles se reuniam, piando, cantando, chilreando, pelas altas mangueiras, pelos cajueiros, pelos abacateiros, entoando louvores ao trabalho tenaz e fecundo do velho Major Quaresma.

Não durou muito essa alegria. Um inimigo apareceu inopinadamente, com a rapidez ousadíssima de um general consumado. Até ali ele se mostrara tímido, parecia que somente mandava esclarecedores.

---

patranhas - mentiras.

desafio - diálogo popular cantado, espécie de duelo, com versos improvisados, acompanhado de viola.

cesarianas - soberanas, que se impõem.

catadura - aspecto.

banzeiros - que sofrem de banzo, doença proveniente da tristeza pelo afastamento da África.

mariscando - catando.

esclarecedores - que vão à frente, observando o campo.

Desde aquele ataque às provisões de Quaresma, logo afugentadas, não mais as formigas reapareceram; mas, naquela manhã, quando contemplou o seu milharal, foi como se lhe tirassem a alma, e ficou sem ação e as lágrimas lhe vieram aos olhos.

O milho que já tinha repontado, muito verde, pequenino, com uma timidez de criança, crescera cerca de meio palmo acima da terra; o major até mandara buscar o sulfato de cobre para a solução em que ia lavar a batata inglesa a plantar nos intervalos dos pés.

Toda a manhã, ele ia lá e já via o milharal crescido com o seu pendão branco e as espigas de coma cor de vinho, oscilando ao vento; naquela, ele não viu nada mais. Até os tenros colmos tinham sido cortados e levados para longe! "A modo que é obra de gente" disse Felizardo; entretanto, tinham sido as saúvas, os terríveis himenópteros piratas ínfimos que lhe caíam em cima do trabalho com uma rapacidade turca... Era preciso combatê-los. Quaresma pôs-se logo em campo, descobriu as aberturas principais do formigueiro e em cada uma queimou a formicida mortal. Passaram-se dias; os inimigos pareciam derrotados; mas, certa noite, indo ao pomar para melhor apreciar a noite estrelada, Quaresma ouviu uma bulha esquisita, como se alguém esmagasse as folhas mortas das árvores... Um estalido... E era perto... Acendeu um fósforo e o que viu, meu Deus! Quase todas as laranjeiras estavam negras de imensas saúvas. Havia delas às centenas, pelos troncos e pelos galhos acima e agitavam-se, moviam-se, andavam como em ruas transitadas e vigiadas a população de uma grande cidade: umas subiam, outras desciam; nada de atropelos, de confusão, de desordem. O trabalho como que era regulado a toques de corneta. Lá em cima umas cortavam as folhas pelo pecíolo; cá em baixo, outras serravam-nas em pedaços e afinal eram carregadas por terceiras, levantando-as acima da descomunal cabeça, em longas fileiras pelo trilho limpo, aberto entre a erva rasteira.

---

solução - líquido que contém outra substância dissolvida.
tenros colmos - caules novos das gramíneas.
himenópteros - designação científica para "formigas" e outros insetos.
rapacidade turca - tendência para o roubo. Havia na época esse preconceito em relação aos sírio-libaneses imigrados, chamados inapropriadamente de "turcos", que eram mascates, ou seja, vendedores porta a porta.
pecíolo - haste que sustenta o limbo da folha e a une à bainha ou diretamente ao ramo.

Houve um instante de desânimo na alma do major. Não tinha contado com aquele obstáculo nem o supusera tão forte. Agora via bem que era a uma sociedade inteligente, organizada, ousada e tenaz com quem se tinha de haver. Veio-lhe então à lembrança aquela frase de Saint-Hilaire: se nós não expulsássemos as formigas, elas nos expulsariam.

O major não estava lembrado ao certo se eram essas as palavras, mas o sentido era, e ficou admirado que só agora ela lhe ocorresse.

No dia seguinte, tinha recobrado o ânimo. Comprou ingredientes e ei-lo mais o Mané Candeeiro, a abrir picadas, a fazer esforços de sagacidade, para descobrir os redutos centrais, as "panelas" dos insetos terríveis. Então era como se os bombardeassem; o sulfeto queimava, estourava em tiros seguidos, mortíferos, letais!

E daí em diante, foi uma batalha sem tréguas. Se aparecia uma abertura, um "olho", logo se lhe aplicava a formicida, pois do contrário, nenhuma plantação era possível, tanto mais que extintos os das suas terras, não tardariam os formigueiros das vizinhanças ou dos logradouros públicos a deitar canículos para o seu terreno.

Era um suplício, um castigo, uma espécie de vigilância a dique holandês e Quaresma viu bem que só uma autoridade central, um governo qualquer, ou um acordo entre os cultivadores, podia levar a efeito a extinção daquele flagelo, pior que a saraiva, que a geada, que a seca, sempre presente, inverno ou verão, outono ou primavera.

Não obstante essa luta diária, o major não desanimou e pôde colher alguns produtos das plantações que tinha feito. Se por ocasião das frutas, a sua alegria foi grande, mais expressiva e mais profunda ela foi, quando viu partir para a estação em sucessivas

---

de haver - de acertar contas.

sagacidade - esperteza.

"panelas" - cavidades subterrâneas onde as formigas depositam suas larvas.

sulfeto - composto binário de enxofre e um elemento ou grupamento positivo; sulfureto.

letais - fatais.

canículos - diminutivo pseudoerudito de "cano".

dique - construção com comportas, para controlar ou confinar as águas, comum na Holanda. A vigilância é necessária para impedir inundações devastadoras.

saraiva - granizo.

carretas, as abóboras, os aipins, as batatas-doces, em cestos cobertos com sacos cosidos. Os frutos, em parte, eram de outras mãos; as árvores não tinham sido plantadas por ele; mas aquilo não, vinha do seu suor, da sua iniciativa, do seu trabalho!

Ele ainda foi ver aqueles cestos na estação, com a ternura de um pai que vê partir seu filho para a glória e para a vitória. Recebeu o dinheiro dias depois, contou-o e esteve deduzindo os lucros.

Não foi à roça nesse dia; o trabalho de guarda-livros roubou o de cultivador. A sua atenção, já um tanto gasta, não lhe favorecia a tarefa das cifras, e só pelo meio-dia, pôde dizer à irmã:

— Sabes qual foi o lucro, Adelaide?
— Não. Menor do que o dos abacates?
— Um pouco mais.
— Então... Quanto?
— Dous mil quinhentos e setenta réis, respondeu Quaresma, destacando sílaba por sílaba.
— O quê?
— Foi isso. Só de frete paguei cento e quarenta e dous mil e quinhentos.

Dona Adelaide esteve algum tempo com os olhos baixos, seguindo a costura que fazia, depois, levantando o olhar:

— Homem, Policarpo, o melhor é deixares isso... Tens gasto muito dinheiro... Só com as formigas!

— Ora, Adelaide! Pensas que quero fazer fortuna? Faço isso para dar exemplo, levantar a agricultura, aproveitar as nossas terras feracíssimas...

— É isto... Queres sempre ser a abelha-mestra... Já viste os grandes fazerem esses sacrifícios?... Vê lá se fazem! Histórias... Metem-se no café que tem todas as proteções...

— Mas, faço eu.

A irmã prestou mais atenção à costura, Policarpo levantou-se, foi até à janela que dava para o galinheiro. Fazia um dia fosco e irritante. Ele concertou o *pince-nez*, esteve olhando e de lá falou:

— Oh! Adelaide! Aquilo não é uma galinha morta?...

A velha senhora ergueu-se com a costura, foi até à janela e verificou com a vista:

---

cosidos - costurados.
concertou - colocou em posição adequada.

— É... É já a segunda que morre hoje.

Após esta leve conversa, Quaresma voltou à sua sala de estudos. Meditava grandes reformas agrícolas. Mandara buscar catálogos e ia examiná-los. Tinha já em mente uma charrua dupla, um capinador mecânico, um semeador, um destocador, grades, tudo americano, de aço, dando o rendimento efetivo de vinte homens. Até então, não quisera essas inovações; as terras mais ricas do mundo, não precisavam desses processos que lhe pareciam artificiais, para produzir; estava, porém, agora disposto a empregá-los como experiência. Aos adubos, no entanto, o seu espírito resistia. Terra virada, dizia Felizardo, terra estrumada; parecia a Quaresma uma profanação estar a empregar nitratos, fosfatos ou mesmo estrume comum, numa terra brasileira... Uma injúria!

Quando se convencesse de que eram necessários, parecia-lhe que todo o seu sistema de ideias ia por terra e os móveis de sua vida desapareceriam. Estava assim a escolher arados e outros "Planets", "Bajacs" e "Brabants" de vários feitios, quando o seu pequeno copeiro lhe anunciou a visita do doutor Campos.

O edil entrou com a sua jovialidade, a sua mansidão e o seu grande corpo. Era alto e gordo, pançudo um pouco, tinha os olhos castanhos, quase à flor do rosto, uma testa média e reta; o nariz, mal feito. Um tanto trigueiro, cabelos corridos e já grisalhos, era o que se chama por aí um caboclo, embora o seu bigode fosse crespo. Não nascera em Curuzu, era da Bahia ou de Sergipe, habitava, porém, o lugar há mais de vinte anos, onde casara e prosperara, graças ao dote da mulher e à sua atividade clínica. Com esta, não gastava grande energia mental: tendo de cor uma meia dúzia de receitas, ele, desde muito, conseguira enquadrar as moléstias locais no seu reduzido formulário.

---

charrua dupla - arado grande, de ferro, com jogo dianteiro e com duas peças que servem para alargar o sulco na terra.

destocador - máquina que arranca os tocos das árvores.

nitratos - qualquer sal derivado do ácido nítrico: este é um líquido incolor, fortemente ácido, muito reativo e antioxidante, com numerosas aplicações.

móveis - objetivos.

"Planets", "Bajacs" e "Brabants" - marcas de máquinas agrícolas.

jovialidade - alegria, bom humor.

trigueiro - moreno.

Presidente da Câmara, era das pessoas mais consideráveis de Curuzu, e Quaresma o estimava particularmente pela sua familiaridade, pela sua afabilidade e simplicidade.

— Ora viva, major! Como vai isto por aí? Muita formiga? Lá em casa já não há mais.

Quaresma respondeu com menos entusiasmo e jovialidade, mas contente com a alegria comunicativa do doutor. Ele continuava a falar com desembaraço e naturalidade.

— Sabe o que me traz aqui, major? Não sabe, não é? Preciso de um pequeno obséquio seu.

O major não se espantou; simpatizava com o homem e abriu-se em oferecimentos.

— Como o major sabe...

Agora a sua voz era doce, flexível, sutil; as palavras caíam-lhe da boca adocicadas, dobravam-se, coleavam-se:

— Como o major sabe, as eleições se devem realizar por estes dias. A vitória é "nossa". Todas as mesas estão conosco, exceto uma... Aí mesmo, se o major quiser...

— Mas, como? se eu não sou eleitor, não me meto, nem quero meter-me em política? perguntou Quaresma ingenuamente.

— Exatamente por isso, disse o doutor com voz forte; e em seguida brandamente: a secção funciona na sua vizinhança, é ali, na escola, se...

— E daí?

— Tenho aqui uma carta do Neves, dirigida ao senhor. Se o major quer responder (é melhor já) que não houve eleição... Quer?

Quaresma olhou o doutor com firmeza, coçou um instante o cavanhaque e respondeu claramente, firmemente:

— Absolutamente não.

O doutor não se zangou. Pôs mais unção e macieza na voz, aduziu argumentos: que era para o partido, o único que pugnava pelo levantamento da lavoura. Quaresma foi inflexível; disse que não, que lhe eram absolutamente antipáticas tais disputas, que não

---

afabilidade - cortesia, delicadeza.
obséquio - favor.
aduziu - acrescentou.

tinha partido e mesmo que tivesse não iria afirmar uma cousa que ele não sabia ainda se era mentira ou verdade.

Campos não deu mostras de aborrecimento, conversou um pouco sobre cousas banais e despediu-se com o ar amável, com a jovialidade mais sua que era possível.

Isto se passou na terça-feira, naquele dia de luz fosca e irritante. À tarde houve trovoada, choveu muito. O tempo só levantou na quinta-feira, dia em que o major foi surpreendido com a visita de um sujeito com um uniforme velho e lamentável, portador de um papel oficial para ele, proprietário do "Sossego", conforme mesmo disse o tal homem fardado.

Em virtude das posturas e leis municipais, rezava o papel, o Senhor Policarpo Quaresma, proprietário do sítio "Sossego" era intimado, sob as penas das mesmas posturas e leis, a roçar e capinar as testadas do referido sítio que confrontavam com as vias públicas.

O major ficou um tempo pensando. Julgava impossível uma tal intimação. Seria mesmo? Brincadeira... Leu de novo o papel, viu a assinatura do doutor Campos. Era certo... Mas que absurda intimação esta de capinar e limpar estradas na extensão de mil e duzentos metros, pois seu sítio dava de frente para um caminho e de um dos lados acompanhava outra na extensão de oitocentos metros — era possível!?

A antiga corveia!... Um absurdo! Antes confiscassem-lhe o sítio. Consultando a irmã, ela lhe aconselhou que falasse ao doutor Campos. Contou-lhe então Quaresma a conversa que tivera com ele dias antes.

— Mas és tolo, Policarpo. Foi ele mesmo...

A luz se lhe fez no pensamento... Aquela rede de leis, de posturas, de códigos e de preceitos, nas mãos desses regulotes, de tais

---

posturas - conjunto de preceitos municipais, geralmente codificados.
testadas - partes da rua ou da estrada que ficam à frente de um prédio.
corveia - trabalho gratuito que, no tempo do feudalismo, o camponês era obrigado a prestar ao seu senhor ou ao Estado.
regulotes - vocábulo não dicionarizado. Parece sinônimo de "reizinhos", em sentido pejorativo, que fazem ou aplicam leis e similares.

caciques, se transformava em potro, em polé, em instrumento de suplícios para torturar os inimigos, oprimir as populações, crestar-lhes a iniciativa e a independência, abatendo-as e desmoralizando-as.

Pelos seus olhos passaram num instante aquelas faces amareladas e chupadas que se encostavam nos portais das vendas preguiçosamente; viu também aquelas crianças maltrapilhas e sujas, d'olhos baixos, a esmolar disfarçadamente pelas estradas; viu aquelas terras abandonadas, improdutivas, entregues às ervas e insetos daninhos; viu ainda o desespero de Felizardo, homem bom, ativo e trabalhador, sem ânimo de plantar um grão de milho em casa e bebendo todo o dinheiro que lhe passava pelas mãos — este quadro passou-lhe pelos olhos com a rapidez e o brilho sinistro do relâmpago; e só se apagou de todo, quando teve que ler a carta que a sua afilhada lhe mandara.

Vinha viva e alegre. Contava pequenas histórias de sua vida, a viagem próxima do papai, à Europa, o desespero do marido no dia em que saiu sem anel, pedia notícias do padrinho, de Dona Adelaide e, sem desrespeito, recomendava à irmã de Quaresma que tivesse muito cuidado com o manto de arminho da "Duquesa".

A "Duquesa" era uma grande pata branca, de penas alvas e macias ao olhar, que, pela lentidão e majestade do andar, com o pescoço alto e o passo firme, merecera de Olga esse apelido nobre. O animal tinha morrido havia dias. E que morte! Uma peste que lhe levara duas dúzias de patos, levara "Duquesa" também. Era uma espécie de paralisia que tomava as pernas, depois o resto do corpo. Três dias levou a agonizar. Deitada sobre o peito, com o bico colado ao chão, atacada pelas formigas, o animal só dava sinal de vida por uma lenta oscilação do pescoço em torno do bico, espantando as moscas que a importunavam na sua última hora.

Era de ver como aquela vida tão estranha à nossa, naquele instante penetrava em nós e sentíamos-lhe o sofrimento, a agonia e a dor.

---

caciques - chefes indígenas; aqui, usado em sentido pejorativo.
potro - cavalo de madeira, no qual se torturavam os acusados ou condenados.
polé - tortura que consistia em pendurar a pessoa com uma corda grossa de cânhamo, pelos pulsos e pelas mãos, com pesos de ferro presos nos pés.
crestar-lhes - enfraquecer-lhes.
arminho - pele de mamífero das regiões polares.

O galinheiro ficou como uma aldeia devastada; a peste atacou galinhas, perus, patos; ora sobre uma forma, ora sobre outra, foi ceifando, matando, até reduzir a sua população a menos de metade.

E não havia quem soubesse curar. Numa terra, cujo governo tinha tantas escolas que produziam tantos sábios, não havia um só homem que pudesse reduzir, com as suas drogas ou receitas, aquele considerável prejuízo.

Esses contratempos, essas contrariedades abateram muito o cultivador entusiástico dos primeiros meses; entretanto não passara pela mente de Quaresma abandonar os seus propósitos. Adquiriu compêndios de veterinária e até já tratava de comprar as máquinas agrícolas descritas nos catálogos.

Uma tarde, porém, estava à espera da junta de bois que encomendara para o trabalho do arado, quando lhe apareceu à porta um soldado de polícia com um papel oficial. Ele se lembrou da intimação municipal. Estava disposto a resistir, não se incomodou muito.

Recebeu o papel e leu. Não vinha mais da municipalidade, mas da coletoria, cujo escrivão, Antonino Dutra, conforme estava no papel, intimava o Senhor Policarpo Quaresma a pagar quinhentos mil-réis de multa, por ter enviado produtos de sua lavoura sem pagamento dos respectivos impostos.

Viu bem o que havia nisso de vingança mesquinha; mas o seu pensamento voou logo para as cousas gerais, levado pelo seu patriotismo profundo.

A quarenta quilômetros do Rio, pagavam-se impostos para se mandar ao mercado umas batatas? Depois de Turgot, da Revolução, ainda havia alfândegas interiores?

Como era possível fazer prosperar a agricultura, com tantas barreiras e impostos? Se ao monopólio dos atravessadores do Rio

---

ceifando - abatendo.

Turgot - Anne Robert Jacques Turgot (1727-1781), economista francês, controlador das finanças no reinado de Luís XVI de Bourbon (1754-1793); suprimiu as alfândegas interiores.

Revolução - referência à Revolução Francesa, iniciada em 1789, que trouxe grandes transformações não somente na França como também em todo o mundo.

atravessadores - aqueles que compram mercadorias por preço baixo para revendê-las com grande lucro.

se juntavam as exações do Estado, como era possível tirar da terra a remuneração consoladora?

E o quadro que já lhe passara pelos olhos, quando recebeu a intimação da municipalidade, voltou-lhe de novo, mais tétrico, mais sombrio, mais lúgubre; e anteviu a época em que aquela gente teria de comer sapo, cobras, animais mortos, como em França os camponeses, em tempos de grandes reis.

Quaresma veio a recordar-se do seu tupi, do seu *folklore*, das modinhas, das suas tentativas agrícolas — tudo isso lhe pareceu insignificante, pueril, infantil.

Era preciso trabalhos maiores, mais profundos; tornava-se necessário refazer a administração. Imaginava um governo forte, respeitado, inteligente, removendo todos esses óbices, esses entraves, Sully e Henrique IV, espalhando sábias leis agrárias, levantando o cultivador... Então sim! o celeiro surgiria e a pátria seria feliz.

Felizardo entregou-lhe o jornal que toda manhã mandava comprar à estação, e lhe disse:

— Seu patrão, amanhã não venho "trabaiá".

— Por certo; é dia feriado... A Independência.

— Não é por isso.

— Porque então?

— Há "baruio" na Corte e dizem que vão "arrecrutá". Vou pro mato... Nada!

— Que barulho?

— "Tá" nas "foias", sim "sinhô".

Abriu o jornal e logo deu com a notícia de que os navios da esquadra se haviam insurgido e intimado ao presidente a sair do poder. Lembrou-se das suas reflexões de instantes atrás; um governo forte, até à tirania... Medidas agrárias... Sully e Henrique IV...

---

exações - cobranças rigorosas de dívidas ou de impostos.
tétrico - apavorante.
lúgubre - triste.
óbices - impedimentos.
Sully - Maximilien de Béthune, Duque de Sully (1560-1641), conselheiro e ministro de Henrique IV de Bourbon (1553-1610), rei de Navarra e da França, administrador das finanças com economia e protetor da agricultura.
Independência - referência à data comemorativa da independência política do Brasil, em 7 de setembro de 1822.

Os seus olhos brilhavam de esperança. Despediu o empregado. Foi ao interior da casa, nada disse à irmã, tomou o chapéu, e dirigiu-se à estação.

Chegou ao telégrafo e escreveu:

"Marechal Floriano, Rio. Peço energia. Sigo já. — Quaresma"

V

O trovador

— Decerto, Albernaz, não é possível continuar assim... Então, mete-se um sujeito num navio, assesta os canhões pra terra e diz: sai daí "seu" presidente; e o homem vai saindo?... Não! É preciso um exemplo...

— Eu penso também da mesma maneira, Caldas. A República precisa ficar forte, consolidada... Esta terra necessita de governo que se faça respeitar... É incrível! Um país como este, tão rico, talvez o mais rico do mundo, é, no entanto, pobre, deve a todo o mundo... Porquê? Por causa dos governos que temos tido que não têm prestígio, força... É por isso.

Vinham andando, à sombra das grandes e majestosas árvores do parque abandonado; ambos fardados e de espada. Albernaz, depois de um curto intervalo, continuou:

— Você viu o imperador, o Pedro II... Não havia jornaleco, pasquim por aí, que o não chamasse de "banana" e outras cousas...

C (2ª - IV): Quaresma, cuja aparência é sã, apesar de parecer, vez por outra, perdido em pensamentos, decepciona-se com a fauna humana que cerca o sítio: as pessoas humildes não são solidárias, o vereador tenta corrompê-lo eleitoralmente e, como não o consegue, vinga-se em imposto e multa. Decepciona-se, também, com os resultados das culturas e criações: os abacates que consegue vender rendem quase nada, as formigas dizimam o milho, as aves morrem de peste. Desanimado, fantasia objetivos maiores, pois a agricultura, cheia de barreiras e impostos, estava naquela situação por culpa do governo. Imagina um governo forte, que priorizasse o setor agrícola. Lendo a notícia de uma rebelião contra o presidente, telegrafa-lhe avisando que vai defendê-lo. Aqui se declara, com todas as letras, a insanidade mental do Major, insanidade essa decorrente, de imediato, de frustrações no árduo trabalho rural.

Saía no carnaval... Um desrespeito sem nome! Que aconteceu? Foi-se como um intruso.

— E era um bom homem, observou o almirante. Amava o seu país... Deodoro nunca soube o que fez.

Continuavam a andar. O almirante coçou um dos favoritos e Albernaz olhou um instante para todos os lados, acendeu o cigarro de palha e retomou a conversa:

— Morreu arrependido... Nem com a farda quis ir para a cova!... Aqui para nós que ninguém nos ouve: foi um ingrato; o imperador tinha feito tanto por toda a família, não acha?

— Não há dúvida nenhuma!... Albernaz, você quer saber de uma cousa: estávamos melhor naquele tempo, digam lá o que disserem...

— Quem diz o contrário? Havia mais moralidade... Onde está um Caxias? um Rio Branco?

— E mais justiça mesmo, disse com firmeza o almirante. O que eu sofri, não foi por causa do "velho", foi a canalha... Demais, tudo barato...

— Eu não sei, disse Albernaz com particular acento, como há ainda quem se case... Anda tudo pela hora da morte!

Eles olharam um instante as velhas árvores da Quinta Imperial, por onde vinham atravessando. Nunca as tinham contemplado; e agora parecia-lhes que jamais tinham pousado os olhos sobre árvores tão soberbas, tão belas, tão tranquilas e seguras de si, como aquelas que espalhavam sob os seus grandes ramos uma vasta sombra, deliciosa e macia. Pareciam que medravam sentindo-se em terra própria, delas, da qual nunca sairiam desalojadas a machado,

---

Foi-se como um intruso - referência ao exílio de Pedro II para a Europa, tão logo proclamada a república.

Rio Branco - José Maria da Silva Paranhos, Visconde do Rio Branco (1819-1880), importante político brasileiro. O Barão do Rio Branco é seu filho.

"velho" - referência a Deodoro da Fonseca, morto aos 65 anos.

canalha - povo; sentido pejorativo.

Quinta Imperial - Quinta da Boa Vista, no Bairro São Cristóvão, na zona norte, onde se localizava o palácio em que residia o imperador. Atualmente abriga o Museu Nacional e o Jardim Zoológico do Rio de Janeiro.

própria - autêntica, natural.

para edificação de casebres; e esse sentimento lhes havia dado muita força de vegetar e uma ampla vontade de se expandirem. O solo sobre o qual cresciam, era delas e agradeciam à terra estendendo muito os seus ramos, cerrando e tecendo a folhagem, para dar à boa mãe, frescura e proteção contra a inclemência do sol.

As mangueiras eram as mais gratas; os ramos longos e cheios de folhas, quase beijavam o chão. As jaqueiras se espreguiçavam; os bambus se inclinavam, de um lado e outro da aleia, e cobriam a terra com uma ogiva verde...

O velho edifício imperial se erguia sobre a pequena colina. Eles lhe viam o fundo, aquela parte de construção mais antiga, joanina, com a torre do relógio um pouco afastada e separada do corpo do edifício.

Não era belo o palácio, não tinha mesmo nenhum traço de beleza, era até pobre e monótono. As janelas acanhadas daquela fachada velha, os andares de pequena altura impressionavam mal; todo ele, porém, tinha uma tal ou qual segurança de si, um ar de confiança pouco comum nas nossas habitações, uma certa dignidade, alguma cousa de quem se sente viver, não para um instante, mas para anos, para séculos... As palmeiras cercavam-no, eretas, firmes, com os seus grandes penachos verdes, muito altos, alongados para o céu...

Eram como que a guarda da antiga moradia imperial, guarda orgulhosa do seu mister e função.

Albernaz interrompeu o silêncio:

— Em que dará isto tudo, Caldas?

— Sei lá.

— O "homem" deve estar atrapalhado... Já tinha o Rio Grande, agora o Custódio... hum!

---

inclemência - rigor.

aleia - alameda.

joanina - relativo aos reis portugueses de nome João, especialmente D. João III. No caso, pode-se referir a D. João VI.

"homem" - Floriano Peixoto.

Rio Grande - referência à Revolução Federalista, a mais sangrenta da república, que irrompeu no Rio Grande do Sul em fevereiro de 1893. Seu objetivo era tirar do poder Júlio de Castilhos, presidente do estado. Floriano Peixoto enviou tropas para defendê-lo.

Custódio - referência ao contra-almirante Custódio José de Melo, ministro da Marinha e homem poderoso no governo de Floriano Peixoto. Após romper

— O poder é o poder, Albernaz.

Vinham andando em demanda à estação de São Cristóvão. Atravessaram o velho parque imperial transversalmente, desde o portão da Cancela até à linha da estrada de ferro. Era de manhã, e o dia estava límpido e fresco.

Caminhavam com pequenos passos seguros, mas sem pressa. Pouco antes de saírem da quinta, deram com um soldado a dormir numa moita. Albernaz teve vontade de acordá-lo: camarada! camarada! O soldado levantou-se estremunhado; e, dando com aqueles dous oficiais superiores, concertou-se rapidamente, fez a continência que lhes era devida e ficou com a mão no boné, um instante firme, mas logo bambeou.

— Abaixe a mão, fez o general. Que faz você aqui?

Albernaz falou em tom ríspido e de comando. A praça, falando a medo, explicou que tinha estado de ronda ao litoral toda a noite. A força se recolhera aos quartéis; ele obtivera licença para ir em casa mas o sono fora muito e descansava ali um pouco.

— Então como vão as cousas? perguntou o general.

— Não sei, não "sinhô".

— Os "homens" desistem ou não?

O general esteve um instante examinando o soldado. Era branco e tinha os cabelos alourados, de um louro sujo e degradado; as feições eram feias: malares salientes, testa óssea e todo ele anguloso e desconjuntado.

---

com ele, comandou a Revolta da Armada no encouraçado Aquidabã, no Rio de Janeiro, em setembro de 1893. Tinha em vista "restaurar o império da Constituição". Custódio aliou-se aos federalistas do Rio Grande do Sul, que invadiram Santa Catarina e instalaram em Florianópolis, então chamada Desterro, um governo revolucionário. Boa parte do romance trata dessa Revolta.

estação de São Cristóvão - inaugurada em 1858, localiza-se próximo à Quinta da Boa Vista. A estação pertence hoje à Supervia, concessionária do metrô do Rio de Janeiro.

Cancela - Largo da Cancela, no Bairro São Cristóvão e nas imediações do palácio imperial.

estremunhado - acordado de repente.

ríspido - severo.

praça - militar sem graduação ou posto. Vocábulo de dois gêneros. Aparece várias vezes no romance, com esse sentido.

malares - maçãs do rosto.

— Donde você é? perguntou-lhe ainda Albernaz.
— Do Piauí, sim "sinhô".
— Da capital?
— Do sertão, de Paranaguá, sim "sinhô".

O almirante até ali não interrogara o soldado que continuava amedrontado, respondendo tropegamente. Caldas, para acalmá-lo, resolveu falar-lhe com doçura.

— Você não sabe, camarada, quais são os navios que "eles" têm?
— O "Aquidabã"... A "Luci".
— A "Luci" não é navio.
— É verdade, sim "sinhô". O "Aquidabã"... Um "bandão" deles, sim, "sinhô".

O general interveio então. Falou-lhe com brandura, quase paternal, mudando o tratamento de você para tu, que parece mais doce e íntimo quando se fala aos inferiores:

— Bem, descansa, meu filho. É melhor ires para casa... Podem furtar-te o sabre e estás na "inácia".

Os dois generais continuaram o seu caminho e, em breve, estavam na plataforma da estação. A pequena estação tinha um razoável movimento. Um grande número de oficiais, ativos, reformados, honorários moravam-lhe nas cercanias e os editais chamavam todos a se apresentar às autoridades competentes. Albernaz e Caldas atravessaram a plataforma no meio de continências. O general era mais conhecido, em virtude de seu emprego; o almirante, não. Quando passavam, ouviam perguntar: "Quem é este almirante?" Caldas ficava contente e orgulhava-se um pouco do seu posto e do seu incógnito.

Paranaguá - Vila de Nossa Senhora do Livramento do Paranaguá, no sertão do Piauí. Passou a denominar-se "Parnaguá", com a supressão do "a", depois que se transformou em município.

"Aquidabã" - o encouraçado Aquidabã, também conhecido como o Titanic brasileiro, participou de rebeliões, inclusive da Segunda Revolta da Armada. Afundou em 1906, matando 212 pessoas, no maior desastre da Marinha do país.

"Luci" - lancha civil, pertencente à empresa Wilson & Sons; uma das embarcações requisitadas pela Segunda Revolução da Armada.

"bandão" - quantidade.

sabre - espada curta.

"inácia" - regulamento, norma de serviço.

Havia uma única mulher na estação, uma moça. Albernaz olhou-a e lembrou-se um instante de sua filha Ismênia... Coitada!... Ficaria boa?

Aquelas manias? Onde iria parar? Vieram-lhe as lágrimas, mas ele as reteve com força.

Já a levara a uma meia dúzia de médicos e nenhum fazia parar aquele escapamento do juízo que parecia fugir aos poucos do cérebro da moça.

A bulha de um expresso, chocalhando ferragens com estrépido, apitando com fúria e deixando fumaça pesada pelos ares que rompia, afastou-o de pensar na filha. Passou o monstro, pejado de soldados, de uniformes e os trilhos, depois de ter passado, ainda estremeciam.

Bustamante apareceu; morava nos arredores e vinha tomar o trem, para apresentar-se. Trazia o seu velho uniforme do Paraguai, talhado segundo os moldes dos guerreiros da Crimeia. A barretina era um tronco de cone que avançava para a frente; e, com aquela banda roxa e casaquinha curta, parecia ter saído, fugido, saltado de uma tela de Vítor Meireles.

— Então por aqui?... Que é isto? indagou o honorário.

— Viemos pela quinta, disse o almirante.

— Nada, meus amigos, esses bondes andam muito perto do mar... Não me importa morrer, mas quero morrer combatendo; isso de morrer por aí, à toa, sem saber como, não vai comigo...

O general falara um pouco alto e os jovens oficiais que estavam próximo, olharam-no com mal disfarçada censura. Albernaz percebeu e ajuntou imediatamente:

---

expresso - trem que vai ao destino sem parar, ou quase sem parar.

estrépido - variante de "estrépito": grande barulho.

uniforme do Paraguai - uniforme usado na Guerra do Paraguai.

guerreiros da Crimeia - referência aos soldados da Guerra da Crimeia (1853-1856), que opôs a Rússia a uma aliança entre Inglaterra, França, Império Otomano e Piemonte. Um dos motivos principais do conflito foi a tentativa da Rússia de obter acesso aos portos de água temperada do Mediterrâneo.

barretina - tipo de chapéu militar, alto, cilindriforme, de feltro ou de pele.

Vítor Meireles - (1832-1903), pintor brasileiro. Autor de quadros relativos à Guerra do Paraguai: *O Combate Naval de Riachuelo* e *A Passagem de Humaitá*.

— Conheço bem esse negócio de balas... Já vi muito fogo... Você sabe, Bustamante, que, em Curuzu...
— A cousa foi terrível, acrescentou Bustamante.

O trem atracava na estação. Veio chegando manso, vagaroso; a locomotiva, muito negra, bufando, suando gordurosamente, com a sua grande lanterna na frente, um olho de ciclope, avançava que nem uma aparição sobrenatural. Foi chegando; o comboio estremeceu todo e parou por fim.

Estava repleto, muitas fardas de oficiais; a avaliar por ali o Rio devia ter uma guarnição de cem mil homens. Os militares palravam alegres, e os civis vinham calados e abatidos, e mesmo apavorados. Se falavam, era cochichando, olhando com precaução para os bancos de trás.

A cidade andava inçada de secretas, "familiares" do Santo Ofício Republicano, e as delações eram moedas com que se obtinham postos e recompensas.

Bastava a mínima critica, para se perder o emprego, a liberdade, — quem sabe? — a vida também. Ainda estávamos no começo da revolta, mas o regímen já publicara o seu prólogo e todos estavam avisados. O chefe de polícia organizara a lista dos suspeitos. Não havia distinção de posição e talentos. Mereciam as mesmas perseguições do governo um pobre contínuo e um influente senador; um lente e um simples empregado de escritório. Demais surgiam as vinganças mesquinhas, a revide de pequenas implicâncias... Todos mandavam; a autoridade estava em todas as mãos.

Curuzu - localidade paraguaia tomada na Guerra, sob o comando do Marechal Polidoro da Fonseca Quintanilha Jordão (1792-1879).
ciclope - gigante mitológico que tinha apenas um olho, no meio da testa.
guarnição - tropa que defende determinada praça de guerra.
secretas - polícia secreta, espiões.
"familiares" - espécie de meirinhos (antigos funcionários judiciais).
Santo Ofício Republicano - Inquisição da República. O autor compara os funcionários dos tribunais da Inquisição da Igreja — que, até o século XVIII, se encarregavam de denunciar, julgar e punir acusados de heresia, bruxaria, etc. — aos elementos da polícia secreta republicana.
delações - denúncias.
lente - professor.

Em nome do Marechal Floriano, qualquer oficial, ou mesmo cidadão, sem função pública alguma, prendia e ai de quem caía na prisão, lá ficava esquecido, sofrendo angustiosos suplícios de uma imaginação dominicana. Os funcionários disputavam-se em bajulação, em servilismo... Era um terror, um terror baço, sem coragem, sangrento, às ocultas, sem grandeza, sem desculpa, sem razão e sem responsabilidades... Houve execuções; mas não houve nunca um Fouquier-Tinville.

Os militares estavam contentes, especialmente os pequenos, os alferes, os tenentes e os capitães. Para a maioria a satisfação vinha da convicção de que iam estender a sua autoridade sobre o pelotão e a companhia, a todo esse rebanho de civis; mas, em outros muitos havia sentimento mais puro, desinteresse e sinceridade. Eram os adeptos desse nefasto e hipócrita positivismo, um pedantismo tirânico, limitado e estreito, que justificava todas as violências, todos os assassínios, todas as ferocidades em nome da manutenção da ordem, condição necessária, lá diz ele, ao progresso e também ao advento do regímen normal, a religião da humanidade, a adoração do grão-fetiche, com fanhosas músicas de cornetins e versos detestáveis, o paraíso enfim, com inscrições em escritura fonética e eleitos calçados com sapatos de sola de borracha!...

Os positivistas discutiam e citavam teoremas de mecânica para justificar as suas ideias de governo, em tudo semelhantes aos canatos e emirados orientais.

A matemática do positivismo foi sempre um puro falatório que, naqueles tempos, amedrontava toda a gente. Havia mesmo

---

dominicana - relativa aos frades dominicanos, que participavam da Inquisição.
Fouquier-Tinville - (1746-1795), infatigável acusador público francês do tribunal revolucionário, sobretudo durante o Terror — período da Revolução Francesa. Acabou sendo decapitado.
nefasto - prejudicial.
positivismo - sistema filosófico fundado por Augusto Comte e que pretende que só se pode conhecer com exatidão as verdades constatadas pela observação ou a experiência. Essa filosofia inspirou os idealizadores e implementadores da república brasileira, inclusive o lema da bandeira "Ordem e Progresso".
grão-fetiche - O planeta Terra, segundo a filosofia positivista.
canatos - variante de "canados": regiões governadas por um cã — chefe mongol.
emirados - regiões governadas por um emir — chefe muçulmano.

quem estivesse convencido que a matemática tinha sido feita e criada para o positivismo, como se a Bíblia tivesse sido criada unicamente para a Igreja Católica e não também para a Anglicana. O prestígio dele era, portanto, enorme.
    O trem correu, parou inda em uma estação e foi ter à Praça da República. O almirante, cosido com as paredes, seguiu para o Arsenal de Marinha; Albernaz e Bustamante entraram no Quartel-General. Penetraram no grande casarão, no meio do retinir de espadas, de toques de cornetas; o grande pátio estava cheio de soldados, bandeiras, canhões, feixes de armas ensarilhadas, baionetas reluzindo ao sol oblíquo...
    No sobrado, nas proximidades do gabinete do ministro, havia um vai-e-vem de fardas, dourados, fazendas multicores, uniformes de várias corporações e milícias, no meio dos quais os trajes escuros dos civis eram importunos como moscas. Misturavam-se oficiais da guarda nacional, da polícia, da armada, do exército, de bombeiros e de batalhões patrióticos que começavam a surgir.
    Apresentaram-se e, depois de tê-lo feito ao ajudante-general e ministro da Guerra, a um só tempo, ficaram a conversar nos

---

Igreja Católica - Igreja de Roma, chefiada pelo papa, tido como legítimo sucessor do apóstolo Pedro, a quem Jesus Cristo teria encarregado de fundar sua igreja.

[Igreja] Anglicana - Igreja da Inglaterra. Ela se estabeleceu definitivamente separada da Igreja Católica em 1534, quando o papa se recusou a anular o casamento do rei Henrique VIII (1491-1597) com Catarina de Aragão (1485-1536).

Praça da República - praça da região central do Rio de Janeiro, dentro do Campo de Sant'Ana.

Arsenal de Marinha - fundado em 1763, no início sediado em frente à Ilha das Cobras, depois transferido para a ilha, na região central do Rio de Janeiro, ocupa-se principalmente de tudo o que se relaciona à construção e manutenção de navios e similares.

Quartel-General - do Ministério da Guerra, atual Palácio Duque de Caxias, na Praça da República, Rio de Janeiro. O Ministério atualmente integra o Ministério da Defesa, como "Exército", e seu quartel-general está sediado no Setor Militar Urbano (SMU), em Brasília-DF.

ensarilhadas - colocadas de pé, no chão, apoiadas umas nas outras.

baionetas - pequena espada de um só gume, adaptável à boca de certas armas, para usar no combate corpo a corpo.

ajudante-general - general ou oficial superior incumbido da direção do pessoal e operações no estado-maior de um exército.

ministro da Guerra - atualmente, ministro da Defesa.

corredores, com bastante prazer, pois que tinham encontrado o Tenente Fontes e ambos gostavam de ouvi-lo.

O general porque já era noivo de sua filha Lalá, e Bustamante porque aprendia com ele alguma cousa de nomenclatura dos armamentos modernos.

Fontes estava indignado, todo ele era horror, maldição contra os insurrectos, e propunha os piores castigos.

— Hão de ver o resultado... Piratas! Bandidos! Eu, no caso do marechal, se os pegasse... ai deles!

O tenente não era feroz nem mau, antes bom e até generoso, mas era positivista e tinha da sua República uma ideia religiosa e transcendente. Fazia repousar nela toda a felicidade humana e não admitia que a quisessem de outra forma que não aquela que imaginava boa. Fora daí não havia boa-fé, sinceridade; eram heréticos interesseiros, e, dominicano do seu barrete frígio, raivoso por não poder queimá-los em autos de fé, congesto, via passar por seus olhos uma série enorme de réus confitentes, relapsos, contumazes, falsos, simulados, fictos e conflictos, sem samarra, soltos por aí...

Albernaz não tinha tanta fúria contra os adversários. No fundo d'alma, ele os queria até, tinha amigos lá, e essas divergências nada significavam para a sua idade e experiência.

Depositava, entretanto, uma certa esperança na ação do marechal. Estando em apuros financeiros, não lhe dando o bastante a sua reforma e a gratificação de organizador do arquivo do Largo do Moura, esperava obter uma outra comissão, que lhe permitisse mais folgadamente adquirir o enxoval de Lalá.

---

heréticos - hereges.

barrete frígio - gorro vermelho, semelhante ao que usavam os habitantes da Frígia — Ásia antiga.

autos de fé - cerimônias em que se proclamavam e se executavam as sentenças do Tribunal da Inquisição, e nas quais os penitenciados ou abjuravam os seus erros ou eram condenados à fogueira.

congesto - rubro, afogueado.

confitentes - confessos.

contumazes - muito teimosos, obstinados.

fictos e conflictos - fingidos e fingidíssimos.

sem samarra - sem pele de cordeiro, isto é, desmascarados, lobos.

Largo do Moura - localizado no antigo bairro da Misericórdia. Lá existia um arquivo relativo às forças militares.

O almirante, também, tinha grande confiança nos talentos guerreiros e de estadista de Floriano. A sua causa não ia lá muito bem. Perdera-a em primeira instância, estava gastando muito dinheiro... O governo precisava de oficiais de Marinha, quase todos estavam na revolta; talvez lhe dessem uma esquadra a comandar... É verdade que... Mas, que diabo! Se fosse um navio, então sim: mas uma esquadra a cousa não era difícil: bastava coragem para combater.

Bustamante cria com força na capacidade do General Peixoto, tanto assim que, para apoiá-lo e defender o seu governo, imaginava organizar um batalhão patriótico, de que já tinha o nome "Cruzeiro do Sul" e naturalmente seria o seu comandante, com todas as vantagens do posto de coronel.

Genelício, cuja atividade nada tinha de guerreira, esperava muito da energia e da decisão do governo de Floriano: esperava ser subdiretor e não podia um governo sério, honesto e enérgico, fazer outra cousa, desde que quisesse pôr ordem na sua secção.

Essas secretas esperanças eram mais gerais do que se pode supor. Nós vivemos do governo e a revolta representava uma confusão nos empregos, nas honrarias e nas posições que o Estado espalha. Os suspeitos abririam vagas e as dedicações supririam os títulos e habilitações para ocupá-las; além disso, o governo, precisando de simpatias e homens, tinha que nomear, espalhar, prodigalizar, inventar, criar e distribuir empregos, ordenados, promoções e gratificações.

O próprio doutor Armando Borges, o marido de Olga e sábio sereno e dedicado quando estudante, colocava na revolta a realização de risonhos anelos.

Médico e rico, pela fortuna da mulher, ele não andava satisfeito. A ambição de dinheiro e o desejo de nomeada esporeavam-no. Já era médico do Hospital Sírio, onde ia três vezes por semana e, em meia hora, via trinta e mais doentes. Chegava, o enfermeiro dava-lhe informações, o doutor ia, de cama em cama, perguntando: "Como vai?" "Vou melhor, seu doutor", respondia o sírio com voz gutural. Na seguinte, indagava: "Já está melhor?" E assim passava a

---

primeira instância - tribunal que julga causas em primeiro recurso.
General Peixoto - referência a Floriano Peixoto, na condição de tenente-general herói da Guerra do Paraguai.
prodigalizar - gastar excessivamente, esbanjar.

visita; chegando ao gabinete, receitava: "Doente nº 1, repita a receita; doente 5... quem é?"... "É aquele barbado"... "Ahn!" E receitava.

Mas médico de um hospital particular não dá fama a ninguém: o indispensável é ser do governo, senão ele não passava de um simples prático. Queria ter um cargo oficial, médico, diretor ou mesmo lente da faculdade.

E isso não era difícil, desde que arranjasse boas recomendações, pois já tinha certo nome, graças à sua atividade e fertilidade de recursos.

De quando em quando, publicava um folheto *O Cobreiro, Etiologia, Profilaxia e Tratamento* ou *Contribuição para o Estudo da Sarna no Brasil*; e, mandava o folheto, quarenta e sessenta páginas, aos jornais que se ocupavam dele duas ou três vezes por ano; o "operoso doutor Armando Borges, o ilustre clínico, o proficiente médico dos nossos hospitais", etc., etc.

Obtinha isso graças à precaução que tomara em estudante de se relacionar com os rapazes da imprensa.

Não contente com isso escrevia artigos, estiradas compilações, em que não havia nada de próprio, mas ricos de citações em francês, inglês e alemão.

O lugar de lente é que o tentava mais; o concurso porém, metia-lhe medo. Tinha elementos, estava bem relacionado e cotado na congregação, mas aquela história de arguição apavorava-o.

Não havia dia em que não comprasse livros, em francês, inglês e italiano; tomara até um professor de alemão, para entrar na ciência germânica; mas faltava-lhe energia para o estudo prolongado e a sua felicidade pessoal fizera evolar-se a pequena que tivera quando estudante.

A sala da frente do alto porão tinha sido transformada em biblioteca. As paredes estavam forradas de estantes que gemiam ao peso dos grandes tratados. À noite, ele abria as janelas das venezianas, acendia todos os bicos de gás e se punha à mesa, todo de branco com um livro aberto sob os olhos.

Cobreiro - variante popular de "cobrelo": herpes-zóster.
Etiologia - Causa da doença.
Profilaxia - Emprego de meios para evitar a doença.
operoso - produtivo.
proficiente - competente.
congregação - colegiado supremo de uma Escola Superior.

O sono não tardava a vir ao fim da quinta página... Isso era o diabo! Deu em procurar os livros da mulher. Eram romances franceses, Goncourt, Anatole France, Daudet, Maupassant, que o faziam dormir da mesma maneira que os tratados. Ele não compreendia a grandeza daquelas análises, daquelas descrições, o interesse e o valor delas, revelando a todos, à sociedade, a vida, os sentimentos, as dores daqueles personagens, um mundo! O seu pedantismo, a sua falsa ciência e a pobreza de sua instrução geral faziam-no ver naquilo tudo, brinquedos, passatempos, falatórios, tanto mais que ele dormia à leitura de tais livros.

Precisava, porém, iludir-se, a si mesmo e à mulher. De resto, da rua, viam-no e se dessem com ele a dormir sobre os livros?!... Tratou de encomendar algumas novelas de Paulo de Kock em lombadas com títulos trocados e afastou o sono.

A sua clínica, entretanto, prosperava. De comandita com o tutor, chegou a ganhar uns seis contos, tratando de um febrão de uma órfã rica.

Desde muito que a mulher lhe entrara na sua simulação de inteligência, mas aquela manobra indecorosa, indignou-a. Que necessidade tinha ele disso? Não era já rico? Não era moço? Não tinha o privilégio de um título universitário? Tal ato pareceu à moça mais vil, mais baixo, que a usura de um judeu, que o aluguel de uma pena...

Não foi desprezo, nojo que ela teve pelo marido; foi um sentimento mais calmo, menos ativo; desinteressou-se dele, destacou-se de sua pessoa. Ela sentiu que tinham cortado todos os laços de afeição, de simpatia, que prendiam ambos, toda a ligação moral, enfim.

Mesmo quando noiva, verificara que aquelas cousas de amor ao estudo, de interesse pela ciência, de ambições de descobertas,

---

Goncourt - Huot de Goncourt (1822-1896) e seu irmão Jules (1830-1870), autores de *Germinie Lacerteux* e *Renée Mauperin*.

Anatole France - (1844-1924), autor de *Os deuses têm sede* e *O lírio vermelho*.

Daudet - Alphonse Daudet (1840-1897), autor de *A coisinha*, *Safo* e *Jack, o imortal*.

Maupassant - Guy de Maupassant (1850-1893), autor de *Forte como a morte* e *Nosso coração*.

Paulo de Kock - (1794-1871), romancista francês, autor de *M. Dupont* e *A donzela de Belleville*.

comandita - sociedade comercial em que, ao lado dos sócios responsáveis, há os que entram apenas com o capital, não participando da gestão dos negócios.

usura - empréstimo de dinheiro a juros.

nele, eram superficiais, estavam à flor da pele; mas desculpou. Muitas vezes nós nos enganamos sobre as nossas próprias forças e capacidades; sonhamos ser Shakespeare e saímos Mal das Vinhas. Era perdoável, mas charlatão? Era demais!

Passou-lhe um pensamento mau, mas de que valeria essa quase indignidade?... Todos os homens deviam ser iguais; era inútil mudar deste para aquele...

Quando chegou a esta conclusão, sentiu um grande alívio, e a sua fisionomia se iluminou de novo como se já estivesse de todo passada a nuvem que empanava o sol dos seus olhos.

Naquela carreira atropelada para o nome fácil, ele não deu pelas modificações da mulher. Ela dissimulava os seus sentimentos, mais por dignidade e delicadeza, que mesmo por qualquer outro motivo; e a ele faltavam a sagacidade e finura necessárias para descobri-los sob o seu esconderijo.

Continuavam a viver como se nada houvesse, mas quanto estavam longe um do outro! ...

A revolta veio encontrá-los assim; e o doutor, desde três dias, pois há tanto ela rebentara, meditava a sua ascensão social e monetária.

O sogro suspendera a viagem à Europa, e, naquela manhã, após o almoço, conforme o seu hábito, lia recostado numa cadeira de viagem os jornais do dia. O genro vestia-se e a filha ocupava-se com sua correspondência, escrevendo à cabeceira da mesa de jantar. Ela tinha um gabinete, com todo o luxo, livros, secretária, estantes, mas gostava pela manhã, de escrever ali, ao lado do pai. A sala lhe parecia mais clara, a vista para a montanha, feia e esmagadora, dava mais seriedade ao pensamento e a vastidão da sala mais liberdade no escrever.

Ela escrevia e o pai lia; num dado momento ele disse:

— Sabes quem vem aí, minha filha?

— Quem é?

— Teu padrinho. Telegrafou ao Floriano, dizendo que vinha... Está aqui, n'*O País*.

Mal das Vinhas - pseudônimo com o qual alguém escrevia para a seção paga do *Jornal do Comércio* do Rio de Janeiro.

O País - jornal governista de grande circulação, grande defensor da república, então dirigido por Quintino Bocaiúva (1836-1912), um dos líderes do movimento republicano.

A moça adivinhou logo o motivo, o modo de agir e reagir do fato sobre as ideias e sentimentos de Quaresma. Quis desaprovar, censurar; sentiu-o, porém, tão coerente com ele mesmo, tão de acordo com a substância da vida que ele mesmo fabricara, que se limitou a sorrir complacente:

— O padrinho...

— Está doido, disse Coleoni. *Per la madonna*! Pois um homem que está quieto, sossegado, vem meter-se nesta barafunda, neste inferno...

O doutor voltara já inteiramente vestido, com a sobrecasaca fúnebre e a cartola reluzente na mão. Vinha irradiante e o seu rosto redondo reluzia, exceto onde o grande bigode punha sombras. Ainda ouviu as últimas palavras do sogro, pronunciadas com aquele seu português rouco:

— Que há? perguntou ele.

Coleoni explicou e repetiu os comentários que já fizera:

— Mas não há tal, disse o doutor. É o dever de todo o patriota... Que tem a idade? Quarenta e poucos anos, não é lá velho... Pode ainda bater-se pela República...

— Mas não tem interesse nisso, objetou o velho.

— E há de ser só quem tem interesse que se deve bater pela República? interrogou o doutor.

A moça que acabava de ler a carta que tinha escrito, mesmo sem levantar a cabeça, disse:

— Decerto.

— E vem você com as suas teorias, filhinha. O patriotismo não está na barriga...

E sorriu com um falso sorriso que o brilho morto dos seus dentes postiços mais falsificava.

— Mas vocês só falam em patriotismo? E os outros? É monopólio de vocês o patriotismo? fez Olga.

— Decerto. Se eles fossem patriotas não estariam a despejar balas para a cidade, a entorpecer, a desmoralizar a ação da autoridade constituída.

— Deviam continuar a presenciar as prisões, as deportações, os fuzilamentos, toda a série de violências que se vêm cometendo, aqui e no Sul?

— Você, no fundo, é uma revoltosa, disse o doutor, fechando a discussão.

Ela não deixava de ser. A simpatia dos desinteressados, da população inteira era pelos insurgentes. Não só isso sempre acontece em toda a parte, como particularmente, no Brasil, devido a múltiplos factores, há de ser assim normalmente.

Os governos, com os seus inevitáveis processos de violência e hipocrisias, ficam alheados da simpatia dos que acreditam nele; e demais, esquecidos de sua vital impotência e inutilidade, levam a prometer o que não podem fazer, de forma a criar desesperados, que pedem sempre mudanças e mudanças.

Não era, pois, de admirar que a moça tendesse para os revoltosos; e Coleoni, estrangeiro e conhecendo, graças à sua vida, as nossas autoridades, calasse as suas simpatias num mutismo prudente.

— Não me vá comprometer, hein Olga?

Ela se tinha levantado para acompanhar o marido. Parou um pouco, deitou-lhe o seu grande olhar luminoso, e com os finos lábios um pouco franzidos:

— Você sabe bem que eu não te comprometo.

O doutor desceu a escada da varanda, atravessou o jardim e ainda do portão disse adeus à mulher, que lhe seguia a saída, debruçada na varanda, conforme o ritual dos bem ou mal casados.

Por esse tempo, Coração dos Outros sonhava desligado das contingências terrenas.

Ricardo vivia ainda na sua casa de cômodos dos subúrbios, cuja vista ia de Todos os Santos à Piedade, abrangendo um grande trato de área edificada, um panorama de casas e árvores.

Já não se falava mais no seu rival e a sua mágoa tinha assentado.

Por esses dias o seu triunfo desfilava sem contestação. Toda a cidade o tinha na consideração devida e ele quase se julgava ao termo da sua carreira. Faltava o assentimento de Botafogo, mas estava certo de obter.

Já publicara mais de um volume de canções; e, agora pensava em publicar mais outro.

Há dias vivia em casa, pouco saindo, organizando o seu livro. Passava confinado no seu quarto, almoçando café, que ele mesmo fazia, e pão, indo à tarde jantar a uma tasca próxima à estação.

---

contingências - incertezas.
tasca - taberna.

Notara que sempre que chegava, os carroceiros e trabalhadores, que jantavam nas mesas sujas, abaixavam a voz e olhavam-no desconfiados; mas não deu importância...

Apesar de popular no lugar, não encontrara pessoa alguma conhecida durante os três últimos dias; ele mesmo evitava falar e, em sua casa, limitava-se ao "bom dia" e à "boa tarde" trocados com os vizinhos.

Gostava de passar assim dias, metido em si mesmo e ouvindo o seu coração. Não lia jornais para não distrair a atenção do seu trabalho. Vivia a pensar nas suas modinhas e no seu livro que havia de ser mais uma vitória para ele e para o violão estremecido.

Naquela tarde estava sentado à mesa, corrigindo um dos seus trabalhos, um dos últimos, aquele que compusera no sítio de Quaresma — "Os Lábios de Carola".

Primeiro, leu toda a produção, cantarolando; voltou a lê-la, agarrou o violão para melhor apanhar o efeito e empacou nestes:

> É mais bela que Helena e Margarida,
> Quando sorri meneando a ventarola.
> Só se encontra a ilusão que adoça a vida
> Nos lábios de Carola.

Nisto ouviu um tiro, depois outro, outro... Que diabo? pensou. Hão de ser salvas a algum navio estrangeiro. Repinicou o violão e continuou a cantar os lábios de Carola, onde encontrava a ilusão que adoça a vida...

---

estremecido - querido.

C (2ª - V): As altas patentes Caldas e Albernaz passeiam pelos arredores do palácio imperial e conversam sobre a Revolta da Armada, que acontecia naquele momento. Chegam à plataforma da estação, onde veem movimentos de tropas e sobre eles fazem observações. O capítulo é importante para a percepção do clima de rebelião instalado no Rio de Janeiro, bem como pelas opiniões emitidas sobre os primeiros problemas que a república recém-instalada enfrenta. Traça-se o perfil do Genelício, noivo de outra filha do general, e do doutor Armando Borges, marido da afilhada de Policarpo, Olga. O título do capítulo remete a Ricardo Coração dos Outros, que, indiferente a disputas bélicas, continua sua vida de trovador.

TERCEIRA PARTE

I

Patriotas

Havia mais de uma hora que ele estava ali, num grande salão do palácio, vendo o marechal, mas sem lhe poder falar. Quase não se encontravam dificuldades para se chegar à sua presença, mas falar-lhe, a cousa não era tão fácil.

O palácio tinha um ar de intimidade, de quase relaxamento, representativo e eloquente. Não era raro ver-se pelos divãs, em outras salas, ajudantes de ordens, ordenanças, contínuos, cochilando, meio deitados e desabotoados. Tudo nele era desleixo e moleza. Os cantos dos tetos tinham teias de aranha; dos tapetes, quando pisados com mais força, subia uma poeira de rua mal varrida.

Quaresma não pudera vir logo, como anunciara no telegrama. Fora preciso pôr em ordem os seus negócios, arranjar quem fizesse companhia à irmã. Fizera Dona Adelaide mil objeções à sua partida; mostrara-lhe os riscos da luta, da guerra, incompatíveis com a sua idade e superiores à sua força; ele, porém, não se deixara abater, fizera pé firme, pois sentia, indispensável, necessário que toda a sua vontade, que toda a sua inteligência, que tudo o que ele tinha de vida e atividade fosse posto à disposição do governo, para então!... oh!

Aproveitara os dias até para redigir um memorial que ia entregar a Floriano. Nele expunham-se as medidas necessárias para

---

ajudantes-de-ordens - oficiais às ordens de outros de patente mais alta.
ordenanças - soldados às ordens de um superior hierárquico.
desabotoados - à vontade.
memorial - petição escrita.

o levantamento da agricultura e mostravam-se todos os entraves, oriundos da grande propriedade, das exações fiscais, da carestia de fretes, da estreiteza dos mercados e das violências políticas.

O major apertava o manuscrito na mão e lembrava-se da sua casa, lá longe, no canto daquela planície feia, olhando, no poente, as montanhas que se alongavam, se afilavam nos dias claros e transparentes; lembrava-se de sua irmã, dos seus olhos verdes e plácidos que o viram partir com uma impassibilidade que não era natural; mas do que se lembrava mais, naquele momento, era do Anastácio, o seu preto velho, do seu longo olhar, não mais com aquela ternura passiva de animal doméstico, mas cheio de assombro, de espanto e piedade, rolando muito nas órbitas as escleróticas muito brancas, quando o viu penetrar no vagão da estrada de ferro. Parecia que farejava desgraça... Não lhe era comum tal atitude e como que a tomava por ter descoberto nas cousas sinais de dolorosos acontecimentos a vir... Ora!...

Ficara Quaresma a um canto vendo entrar um e outro, à espera que o presidente o chamasse. Era cedo, pouco devia faltar para o meio-dia, e Floriano tinha ainda, como sinal do almoço, o palito na boca.

Falou em primeiro lugar a uma comissão de senhoras que vinham oferecer o seu braço e o seu sangue em defesa das instituições e da pátria. A oradora era uma mulher baixa, de busto curto, gorda, com grandes seios altos e falava agitando o leque fechado na mão direita.

Não se podia dizer bem qual a sua cor, sua raça, ao menos: andavam tantas nela que uma escondia a outra, furtando toda ela a uma classificação honesta.

Enquanto falava, a mulherzinha deitava sobre o marechal os grandes olhos que despediam chispas. Floriano parecia incomodado com aquele chamejar; era como se temesse derreter-se ao calor daquele olhar que queimava mais sedução que patriotismo. Fugia encará-la, abaixava o rosto como um adolescente, batia com os dedos na mesa...

Quando lhe chegou a vez de falar, levantou um pouco o rosto, mas sem encarar a mulher, e, com um grosso e difícil sorriso

---

escleróticas - a região branca dos olhos.

de roceiro, declinou da oferta, visto a República ainda dispor de bastante força para vencer.

A última frase, ele a disse com mais vagar e quase ironicamente. As damas despediram-se; o marechal girou o olhar em torno do salão e deu com Quaresma:

— Então, Quaresma? fez ele familiarmente.

O major ia aproximar-se, mas logo estacou no lugar em que estava. Uma chusma de oficiais subalternos e cadetes cercou o ditador e a sua atenção convergiu para eles. Não se ouvia o que diziam. Falavam ao ouvido de Floriano, cochichavam, batiam-lhe nas espáduas. O marechal quase não falava: movia com a cabeça ou pronunciava um monossílabo, cousa que Quaresma percebia pela articulação dos lábios.

Começaram a sair. Apertavam a mão do ditador e, um deles, mais jovial, mais familiar, ao despedir-se, apertou-lhe com força a mão mole, bateu-lhe no ombro com intimidade, e disse alto e com ênfase:

— Energia, marechal!

Aquilo tudo parecia tão natural, normal, tendo entrado no novo cerimonial da República, que ninguém, nem o próprio Floriano, teve a mínima surpresa, ao contrário alguns até sorriram alegres por ver o califa, o cã, o emir, transmitir um pouco do que tinha de sagrado ao subalterno desabusado. Não se foram todos imediatamente. Um deles demorou-se mais a segredar cousas à

---

declinou da - recusou a.

chusma - quantidade.

ditador - Floriano Peixoto. Com a renúncia do primeiro presidente da república Deodoro da Fonseca, assumiu o vice-presidente Floriano. Houve polêmica quanto à convocação de novas eleições. O artigo 42 da Constituição determinava claramente que deveriam ser convocadas, mas suas Disposições Transitórias davam margem a outra interpretação. Floriano entendeu que era direito seu completar o mandato de Deodoro e perseguiu àqueles que se manifestaram contrários a isso. Apesar da aprovação do Congresso, sua permanência no cargo foi considerada golpe de estado, e, consequentemente, ele se transformou em ditador, causando rebeliões em muitos locais do país. Uma delas foi a Revolta da Armada, no Rio de Janeiro, com extensão para outros estados.

califa - título de soberano muçulmano.

desabusado - atrevido.

suprema autoridade do país. Era um cadete da Escola Militar, com a sua farda azul-turquesa, talim e sabre de praça de pré.

Os cadetes da Escola Militar formavam a falange sagrada.

Tinham todos os privilégios e todos os direitos; precediam ministros nas entrevistas com o ditador e abusavam dessa situação de esteio do Sila, para oprimir e vexar a cidade inteira.

Uns trapos de positivismo se tinham colado naquelas inteligências e uma religiosidade especial brotara-lhes no sentimento, transformando a autoridade, especialmente Floriano e vagamente a República, em artigo de fé, em feitiço, em ídolo mexicano, em cujo altar todas as violências e crimes eram oblatas dignas e oferendas úteis para a sua satisfação e eternidade.

O cadete lá estava...

Quaresma pôde então ver melhor a fisionomia do homem que ia enfeixar em suas mãos, durante quase um ano, tão fortes poderes, poderes de Imperador Romano, pairando sobre tudo, limitando tudo, sem encontrar obstáculo algum aos seus caprichos, às suas fraquezas e vontades, nem nas leis, nem nos costumes, nem na piedade universal e humana.

Era vulgar e desoladora. O bigode caído; o lábio inferior pendente e mole a que se agarrava uma grande "mosca"; os traços flácidos e grosseiros; não havia nem o desenho do queixo ou olhar que fosse próprio, que revelasse algum dote superior. Era um olhar mortiço, redondo, pobre de expressões, a não ser de tristeza que não lhe era individual, mas nativa, de raça; e todo ele era gelatinoso — parecia não ter nervos.

Não quis o major ver em tais sinais nada que lhe denotasse o caráter, a inteligência e o temperamento. Essas cousas não vogam, disse ele de si para si.

Escola Militar - também designada de "Escola da Praia Vermelha" neste romance.
talim - cinto de couro ou de pano dourado que sustenta tiras para aguentar a espada.
praça de pré - militar que não tinha patente de oficial.
falange - corpo de tropas.
Sila - Lúcio Cornélio Sila (138-78 a.C.), ditador romano, perseguiu os inimigos e reviu a Constituição.
oblatas - donativos religiosos.
"mosca" - pequena porção de barba que se deixa crescer sob o lábio inferior.
mortiço - opaco.
vogam - contam, pesam.

O seu entusiasmo por aquele ídolo político era forte, sincero e desinteressado. Tinha-o na conta de enérgico, de fino e supervidente, tenaz e conhecedor das necessidades do país, manhoso talvez um pouco, uma espécie de Luís XI forrado de um Bismarck. Entretanto, não era assim. Com uma ausência total de qualidades intelectuais, havia no caráter do Marechal Floriano uma qualidade predominante: tibieza de ânimo; e no seu temperamento, muita preguiça. Não a preguiça comum, essa preguiça de nós todos; era uma preguiça mórbida, como que uma pobreza de irrigação nervosa, provinda de uma insuficiente quantidade de fluido no seu organismo. Pelos lugares que passou, tornou-se notável pela indolência e desamor às obrigações dos seus cargos.

Quando diretor do arsenal de Pernambuco, nem energia tinha para assinar o expediente respectivo; e durante o tempo em que foi ministro da Guerra, passava meses e meses sem lá ir, deixando tudo por assinar, pelo que "legou" ao seu substituto um trabalho avultadíssimo.

Quem conhece a atividade papeleira de um Colbert, de um Napoleão, de um Filipe II, de um Guilherme I, da Alemanha, em geral de todos os grandes homens de Estado, não compreende o descaso florianesco pela expedição de ordens, explicações aos

---

Luís XI - Rei da França, de 1461 a 1483. Enquanto príncipe, viveu em disputas com o pai. Sucedendo-o no poder, tomou medidas inoportunas e autoritárias, que levaram os senhores feudais a ficar contra ele.

Bismarck - Otto Bismarck (1815-1898), ministro do rei da Prússia Guilherme I, foi um dos fundadores da Unidade Alemã.

tibieza - fraqueza.

arsenal de Pernambuco - Arsenal de Marinha de Pernambuco; começou sua construção em 1853, na zona portuária do Recife. Atualmente é um centro de referência da cultura em Pernambuco.

expediente - a correspondência, ofícios, etc. de uma repartição.

avultadíssimo - imenso.

Colbert - Jean-Baptiste Colbert (1619-1683), político, foi um dos maiores ministros da França.

Napoleão - Napoleão I (1769-1821), imperador da França, país que conserva até hoje algumas instituições que ele criou.

Filipe II - existem diversos nobres com esse nome: rei da Macedônia, rei da França, duque de Borgonha. Torna-se difícil, no contexto, a identificação.

Guilherme I, da Alemanha - (1797-1888), nascido em Berlim, foi rei da Prússia, teve Bismarck como ministro e foi um dos responsáveis pela unificação da Alemanha.

subalternos, de suas vontades, de suas vistas. Certamente necessárias deviam ser tais transmissões para que o seu senso superior se fizesse sentir e influísse na marcha das cousas governamentais e administrativas.

Dessa sua preguiça de pensar e de agir, vinha o seu mutismo, os seus misteriosos monossílabos, levados à altura de ditos sibilinos, as famosas "encruzilhadas dos talvezes", que tanto reagiram sobre a inteligência e imaginação nacionais, mendigas de heróis e grandes homens.

Essa doentia preguiça, fazia-o andar de chinelos e deu-lhe aquele aspecto de calma superior, calma de grande homem de Estado ou de guerreiro extraordinário.

Toda a gente ainda se lembra como foram os seus primeiros meses de governo. A braços com o levante de presos, praças e inferiores da fortaleza de Santa Cruz, tendo mandado fazer um inquérito, abafou-o com medo que as pessoas indicadas como instigadoras não fizessem outra sedição, e, não contente com isto, deu a essas pessoas as melhores e mais altas recompensas.

Demais, ninguém pode admitir um homem forte, um César, um Napoleão, que permita aos subalternos aquelas intimidades deprimentes e tenha com eles as condescendências que ele tinha, consentindo que o seu nome servisse de lábaro para uma vasta série de crimes de toda a espécie.

Uma recordação basta. Sabe-se bem sob que atmosfera de má vontade Napoleão assumiu o comando do exército da Itália. Augereau que o chamava "general de rua", disse a alguém, após lhe ter falado: "O homem meteu-me medo"; e o corso estava senhor do exército, sem batidelas no ombro, sem delegar tácita ou explicitamente a sua autoridade a subalternos irresponsáveis.

---

sibilinos - enigmáticos.
"encruzilhadas de talvezes" - expressão usada pelo escritor Euclides da Cunha (1866-1909), para caracterizar Floriano Peixoto.
sedição - revolta.
lábaro - bandeira.
Augereau - Pierre-François-Charles Augereau (1757-1816), marechal francês.
corso - Napoleão: ele nasceu na Córsega.
tácita - subentendida.

De resto, a lentidão com que sufocou a revolta de 6 de setembro mostra bem a incerteza, a vacilação de vontade de um homem que dispunha daqueles extraordinários recursos que estavam às suas ordens.

Há uma outra face do Marechal Floriano que muito explica os seus movimentos, atos e gestos. Era o seu amor à família, um amor entranhado, alguma cousa de patriarcal, de antigo que já se vai esvaindo com a marcha da civilização.

Em virtude de insucessos na exploração agrícola de duas das suas propriedades, a sua situação particular era precária, e não queria morrer sem deixar à família as suas propriedades agrícolas desoneradas do peso das dívidas.

Honesto e probo como era, a única esperança que lhe restava, repousava nas economias sobre os seus ordenados. Daí lhe veio essa dubiedade, esse jogo com pau de dous bicos, jogo indispensável para conservar os rendosos lugares que teve e o fez atarraxar-se tenazmente à presidência da República. A hipoteca do "Brejão" e do "Duarte" foi o seu nariz de Cleópatra...

A sua preguiça, a sua tibieza de ânimo e o seu amor fervoroso pelo lar deram em resultado esse "homem-talvez" que, refractado nas necessidades mentais e sociais dos homens do tempo, foi transformado em estadista, em Richelieu, e pôde resistir a uma séria revolta com mais teimosia que vigor, obtendo vidas, dinheiro e despertando até entusiasmo e fanatismo.

---

revolta de 6 de setembro - referência à Revolta da Armada, em 1893.
amor à família - Floriano Peixoto teve oito filhos.
probo - íntegro.
jogo com pau de dous bicos - defesa de, ora de uma, ora de outra, duas ideias opostas, com o fim de agradar às duas partes.
hipoteca - sujeição de bens imóveis e similares, ao pagamento de uma dívida, sem se transferir ao credor a posse do bem gravado.
nariz de Cleópatra - referência a uma passagem famosa da obra *Pensamentos*, do escritor francês Blaise Pascal (1625-1661), onde ele diz, a respeito da rainha do Egito, conquistadora de imperadores por sua beleza e que se suicidou, deixando-se picar por uma serpente: "se o nariz de Cleópatra fosse mais curto, teria mudado a face do mundo".
refractado - refletido.
Richelieu - (1585-1642), cardeal francês, ministro de Luís XIII e criador do absolutismo real, foi dos maiores estadistas da França.

Esse entusiasmo e esse fanatismo, que o ampararam, que o animaram, que o sustentaram, só teriam sido possíveis, depois de ter ele sido ajudante-general do Império, senador, ministro, isto é, após se ter "fabricado" à vista de todos e cristalizado a lenda na mente de todos.

A sua concepção de governo não era o despotismo, nem a democracia, nem a aristocracia; era a de uma tirania doméstica. O bebê portou-se mal, castiga-se. Levada a cousa ao grande o portar-se mal era fazer-lhe oposição, ter opiniões contrárias às suas e o castigo não eram mais palmadas, sim, porém, prisão e morte. Não há dinheiro no Tesouro; ponham-se as notas recolhidas em circulação, assim como se faz em casa quando chegam visitas e a sopa é pouca: põe-se mais água.

Demais, a sua educação militar e a sua fraca cultura deram mais realce a essa concepção infantil, raiando-a de violência, não tanto por ele em si, pela sua perversidade natural, pelo seu desprezo pela vida humana, mas pela fraqueza com que acobertou e não reprimiu a ferocidade dos seus auxiliares e asseclas.

Quaresma estava longe de pensar nisso tudo; ele com muitos homens honestos e sinceros do tempo, foram tomados pelo entusiasmo contagioso que Floriano conseguira despertar. Pensava na grande obra que o Destino reservava àquela figura plácida e triste; na reforma radical que ele ia levar ao organismo aniquilado da pátria, que o major se habituara a crer a mais rica do mundo, embora, de uns tempos para cá, já tivesse dúvidas a certos respeitos.

Decerto, ele não negaria tais esperanças e a sua ação poderosa havia de se fazer sentir pelos oito milhões de quilômetros quadrados do Brasil, levando-lhes estradas, segurança, proteção aos fracos, assegurando o trabalho e promovendo a riqueza.

Não se demorou muito nessa ordem de pensamentos. Um seu companheiro de espera, desde que o marechal lhe falou familiarmente, começou a considerar aquele homem pequenino, taciturno, de *pince-nez* e foi-se chegando, se aproximando e, quando já perto, disse a Quaresma, quase como um terrível segredo:

---

despotismo - tirania.
asseclas - partidários.

— Eles vão ver o "caboclo"... O major há muito que o conhece? Respondeu-lhe o major e o outro ainda lhe fez uma outra pergunta; o presidente, porém, ficara só e Quaresma avançou.

— Então, Quaresma? fez Floriano.

— Venho oferecer a Vossa Excelência os meus fracos préstimos.

O presidente considerou um instante aquela pequenez de homem, sorriu com dificuldade, mas, levemente, com um pouco de satisfação. Sentiu por aí a força de sua popularidade e senão a razão boa de sua causa.

— Agradeço-te muito... Onde tens andado? Sei que deixaste o arsenal.

Floriano tinha essa capacidade de guardar fisionomias, nomes, empregos, situações dos subalternos com quem lidava. Tinha alguma cousa de asiático; era cruel e paternal ao mesmo tempo.

Quaresma explicou-lhe a sua vida e aproveitou a ocasião para lhe falar em leis agrárias, medidas tendentes a desafogar e dar novas bases à nossa vida agrícola. O marechal ouviu-o distraído, com uma dobra de aborrecimento no canto dos lábios.

— Trazia a Vossa Excelência até este memorial...

O presidente teve um gesto de mau humor, um quase "não me amole" e disse com preguiça a Quaresma:

— Deixa aí...

Depositou o manuscrito sobre a mesa e logo o ditador dirigiu-se ao interlocutor de ainda agora:

— Que há, Bustamante? E o batalhão, vai?

O homem aproximou-se mais, um tanto amedrontado:

— Vai bem, marechal. Precisamos de um quartel!... Se Vossa Excelência desse ordem...

— É exato. Fala ao Rufino em meu nome que ele pode arranjar... Ou antes: leva-lhe este bilhete.

Rasgou um pedaço de uma das primeiras páginas do manuscrito de Quaresma, e assim mesmo, sobre aquela ponta de papel, a

---

caboclo- pessoa cor de cobre e de cabelos lisos, por descender de branco com índio. Era o caso de Floriano Peixoto.

Rufino - Parece tratar-se do marechal Rufino Eneas Gustavo Galvão. Seu irmão Antônio Eneas é quem foi ministro da Guerra de Floriano Peixoto, de abril de 1893 a janeiro de 1894. Teria sido confusão do autor?

lápis azul, escreveu algumas palavras ao seu ministro da Guerra. Ao acabar é que deu com a desconsideração:

— Ora! Quaresma! rasguei o teu escrito... Não faz mal... Era a parte de cima, não tinha nada escrito.

O major confirmou e o presidente, em seguida, voltando-se para Bustamante:

— Aproveita Quaresma no teu batalhão. Que posto queres?

— Eu! fez Quaresma estupidamente.

— Bem. Vocês lá se entendam.

Os dous se despediram do presidente e desceram vagarosamente as escadas do Itamarati. Até à rua nada disseram um ao outro. Quaresma vinha um pouco frio. O dia estava claro e quente; o movimento da cidade parecia não ter sofrido alteração apreciável. Havia a mesma agitação de bondes, carros e carroças; mas nas fisionomias, um terror, um espanto, alguma cousa de tremendo ameaçava todos e parecia estar suspenso no ar.

Bustamante deu-se a conhecer. Era o Major Bustamante, agora Tenente-Coronel, velho amigo do marechal, seu companheiro do Paraguai.

— Mas nós nos conhecemos! exclamou ele.

Quaresma esteve olhando aquele velho mulato escuro, com uma grande barba mosaica e olhos espertos, mas não se lembrou de tê-lo já encontrado algum dia.

— Não me recordo... Donde?

— Da casa do General Albernaz... Não se lembra?

Policarpo então teve uma vaga recordação e o outro explicou-lhe a formação do seu batalhão patriótico "Cruzeiro do Sul".

— O senhor quer fazer parte?

— Pois não, fez Quaresma.

— Estamos em dificuldades... Fardamento, calçado para as praças... Nas primeiras despesas devemos auxiliar o governo... Não convém sangrar o Tesouro, não acha?

Itamarati - palácio do Itamarati, no centro do Rio de Janeiro, onde funcionava a residência oficial dos três primeiros presidentes da república. Atualmente é sede de representação do Ministério das Relações Exteriores e do Museu Diplomático.

companheiro do Paraguai - companheiro na Guerra do Paraguai.

mosaica - à moda do profeta e legislador bíblico Moisés.

— Certamente, disse com entusiasmo Quaresma.

— Folgo muito que o senhor concorde comigo... Vejo que é um patriota... Resolvi por isso fazer um rateio pelos oficiais, em proporção ao posto: um alferes concorre com cem mil-réis, um tenente com duzentos... O senhor que patente quer? Ah! É verdade! O senhor é major, não é?

Quaresma então explicou, porque o tratavam por major. Um amigo, influência no Ministério do Interior, lhe tinha metido o nome numa lista de guardas nacionais, com esse posto. Nunca tendo pago os emolumentos, viu-se, entretanto, sempre tratado major, e a cousa pegou. A princípio, protestou, mas como teimassem deixou.

— Bem, fez Bustamante. O senhor fica mesmo sendo major.

— Qual é a minha quota?

— Quatrocentos mil-réis. Um pouco forte, mas... O senhor sabe; é um posto importante... Aceita?

— Pois não.

Bustamante tirou a carteira, tomou nota com uma pontinha de lápis e despediu-se jovialmente:

— Então, major, às seis, no quartel provisório.

A conversa se havia passado na esquina da Rua Larga com o Campo de Sant'Ana. Quaresma pretendia tomar um bonde que o levasse ao centro da cidade. Tencionava visitar o compadre em Botafogo, fazendo, assim, horas para a sua iniciação militar.

A praça estava pouco transitada; os bondes passavam ao chouto compassado das mulas; de quando em quando ouvia-se um toque de corneta, rufos de tambor, e do portão central do quartel-general saía uma força, armas ao ombro, baionetas caladas, dançando nos ombros dos recrutas, faiscando com um brilho duro e mau.

Ia tomar o bonde, quando se ouviram alguns disparos de artilharia e o seco espoucar dos fuzis. Não durou muito; antes que o bonde atingisse à Rua da Constituição, todos os rumores

---

Ministério do Interior - extinto em 1990.

emolumentos - retribuições.

Rua Larga - atualmente, Avenida Marechal Floriano, no centro do Rio de Janeiro.

Campo de Sant'Ana - região central do Rio de Janeiro; dentro dela está a Praça da República.

chouto - trote miúdo e incômodo, executado por equinos.

guerreiros tinham cessado, e quem não estivesse avisado havia de supor-se em tempos normais.

Quaresma chegou-se para o centro do banco e ia ler o jornal que comprara. Desdobrou-o vagarosamente, mas foi logo interrompido; bateram-lhe no ombro. Voltou-se.

— Oh! general!

O encontro foi cordial. O General Albernaz gostava dessas cerimônias e tinha mesmo um prazer, uma deliciosa emoção em reatar conhecimentos que se tinham enfraquecido por uma separação qualquer. Estava fardado, com aquele seu uniforme maltratado; não trazia espada e o *pince-nez* continuava preso por um trancelim de ouro que lhe passava por detrás da orelha esquerda.

— Então veio ver a cousa?

— Vim. Já me apresentei ao marechal.

— "Eles" vão ver com quem se meteram. Pensam que tratam com o Deodoro, enganam-se!... A República, graças a Deus, tem agora um homem na sua frente... O "caboclo" é de ferro... No Paraguai...

— O senhor conheceu-o lá, não, general?

— Isto é... Não chegamos a nos encontrar; mas o Camisão... É duro, o homem. Estou como encarregado das munições... É fino o "caboclo": não me quis no litoral. Sabe muito bem quem sou e que munição que saia das minhas mãos, é munição... Lá, no depósito, não me sai um caixote que eu não examine... É necessário... No Paraguai, houve muita desordem e comilança: mandou-se muita cal por pólvora — não sabia?

— Não.

— Pois foi. O meu gosto era ir para as praias, para o combate; mas o "homem" quer que eu fique com as munições... Capitão manda, marinheiro faz... Ele sabe lá...

Deu de ombros, concertou o trancelim que já caía da orelha e esteve calado um instante. Quaresma perguntou:

— Como vai a família?

— Bem. Sabe que Quinota casou-se?

— Sabia, o Ricardo me disse. E Dona Ismênia, como vai?

A fisionomia do general toldou-se e respondeu como a contragosto:

— Vai no mesmo.

O pudor de pai tinha-o impedido de dizer toda a verdade. A filha enlouquecera de uma loucura mansa e infantil. Passava dias inteiros calada, a um canto, olhando estupidamente tudo, com um olhar morto de estátua, numa atonia de inanimado, como que caíra em imbecilidade; mas vinha uma hora, porém, em que se penteava toda, enfeitava-se e corria à mãe, dizendo: "Apronta-me, mamãe. O meu noivo não deve tardar... é hoje o meu casamento." Outras vezes recortava papel, em forma de participações, e escrevia: Ismênia de Albernaz e Fulano (variava) participam o seu casamento.

O general já consultara uma dúzia de médicos, o espiritismo e agora andava às voltas com um feiticeiro milagroso; a filha, porém, não sarava, não perdia a mania e cada vez mais se embrenhava o seu espírito naquela obsessão de casamento, alvo que fizeram ser da sua vida, a que não atingira, aniquilando-se, porém, o seu espírito e a sua mocidade em pleno verdor.

Entristecia o seu estado aquela casa outrora tão alegre, tão festiva. Os bailes tinham diminuído; e, quando eram obrigados a dar um, nas datas principais, a moça, com todos os cuidados, à custa de todas as promessas, era levada para a casa da irmã casada, e lá ficava, enquanto as outras dançavam, um instante esquecidas da irmã que sofria.

Albernaz não quis revelar aquela dor de sua velhice; reprimiu a emoção e continuou no tom mais natural, naquele seu tom familiar e íntimo que usava com todos: — Isto é uma infâmia, Senhor Quaresma. Que atraso para o país! E os prejuízos? Um porto destes fechado ao comércio nacional, quantos anos de retardamento não representa!

O major concordou e mostrou a necessidade de prestigiar o Governo, de forma a tornar impossível a reprodução de levantes e insurreições.

— Decerto, aduziu o general. Assim não progredimos, não nos adiantamos. E no estrangeiro que mau efeito!

O bonde chegara ao Largo de São Francisco e os dous se separaram. Quaresma foi direitinho ao Largo da Carioca e Albernaz seguiu para a Rua do Rosário.

Rua do Rosário - rua do centro do Rio de Janeiro.

Olga viu entrar seu padrinho sem aquela alegria expansiva de sempre. Não foi indiferença que sentiu, foi espanto, assombro, quase medo, embora soubesse perfeitamente que ele estava a chegar. Entretanto, não havia mudança na fisionomia de Quaresma, no seu corpo, em todo ele. Era o mesmo homem baixo, pálido, com aquele cavanhaque apontado e o olhar agudo por detrás do *pince-nez*... Nem mesmo estava mais queimado e o jeito de apertar os lábios era o mesmo que ela conhecia há tantos anos. Mas, parecia-lhe mudado e ter entrado impelido, empurrado por uma força estranha, por um turbilhão; bem examinando, entretanto, verificou que ele entrara naturalmente, com o seu passo miúdo e firme. Donde lhe vinha então essa cousa que a acanhava, que lhe tirara a sua alegria de ver pessoa tão amada? Não atinou. Estava lendo na sala de jantar e Quaresma não se fazia anunciar; ia entrando conforme o velho hábito. Respondeu ao padrinho ainda sob a dolorosa impressão da sua entrada.

— Papai saiu; e o Armando está lá em baixo escrevendo.

De fato, ele estava escrevendo ou mais particularmente: traduzia para o "clássico" um grande artigo sobre "Ferimentos por arma de fogo". O seu último *truc* intelectual era este do clássico. Buscava nisto uma distinção, uma separação intelectual desses meninos por aí que escrevem contos e romances nos jornais. Ele, um sábio, e sobretudo, um doutor, não podia escrever da mesma forma que eles. A sua sabedoria superior e o seu título "acadêmico" não podiam usar da mesma língua, dos mesmos modismos, da mesma sintaxe que esses poetastros e literatecos. Veio-lhe então a ideia do clássico. O processo era simples: escrevia do modo comum, com as palavras e o jeito de hoje, em seguida invertia as orações, picava o período com vírgulas e substituía incomodar por molestar, ao redor por derredor, isto por esto, quão grande ou tão grande por quamanho, sarapintava

---

apontado - em forma de ponta.
"clássico" - português antigo e de alto padrão.
truc - vocábulo francês: truque, tramoia, esperteza.
poetastros - poetas de má qualidade.
literatecos - literatos de má qualidade.
esto - forma antiga de "isto".
quamanho - adjetivo desusado: quão grande, tamanho.
sarapintava - salpicava.

tudo de ao invés, em pós, e assim obtinha o seu estilo clássico que começava a causar admiração aos seus pares e ao público em geral.

Gostava muito da expressão — às rebatinhas; usava-a a todo o momento e, quando a punha no branco do papel, imaginava que dera ao seu estilo uma força e um brilho pascalianos e às suas ideias uma suficiência transcendente. De noite, lia o padre Vieira, mas logo às primeiras linhas o sono lhe vinha e dormia sonhando-se "físico", tratado de mestre, em pleno Seiscentos, prescrevendo sangria e água quente, tal e qual o doutor Sangrado.

A sua tradução estava quase no fim, já estava bastante prático, pois com o tempo adquirira um vocabulário suficiente e a versão era feita mentalmente, em quase metade, logo na primeira escrita. Recebeu o recado da mulher, anunciando-lhe a visita, com um pequeno aborrecimento, mas, como teimasse em não encontrar um equivalente clássico para "orifício", julgou útil a interrupção. Queria pôr "buraco", mas era plebeu; "orifício", se bem que muito usado, era, entretanto, mais digno. Na volta talvez encontrasse, pensou: e subiu à sala de jantar. Ele entrou prazenteiro, com o seu grande bigode esfarelado, o seu rosto redondo e encontrou padrinho e afilhada empenhados em uma discussão sobre autoridade.

Dizia ela:

— Eu não posso compreender esse tom divino com que os senhores falam da autoridade. Não se governa mais em nome de

---

em pós - forma antiga de "após".

pares - iguais.

às rebatinhas - "em disputa", "a quem der mais".

pascalianos - pascalinos, do escritor francês Pascal.

padre Vieira - Padre Antônio Vieira (1608-1697), grande orador luso-brasileiro, autor de *Sermões*.

"físico" - denominação antiga de "médico".

Seiscentos - o século XVII.

sangria - ato de sangrar, isto é, de dar saída artificial a certa quantidade de sangue duma veia.

doutor Sangrado - personagem de *Gil Blas*, do escritor francês Alain-René Lesage (1668-1747). O doutor só tem dois remédios para tudo: sangria e água quente. O nome é aplicado aos médicos que receitam o mesmo remédio para todos os casos que lhe são submetidos.

prazenteiro - alegre, jovial.

esfarelado - fino.

Deus, porque então esse respeito, essa veneração de que querem cercar os governantes?

O doutor, que ouvira toda a frase, não pôde deixar de objetar:

— Mas é preciso, indispensável... Nós sabemos bem que eles são homens como nós, mas, se não for assim tudo vai por água abaixo.

Quaresma acrescentou:

— É em virtude das próprias necessidades internas e externas da nossa sociedade que ela existe... Nas formigas, nas abelhas...

— Admito. Mas há revoltas entre as abelhas e formigas, e a autoridade se mantém lá à custa de assassínios, exações e violências?

— Não se sabe... Quem sabe? Talvez... fez evasivamente Quaresma.

O doutor não teve dúvidas e foi logo dizendo:

— Que temos nós com as abelhas? Então nós, os homens, o pináculo da escala zoológica, iremos buscar normas de vida entre insetos?

— Não é isso, meu caro doutor; buscamos nos exemplos deles a certeza da generalidade do fenômeno, da sua imanência, por assim dizer, disse Quaresma com doçura.

Ele não tinha acabado a explicação e já Olga refletia:

— Ainda se essa tal autoridade trouxesse felicidade — vá; mas não; de que vale?

— Há de trazer, afirmou categoricamente Quaresma. A questão é consolidá-la.

Conversaram ainda muito tempo. O major contou a sua visita a Floriano, a sua próxima incorporação ao batalhão "Cruzeiro do Sul". O doutor teve uma ponta de inveja, quando ele se referiu ao modo familiar por que Floriano o tratara. Fizeram um pequeno *lunch* e Quaresma saiu.

Sentia necessidade de rever aquelas ruas estreitas, com as suas lojas profundas e escuras, onde os empregados se moviam como em um subterrâneo. A tortuosa Rua dos Ourives, a

---

evasivamente - sutilmente, despistadamente.
pináculo - cume.
imanência - existência de algo em dado objeto e inseparável dele.
lunch - vocábulo inglês: "almoço", em inglês, "lanche", em português.
Rua dos Ourives - atual Rua Miguel Couto, no centro do Rio de Janeiro.

esburacada Rua da Assembleia, a casquilha Rua do Ouvidor davam-lhe saudades.

 A vida continuava a mesma. Havia grupos parados e moças a passeio; no Café do Rio, uma multidão. Eram os avançados, os "jacobinos", a guarda abnegada da República, os intransigentes, a cujos olhos, a moderação, a tolerância e o respeito pela liberdade e a vida alheias eram crimes de lesa-pátria, sintomas de monarquismo criminoso e abdicação desonesta diante do estrangeiro. O estrangeiro era sobretudo o português, o que não impedia de haver jornais "jacobiníssimos" redigidos por portugueses da mais bela água.

 A não ser esse grupo gesticulante e apaixonado, a Rua do Ouvidor era a mesma. Os namoros se faziam e as moças iam e vinham. Se uma bala zunia no alto céu azul, luminoso, as moças davam gritinhos de gata, corriam para dentro das lojas, esperavam um pouco e logo voltavam sorridentes, o sangue a subir às faces pouco e pouco, depois da palidez do medo.

 Quaresma jantou num *restaurant* e dirigiu-se ao quartel, que funcionava provisoriamente num velho cortiço condenado pela higiene, lá pelos lados da Cidade Nova. Tinha o tal cortiço andar térreo e sobrado, ambos divididos em cubículos do tamanho de camarotes de navio. No sobrado, havia uma varanda de grade de pau e uma escada de madeira levava até lá, escada tosca e oscilante, que gemia à menor passada. A casa da ordem funcionava no primeiro quartinho do sobrado e o pátio, já sem as cordas de secar ao sol a roupa, mas com as pedras manchadas

---

Rua da Assembleia - rua do centro do Rio de Janeiro.
casquilha - elegante.
Café do Rio - café frequentado sobretudo por políticos, inaugurado em 1899.
"jacobinos" - nacionalistas exagerados, adeptos do florianismo.
abnegada - desprendida.
lesa-pátria - contra a pátria.
água - qualidade.
gesticulante - que faz muitos gestos.
restaurant - vocábulo francês: restaurante.
cortiço - habitação coletiva das classes pobres, casa de cômodos.
Cidade Nova - bairro do centro do Rio de Janeiro.

das barrelas e da água de sabão, servia para a instrução dos recrutas. O instrutor era um sargento reformado, um tanto coxo, e admitido no batalhão com o posto de alferes, que gritava com uma demora majestosa: "om - brô"... armas!

O major entregou a sua quota ao coronel e este esteve a mostrar-lhe o modelo do fardamento.

Era muito singular essa fantasia de seringueiro: o dólmã era verde-garrafa e tinha uns vivos azul-ferrete, alamares dourados e quatro estrelas prateadas, em cruz, na gola.

Uma gritaria fê-los vir até à varanda. Entre soldados entrava um homem, a se debater, a chorar e a implorar, ao mesmo tempo, levando de quando em quando uma reflada.

— É o Ricardo! exclamou Quaresma. O senhor não o conhece, coronel? continuou ele com interesse e piedade.

Bustamante estava impassível na varanda e só respondeu depois de algum tempo:

— Conheço... É um voluntário recalcitrante, um patriota rebelde.

Os soldados subiram com o "voluntário" e Ricardo logo que deu com o major, suplicou-lhe:

— Salve-me, major!

Quaresma chamou de parte o coronel, rogou-lhe e suplicou-lhe, mas foi inútil... Há necessidade de gente... Enfim, fazia-o cabo.

Ricardo, de longe, seguia a conversa dos dous: adivinhou a recusa e exclamou:

— Eu sirvo sim, sim, mas deem-me o meu violão.

Bustamante perfilou-se e gritou aos soldados:

— Restituam o violão ao cabo Ricardo!

---

barrelas - águas onde se ferve cinza e que são usadas para branquear roupa.
dólmã - veste ou casaco militar.
vivos - debruns, tiras.
azul-ferrete - azul muito carregado, tirante a preto.
alamares - galões que enfeitam e abotoam a frente de um vestuário, em trespasse.
reflada - golpe de refle, isto é, de sabre-baioneta.
recalcitrante - teimoso.
C (3ª - I): O encontro de Policarpo com o presidente Floriano, seu antigo conhecido, é decepcionante. O narrador descreve este último, física, moral e

II
Você, Quaresma, é um visionário

Oito horas da manhã. A cerração ainda envolve tudo. Do lado da terra, mal se enxergam as partes baixas dos edifícios próximos; para o lado do mar, então, a vista é impotente contra aquela treva esbranquiçada e flutuante, contra aquela muralha de flocos e opaca, que se condensa ali e aqui em aparições, em semelhanças de cousas. O mar está silencioso: há grandes intervalos entre o seu fraco marulho. Vê-se da praia um pequeno trecho, sujo, coberto de algas, e o odor da maresia parece mais forte com a neblina. Para a esquerda e para a direita, é o desconhecido, o Mistério. Entretanto, aquela pasta espessa, de uma claridade difusa, está povoada de ruídos. O chiar das serras vizinhas, os apitos de fábricas e locomotivas, os guinchos de guindastes dos navios enchem aquela manhã indecifrável e taciturna; e ouve-se mesmo a bulha compassada de remos que ferem o mar. Acredita-se, dentro daquele decoro, que é Caronte que traz a sua barca para uma das margens do Estige...

Atenção! Todos prescrutam a cortina de névoa pastosa. Os rostos estão alterados; parece que, do seio da bruma, vão surgir demônios...

Não se ouve mais a bulha: o escaler afastou-se. As fisionomias respiram aliviadas...

---

politicamente, acentuando-lhe os aspectos negativos. O major lhe entrega um documento de propostas para melhorar o país, mas Floriano, cercado de militares bajuladores, o subestima, e até arranca uma de suas folhas para escrever um bilhete. Com o mesmo comportamento, livra-se de Policarpo ao mandá-lo procurar um ajudante para que escolhesse onde e sob ordens de quem queria servir. Ricardo é obrigado a alistar-se. À medida que a narrativa progride, acumulam-se as frustrações e decepções do major.

marulho - barulho das ondas.
decoro - cenário.
Caronte - figura mitológica: barqueiro do Rio Estige, que conduzia as almas para os Infernos.
Estige - na *Divina comédia*, de Dante, é o rio dos Infernos.
escaler - embarcação miúda, destinada a executar serviços de um navio ou repartição marítima.

Não é noite, não é dia; não é o dilúculo, não é o crepúsculo; é a hora da angústia, é a luz da incerteza. No mar, não há estrelas nem sol que guiem; na terra, as aves morrem de encontro às paredes brancas das casas. A nossa miséria é mais completa e a falta daqueles mudos marcos da nossa atividade dá mais forte percepção do nosso isolamento no seio da natureza grandiosa.

Os ruídos continuam, e, como nada se vê, parece que vêm do fundo da terra ou são alucinações auditivas. A realidade só nos vem do pedaço de mar que se avista, marulhando com grandes intervalos, fracamente, tenuemente, a medo, de encontro à areia da praia, suja de bodelhas, algas e sargaços.

Aos grupos, após o rumor dos remos, os soldados deitaram-se pela relva que continua a praia. Alguns já cochilam; outros procuram com os olhos o céu através do nevoeiro que lhes umedece o rosto.

O cabo Ricardo Coração dos Outros, de reflé à cintura e gorro à cabeça, sentado numa pedra, está de parte, sozinho, e olha aquela manhã angustiosa.

Era a primeira vez que via a cerração assim perto do mar, onde ela faz sentir toda a sua força de desesperar. Em geral, ele só tinha olhos para as alvoradas claras e purpurinas, macias e fragrantes; aquele amanhecer brumoso e feio, era uma novidade para ele.

Sob o fardamento de cabo, o menestrel não se aborrece. Aquela vida solta da caserna vai-lhe bem n'alma; o violão está lá dentro e, em horas de folga, ele o experimenta, cantarolando em voz baixa. É preciso não enferrujar os dedos... O seu pequeno aborrecimento é não poder, de quando em quando, soltar o peito.

O comandante do destacamento é Quaresma que, talvez, consentisse...

O major está no interior da casa que serve de quartel, lendo. O seu estudo predileto é agora artilharia. Comprou compêndios; mas, como sua instrução é insuficiente, da artilharia vai à balística, da balística à mecânica, da mecânica ao cálculo e à geometria analítica;

---

dilúculo - alvorada.

bodelhas, algas e sargaços - plantas marinhas de família similar.

soltar o peito - cantar.

destacamento - grupamento de unidades ou de partes delas, sob comando único, com atuação independente, em caráter temporário e com missão tática definida.

desce mais a escada; vai à trigonometria, à geometria e à álgebra e à aritmética. Ele percorre essa cadeia de ciências entrelaçadas com uma fé de inventor. Aprende uma noção elementaríssima após um rosário de consultas, de compêndio em compêndio; e leva assim aqueles dias de ócio guerreiro enfronhado na matemática, nessa matemática rebarbativa e hostil aos cérebros que já não são mais moços.

Há no destacamento um canhão Krupp, mas ele nada tem a ver com o mortífero aparelho; contudo, estuda artilharia. É encarregado dele o Tenente Fontes, que não dá obediência alguma ao patriota major. Quaresma não se incomoda com isso; vai aprendendo lentamente a servir-se da boca de fogo e submete-se à arrogância do subalterno.

O comandante do "Cruzeiro do Sul", o Bustamante da barba mosaica, continua no quartel, superintendendo a vida do batalhão. A unidade tem poucos oficiais e muito poucas praças; mas o Estado paga o pré de quatrocentas. Há falta de capitães, o número de alferes está justo, o de tenentes quase, mas já há um major, que é Quaresma, e o comandante, Bustamante, que, por modéstia, se fez simplesmente tenente-coronel.

Tem quarenta praças o destacamento que Quaresma comanda, três alferes, dous tenentes; mas os oficiais pouco aparecem. Estão doentes ou licenciados e só ele, o antigo agricultor do "Sossego", e um alferes, Polidoro, este mesmo só à noite, estão a postos. Um soldado entrou:

— Senhor comandante, posso ir almoçar?

— Pode. Chama-me o cabo Ricardo.

A praça saiu capengando em cima de grandes botinas; o pobre homem usava aquela peça protetora como um castigo. Assim que se viu no mato, que levava à sua casa, tirou-as e sentiu pelo rosto o sopro da liberdade.

O comandante chegou à janela. A cerração se ia dissipando. Já se via o sol que brilhava como um disco de ouro fosco.

---

rebarbativa - difícil, árida.
hostil - inimiga.
Krupp - Alfred Krupp (1812-1887), metalurgista alemão, fabricante de armas bélicas.
pré - ordenado diário de um soldado.

Ricardo Coração dos Outros apareceu. Estava engraçado dentro do seu fardamento de caporal. A blusa era curtíssima, sungada; os punhos lhe apareciam inteiramente; e as calças eram compridíssimas e arrastavam no chão.

— Como vais, Ricardo?
— Bem. E o senhor, major?
— Assim.

Quaresma deitou sobre o inferior e amigo, aquele seu olhar agudo e demorado:

— Andas aborrecido, não é?

O trovador sentiu-se alegre com o interesse do comandante:

— Não... Para que dizer, major, que sim... Se a cousa for assim até ao fim, não é mau... O diabo é quando há tiro... Uma cousa, major; não se poderia, assim, aí pelas horas em que não há que fazer, ir nas mangueiras, cantar um pouco...

O major coçou a cabeça, alisou o cavanhaque e disse:

— Eu, não sei... É...
— O senhor sabe que isso de cantar baixo é remar em seco... Dizem que no Paraguai...
— Bem. Cante lá; mas não grite, hein?

Calaram-se um pouco; Ricardo ia partir quando o major recomendou:

— Manda-me trazer o almoço.

Quaresma jantava e almoçava ali mesmo. Não era raro também dormir. As refeições eram-lhe fornecidas por um "frege" próximo e ele dormia em um quarto daquela edificação imperial. Porque a casa em que se acantonara o destacamento, era o pavilhão do imperador, situado na antiga Quinta da Ponta do Caju. Ficavam nela também a estação da estrada de ferro do Rio

---

caporal - cabo de esquadra.
sungada - puxada para cima.
"frege" - forma abreviada de "frege-moscas": bar pequeno e sujo.
acantonara - instalara para descanso.
Quinta da Ponta do Caju - habitação do imperador, onde a família real tomava banhos de mar, na atual Rua Monsenhor Manuel Gomes, no Bairro do Caju, Rio de Janeiro. Atualmente é o Museu da Companhia Municipal de Limpeza Urbana (COMLURB).

Douro e uma grande e bulhenta serraria. Quaresma veio até à porta, olhou a praia suja e ficou admirado que o imperador a quisesse para banhos. A cerração se ia dissipando inteiramente.

As formas das cousas saíam modeladas do seio daquela massa de névoa pesada; e, satisfeita, como se o pesadelo tivesse passado. Primeiro surgiam as partes baixas, lentamente; e por fim, quase repentinamente, as altas.

À direita, havia a Saúde, a Gamboa, os navios de comércio: galeras de três mastros, cargueiros a vapor, altaneiros barcos à vela — que iam saindo da bruma, e, por instantes aquilo tudo tinha um ar de paisagem holandesa; à esquerda, era o saco da Raposa, o Retiro Saudoso, a Sapucaia horrenda, a ilha do Governador, os Órgãos azuis, altos de tocar no céu; em frente, a ilha dos Ferreiros, com os seus depósitos de carvão; e, alongando a vista pelo mar sossegado, Niterói, cujas montanhas acabavam de recortar-se no céu azul, à luz daquela manhã atrasada.

A neblina foi-se e um galo cantou. Era como se a alegria voltasse à terra; era uma aleluia. Aqueles chiados, aqueles apitos, os guinchos tinham um acento festivo de contentamento.

Chegou o almoço e o sargento veio dizer a Quaresma que havia duas deserções.

---

estação da estrada de ferro do Rio Douro - inaugurada em 1883, ficava no entroncamento da linha férrea: para a direita, a Represa; para a esquerda, Jaceruba — atual bairro da cidade fluminense de Nova Iguaçu.

Saúde - bairro da região portuária do Rio de Janeiro.

Gamboa - bairro da região do cais do porto do Rio de Janeiro.

altaneiros - empinados, elegantes.

saco - pequena baía.

saco da Raposa - canal da Baía de Guanabara, no Bairro do Caju, Rio de Janeiro.

Retiro Saudoso - região localizada do lado oposto ao Bairro do Caju.

Sapucaia - ilha da Baía de Guanabara. Atualmente serve como depósito de resíduos da cidade do Rio de Janeiro.

ilha do Governador - ilha onde se localiza atualmente o Aeroporto Internacional Tom Jobim (Galeão).

Órgãos - Serra dos Órgãos, que atravessa o Rio de Janeiro..

ilha dos Ferreiros - ilha da Baía de Guanabara, próxima à Ponta do Caju (atual Rua Monsenhor Manuel Gomes), no arquipélago Santa Bárbara.

Niterói - na época, capital do Rio de Janeiro.

aleluia - canto de alegria e louvor.

— Mais duas? fez admirado o major.

— Sim, senhor. O cento e vinte e cinco e o trezentos e vinte não responderam hoje a revista.

— Faça a parte.

Quaresma almoçava. O Tenente Fontes, o homem do canhão, chegou. Quase nunca dormia ali; pernoitava em casa, e, durante o dia, vinha ver as cousas como iam.

Uma madrugada, ele não estava. A treva ainda era profunda. O soldado de vigia viu lá, ao longe, um vulto que se movia dentro da sombra, resvalando sobre as águas do mar. Não trazia luz alguma: só o movimento daquela mancha escura, revelava uma embarcação, e também a ligeira fosforescência das águas. O soldado deu rebate; o pequeno destacamento pôs-se a postos e Quaresma apareceu.

— O canhão! Já! Avante! ordenou o comandante. E, em seguida, nervoso, recomendou:

— Esperem um pouco.

Correu à casa e foi consultar os seus compêndios e tabelas. Demorou-se e a lancha avançava, os soldados estavam tontos e um deles tomou a iniciativa: carregou a peça e disparou-a.

Quaresma reapareceu correndo, assustado, e disse, entrecortado pelo resfolegar:

— Viram bem... a distância... a alça... o ângulo... É preciso ter sempre em vista a eficiência do fogo.

Fontes veio e sabendo do caso no dia seguinte riu-se muito:

— Ora, major, você pensa que está em um polígono, fazendo estudos práticos... Fogo para diante!

E assim era. Quase todas as tardes havia bombardeio, do mar para as fortalezas, e das fortalezas para o mar; e tanto os navios como os fortes, saíam incólumes de tão terríveis provas.

Lá vinha uma ocasião, porém, que acertavam, então os jornais noticiavam: "Ontem, o forte Acadêmico fez um maravilhoso

---

rebate - sinal, anúncio.

alça - alça de mira: pequena régua graduada, pela qual se dá à arma a inclinação conveniente a atingir o alvo.

polígono - campo de provas (de armas de fogo).

forte Acadêmico — designação dada ao Forte Gragoatá (em Niterói), durante a Revolta da Armada, quando o Batalhão Acadêmico, na defesa de Floriano Peixoto, resistiu atrás de suas muralhas.

disparo. Com o canhão tal, meteu uma bala no 'Guanabara'. No dia seguinte, o mesmo jornal retificava, a pedido da bateria do cais Pharoux que era a que tinha feito o disparo certeiro. Passavam-se dias e a cousa já estava esquecida, quando aparecia uma carta de Niterói, reclamando as honras do tiro para a fortaleza de Santa Cruz.

O Tenente Fontes chegou e esteve examinando o canhão com o faro de entendedor. Havia uma trincheira de fardos de alfafa e a boca da peça saía por entre os fiapos da palha, como as goelas de um animal feroz oculto entre ervas.

Olhava o horizonte, depois de exame atento ao canhão, e considerava a ilha das Cobras, quando ouviu o gemer do violão e uma voz que dizia:

Prometo pelo Santíssimo Sacramento...

Dirigiu-se para o local donde partiam os sons e se lhe deparou este lindíssimo quadro: à sombra de uma grande árvore, os soldados deitados ou sentados em círculo, em torno de Ricardo Coração dos Outros, que entoava endechas magoadas.

As praças tinham acabado de almoçar e beber a pinga, e estavam tão embevecidas na canção de Ricardo que não deram pela chegada do jovem oficial.

— Que é isto? disse ele severamente.

Os soldados levantaram-se todos, em continência; e Ricardo, com a mão direita no gorro, perfilado, e a esquerda, segurando o violão, que repousava no chão desculpou-se:

— "Seu" tenente, foi o major quem permitiu. Vossa Senhoria sabe que se nós não tivéssemos ordem, não iríamos brincar.

— Bem. Não quero mais isto, disse o oficial.

— Mas, objetou Ricardo, o Senhor Major Quaresma...

'*Guanabara*' - Cruzador Guanabara, acabado de ser construído em 1877, no Rio de Janeiro.

bateria - fortificação com armas apontadas ou dirigidas para disparar.

cais Pharoux - parte da atual Praça XV de Novembro, no Rio de Janeiro. Hoje é apenas o nome do edifício de onde partem as barcas para Niterói e outras localidades fluminenses.

ilha das Cobras - ilha na Baía de Guanabara. Atualmente abriga o Arsenal de Marinha do Rio de Janeiro.

endechas - canções melancólicas.

— Não temos aqui Major Quaresma. Não quero, já disse!

Os soldados debandaram e o Tenente Fontes seguiu para a velha casa imperial, ao encontro do major do "Cruzeiro do Sul". Quaresma continuava no seu estudo, um rolar de Sísifo, mas voluntário, para a grandeza da pátria. Fontes foi entrando e dizendo:

— Que é isto, "Seu" Quaresma! Então o senhor permite cantorias no destacamento?

O major não se lembrava mais da cousa e ficou espantado com o ar severo e ríspido do moço. Ele repetiu:

— Então o senhor permite que os inferiores cantem modinhas e toquem violão, em pleno serviço?

— Mas que mal faz? Ouvi dizer que em campanha...

— E a disciplina? E o respeito?

— Bem, vou proibir, disse Quaresma.

— Não é preciso. Já proibi.

Quaresma não se deu por agastado, não percebeu motivo para agastamento e disse com doçura:

— Fez bem.

Em seguida perguntou ao oficial o modo de extrair a raiz quadrada de uma fração decimal; o rapaz ensinou-lhe e eles estiveram cordialmente conversando sobre cousas vulgares. Fontes era noivo de Lalá, a terceira filha do General Albernaz, e esperava acabar a revolta para efetuar o casamento. Durante uma hora a conversa entre os dous versou sobre este pequenino fato familiar a que estavam ligados aqueles estrondos, aqueles tiros, aquela solene disputa entre duas ambições. Subitamente, a corneta feriu o ar com a sua voz metálica. Fontes assestou o ouvido; o major perguntou:

— Que toque é?

— Sentido.

Os dous saíram. Fontes perfeitamente fardado; e o major apertando o talim, sem encontrar jeito, tropeçando na espada venerável que teimava em se lhe meter entre as pernas curtas. Os

---

rolar de Sísifo - Sísifo é uma figura mitológica cruel, condenada depois da morte a empurrar uma grande pedra até o topo de uma montanha dos Infernos, de onde ela rolava sem parar. "Um rolar de Sísifo" metaforiza um trabalho penoso e recomeçado ininterruptamente.

agastado - ofendido.

soldados já estavam nas trincheiras, armas à mão; o canhão tinha ao lado a munição necessária. Uma lancha avançava lentamente, com a proa alta assestada para o posto. De repente, saiu de sua borda um golfão de fumaça espessa: Queimou! — gritou uma voz. Todos se abaixaram, a bala passou alto, zunindo, cantando, inofensiva. A lancha continuava a avançar impávida. Além dos soldados, havia curiosos, garotos, a assistir o tiroteio, e fora um destes que gritara: queimou!

E assim sempre. Às vezes eles chegavam bem perto à tropa, às trincheiras, atrapalhando o serviço; em outras, um cidadão qualquer, chegava ao oficial e muito delicadamente pedia: O senhor dá licença que dê um tiro? O oficial acedia, os serventes carregavam a peça e o homem fazia a pontaria e um tiro partia.

Com o tempo, a revolta passou a ser uma festa, um divertimento da cidade... Quando se anunciava um bombardeio, num segundo, o terraço do Passeio Público se enchia. Era como se fosse uma noite de luar, no tempo em que era do tom apreciá-las no velho jardim de Dom Luís de Vasconcelos, vendo o astro solitário pratear a água e encher o céu.

Alugavam-se binóculos e tanto os velhos como as moças, os rapazes como as velhas, seguiam o bombardeio como uma representação de teatro: "Queimou Santa Cruz! Agora é o 'Aquidabã'! Lá vai". E dessa maneira a revolta ia correndo familiarmente, entrando nos hábitos e nos costumes da cidade.

No cais Pharoux, os pequenos garotos, vendedores de jornais, engraxates, quitandeiros ficavam atrás das portadas, dos urinários, das árvores, a ver, a esperar a queda das balas; e quando acontecia cair uma, corriam todos em bolo, a apanhá-la como se fosse uma moeda ou guloseima.

---

golfão - golfada, jato.
impávida - afoita, corajosa.
acedia - concordava.
jardim de Dom Luís de Vasconcelos - vice-rei do Brasil, de 1779 a 1790, mandou construir o primeiro jardim público do Brasil — chamado de Passeio Público, no centro do Rio de Janeiro.
"Queimou Santa Cruz! Agora é o Aquidabã!" - "Respondeu (com tiro) a Fortaleza de Santa Cruz! Agora é a vez do navio Aquidabã!" [de responder com tiro].
urinários - mictórios.

As balas ficaram na moda. Eram alfinetes de gravata, berloques de relógio, lapiseiras, feitas com as pequenas balas de fuzis: faziam-se também coleções das médias e com os seus estojos de metal, areados, polidos, lixados, ornavam os consolos, os *dunkerques* das casas médias; as grandes, os "melões" e as "abóboras", como chamavam, guarneciam os jardins, como vasos de faiança ou estátuas.

A lancha continuava a atirar; Fontes fez um disparo. O canhão vomitou o projéctil, recuou um pouco e logo foi posto em posição. A embarcação respondeu e o rapazote gritou: queimou!

Eram sempre esses garotos que anunciavam os tiros do inimigo. Mal viam o fuzilar breve e a fumaça, lá longe, no navio, jorrar devagar, muito pesada, gritavam: — queimou!

Houve um em Niterói que teve o seu quarto de hora de celebridade. Chamavam-no "Trinta-Réis"; os jornais do tempo ocuparam-se com ele, fizeram-se subscrições a seu favor. Um herói! Passou a revolta e foi esquecido, tanto ele como a "Luci", uma bela lancha que chegou fazer-se entidade na imaginação da *urbs*, a interessá-la, a criar inimigos e admiradores.

A embarcação deixou de provocar a fúria do posto do Caju, e Fontes deu instruções ao seu chefe da peça, e foi-se embora.

Quaresma recolheu-se no seu quarto e continuou os seus estudos guerreiros. Os mais dias que passou naquele extremo da cidade não eram diferentes deste. Os acontecimentos eram os mesmos e a guerra caía na banalidade da repetição dos mesmos episódios.

A espaços, quando o aborrecimento lhe vinha, saía. Descia a cidade e deixava o posto entregue a Polidoro ou a Fontes, se estava.

Raras vezes o fazia de dia, porque Polidoro, o mais assíduo, marceneiro de profissão e em atividade numa fábrica de móveis, só vinha à noite.

---

berloques - pequenos enfeites que se trazem pendentes de correntes, pulseiras, etc.
consolos - (ó) - variante de "consoles": mesas de encostar na parede, com pés ornamentais.
faiança - louça de barro esmaltado, vidrado ou de pó de pedra.
"Trinta-Réis" - trata-se do apelido de um garoto desses grupos. O apelido pode relacionar-se a uma das várias subclasses da ave marinha "trinta-réis", da família dos larídeos.
subscrições - listas feitas com vista a angariar recursos.
urbs - vocábulo latino: cidade.
posto do Caju - posto militar do Caju, onde serve Quaresma.

No centro da cidade, a noite era alegre e jovial. Havia muito dinheiro, o governo pagava soldos dobrados, e, às vezes, gratificações, além do que havia também a morte sempre presente; e tudo isso estimulava o divertir-se. Os teatros eram frequentados e os *restaurants* noturnos também.

Quaresma, porém, não se metia naquele ruído de praça semissitiada. Ia às vezes ao teatro, à paisana, e, logo acabado o espetáculo, voltava para o quarto da cidade ou para o posto.

Em outras tardes, logo que Polidoro chegava, saía a pé, pelas ruas dos arredores, pelas praias até ao Campo de São Cristóvão.

Ia vendo aquela sucessão de cemitérios, com as suas campas alvas que sobem montanhas, como carneiros tosquiados e limpos a pastar; aqueles ciprestes meditativos que as vigiam; e como que se lhe representava que aquela parte da cidade era feudo e senhorio da morte.

As casas tinham um aspecto fúnebre, recolhidas e concentradas; o mar marulhava lugubremente na ribanceira lodosa; as palmeiras ciciavam doridas; e até o tilintar da campainha dos bondes era triste e lúgubre.

A paisagem se impregnara da Morte e o pensamento de quem passava ali mais ainda, para fazer sentir nela tão forte aspecto funéreo.

Foi vindo até ao campo; aí deu-lhe vontade de ver a sua antiga casa e afinal entrou na residência do General Albernaz. Devia-lhe aquela visita e aproveitou o ensejo.

Acabavam de jantar e jantara com o general, além do Tenente Fontes e o Almirante Caldas, o comandante de Quaresma, o Tenente-Coronel Inocêncio Bustamante.

Bustamante era um comandante ativo, mas dentro do quartel. Não havia quem como ele se interessasse pelos livros, pela boa caligrafia, com que eram escritos os livros mestres, as relações de

---

Campo de São Cristóvão - antigo largo que hoje abriga o Centro de Tradições Nordestinas, a famosa feira de São Cristóvão.
campas - sepulturas.
feudo - território.
senhorio - propriedade, domínio.
lodosa - com lodo.
ciciavam - rumorejavam levemente.
doridas - dolorosas.
livros mestres - livros em que se lança a escrituração de débitos e créditos.

mostra, os mapas de companhia e outros documentos. Com auxílio deles, a organização do seu batalhão era irrepreensível; e, para não deixar de vigiar a escrituração, aparecia de onde em onde nos destacamentos do seu corpo.

Havia dez dias que Quaresma o não via. Após os cumprimentos, ele logo perguntou ao major:

— Quantas deserções?

— Até hoje, nove, disse Quaresma.

Bustamante coçou a cabeça desesperado e refletiu:

— Eu não sei o que tem essa gente... é um desertar sem nome... Falta-lhes patriotismo!

— Fazem muito bem... Ora! disse o almirante.

Caldas andava aborrecido, pessimista. O seu processo ia mal e até agora o governo não lhe tinha dado cousa alguma. O seu patriotismo se enfraquecia com o diluir-se da esperança de ser algum dia vice-almirante. É verdade que o governo ainda não organizara a sua esquadra; entretanto, pelo rumor que corria, ele não comandaria nem uma divisão. Uma iniquidade! Era velho um pouco, é verdade; mas, por não ter nunca comandado, nessa matéria ele podia despender toda uma energia moça.

— O almirante não deve falar assim... A pátria está logo abaixo da humanidade.

— Meu caro tenente, o senhor é moço... Eu sei o que são essas cousas...

— Não se deve desesperar... Não trabalhamos para nós, mas para os outros e para os vindouros, continuou Fontes persuasivo.

— Que tenho eu com eles? fez agastado Caldas.

Bustamante, o general e Quaresma assistiam a pequena discussão calados e os dous primeiros um tanto sorridentes com a fúria de Caldas, que não se cansava de dançar a perna e alisar os longos favoritos brancos. O tenente respondeu:

— Muito, almirante. Nós todos devemos trabalhar para que surjam épocas melhores, de ordem, de felicidade e elevação moral.

---

relações de mostra - documentos relativos à revista de todos os itens de um corpo de tropas.

divisão - parte de esquadra, composta de navios de guerra de um mesmo tipo.

iniquidade - grande injustiça.

vindouros - gerações seguintes.

— Nunca houve e nunca haverá! disse de um jacto Caldas.
— Eu também penso assim, acrescentou Albernaz.
— Isto há de sempre ser o mesmo, aduziu cepticamente Bustamante.

O major nada disse; parecia desinteressado da conversa. Fontes, em face daquelas contestações, ao contrário dos seus congêneres de seita, não se agastou. Ele era magro e chupado, moreno carregado e a oval do seu rosto estava amassada aqui e ali.

Com a sua voz arrastada e nasal, agitando a mão direita no jeito favorito dos sermonários, depois de ouvir todos, falou com unção:
— Houve já um esboço: a Idade Média.

Ninguém ali lhe podia contestar. Quaresma só sabia história do Brasil e os outros nenhuma.

E a sua afirmação fez calar todos, embora no íntimo duvidosos. É uma curiosa Idade Média, essa de elevação moral, que a gente não sabe onde fica, em que ano? Se a gente diz: "No tempo de Clotário, ele próprio, com suas mãos, atacou fogo na palhoça em que encerrava o seu filho Crame mais a mulher deste e filhos" — o positivista objeta: "Ainda não estava perfeitamente estabelecido o ascendente da igreja". "São Luís", diremos logo nós, "quis executar um senhor feudal porque mandou enforcar três crianças que tinham morto um coelho nas suas matas". Objeta o fiel: "Você não sabe que a nossa Idade Média vai até o aparecimento da Divina Comédia? São Luís já era a decadência"... Citam-se as epidemias de moléstias nervosas, a miséria dos campônios, as ladroagens à mão armada dos barões, as alucinações do milênio, as cruéis matanças que Carlos Magno fez aos saxões; eles respondem: uma hora que ainda não estava perfeitamente estabelecido o ascendente moral da igreja; outra que ele já tinha desaparecido.

Nada disso foi objetado ao positivista e a conversa resvalou para a revolta. O almirante criticava severamente o governo.

---

congêneres de seita - semelhantes pela crença.
sermonários - autores de sermões.
Clotário - Clotário I (498-561), rei dos Francos, da Dinastia Merovíngia, matou a família em 560.
"São Luís" - Luís IX (1214-1270), rei da França, teve uma vida exemplar e virtuosa.
Divina Comédia - obra literária do poeta italiano Dante Alighieri (1265-1321).
Carlos Magno - Carlos I, o Grande (742-814), rei dos Francos e imperador do Ocidente. Em 785 reprimiu a insurreição dos povos saxões.

Não tinha plano algum, levava a dar tiros à toa; na sua opinião, já devia ter feito todo o esforço para ocupar a ilha das Cobras, embora isso custasse rios de sangue. Bustamante não tinha opinião assentada; mas Quaresma e Fontes julgavam que não: seria uma aventura arriscada e de uma improficuidade patente. Albernaz, ainda não tinha dado o seu aviso, e veio a fazê-lo assim:

— Mas nós reconhecemos Humaitá, e por pouco!

— Entretanto, não a tomaram, disse Fontes. As condições naturais eram outras e assim mesmo o reconhecimento foi perfeitamente inútil... O senhor sabe, esteve lá!

— Isto é... Adoeci e vim um pouco antes para o Brasil, mas o Camisão disse-me que foi arriscado.

Quaresma voltara ao silêncio. Ele procurava ver Ismênia. Fontes lhe tinha inteirado do seu estado e o major se sentia por qualquer cousa preso à moléstia da moça. Viu todos: Dona Maricota, sempre ativa e diligente; Lalá, a arrancar, com o olhar, o noivo da conversa interminável, e as outras que vinham, de quando em quando, da sala de visitas à sala de jantar onde ele estava. Por fim, não se conteve, perguntou. Soube que estava em casa da irmã casada e ia pior, cada vez mais abismada na sua mania, enfraquecendo-se de corpo. O general contou tudo com franqueza a Quaresma e quando acabou de narrar aquela sua desgraça íntima, disse com um longo suspiro:

— Não sei, Quaresma... Não sei.

Eram dez horas quando o major se despediu. Voltou de bonde para a Ponta do Caju. Saltou e recolheu-se logo a seu quarto. Vinha cheio da perturbação especial que põe em nós o luar que estava lindo, terno e leitoso, naquela noite. É uma emoção de desafogo do corpo, de delíquio; parece que nos tiram o envoltório material e ficamos só alma, envolvidos numa branda atmosfera de sonhos e quimeras. O major não colhia bem a sensação transcendente, mas sofria sem perceber o efeito da luz pálida e fria do luar. Deitou-se

---

improficuidade patente - inutilidade evidente.
Humaitá - referência à "passagem de Humaitá", episódio da Guerra do Paraguai.
abismada - alheada, perdida.
mania - loucura.
delíquio - desmaio.
quimeras - ilusões.

um pouco, vestido, não por sono, mas em virtude daquela doce embriaguez que o astro lhe tinha posto nos sentidos.

Dentro em pouco Ricardo veio chamá-lo: o marechal estava aí. Era seu hábito sair à noite, às vezes, de madrugada, e ir de posto em posto. O fato se espalhou pelo público que o apreciava extraordinariamente, e o presidente teve mais esse documento para firmar a sua fama de estadista consumado.

Quaresma veio ao seu encontro. Floriano vestia chapéu de feltro mole, abas largas, e uma curta sobrecasaca surrada. Tinha um ar de malfeitor ou de exemplar chefe de família em aventuras extraconjugais.

O major cumprimentou-o e esteve a dar-lhe notícias do ataque que fora feito ao seu posto, há dias passados. O marechal respondia por monossílabos preguiçosos e olhava ao redor. Quase ao despedir-se, falou mais, dizendo vagarosamente, lentamente:

— Hei de mandar pôr um holofote aqui.

Quaresma veio acompanhá-lo até ao bonde. Atravessaram o velho sítio de recreio dos imperadores. Um pouco afastada da estação uma locomotiva, semiacesa, resfolegava. Semelhava roncar, dormindo; os carros, pequenos, banhados pelo luar, muito quietos, sossegados como que dormiam. As anosas mangueiras, com falta de galhos aqui e ali, pareciam polvilhadas preciosamente de prata. O luar estava magnífico. Os dous andavam, o marechal perguntou:

— Quantos homens tem você?

— Quarenta.

O marechal mastigou um: "não é muito"; e voltou ao mutismo. Num dado momento, Quaresma viu-lhe o rosto inundado pela luz da lua. Pareceu-lhe mais simpática a fisionomia do ditador. Se lhe falasse...

Preparou a pergunta; mas não teve coragem de pronunciá-la. Continuaram a andar. O major pensou; que é que tem? não há desrespeito algum. Aproximaram-se do portão. Num dado momento como que houve uma bulha atrás. Quaresma voltou-se, mas Floriano quase não o fez.

Os edifícios da serraria pareciam cobertos de neve, tanto era o branco luar. O major continuou a mastigar a sua pergunta; urgia, era indispensável; o portão estava a dous passos. Tomou coragem, ousou e falou:

---

urgia - era necessário.

— Vossa Excelência já leu o meu memorial, marechal?

Floriano respondeu lentamente, quase sem levantar o lábio pendente:

— Li.

Quaresma entusiasmou-se:

— Vê Vossa Excelência como é fácil erguer este país. Desde que se cortem todos aqueles empecilhos que eu apontei, no memorial que Vossa Excelência teve a bondade de ler; desde que se corrijam os erros de uma legislação defeituosa e inadaptável às condições do país, Vossa Excelência verá que tudo isto muda, que, em vez de tributários, ficaremos com a nossa independência feita... Se Vossa Excelência quisesse...

À proporção que falava, mais Quaresma se entusiasmava. Ele não podia ver bem a fisionomia do ditador, encoberto agora como lhe estava o rosto pelas abas do chapéu de feltro; mas, se a visse, teria de esfriar, pois havia na sua máscara sinais do aborrecimento mais mortal. Aquele falatório de Quaresma, aquele apelo à legislação, a medidas governamentais, iam mover-lhe o pensamento, por mais que não quisesse. O presidente aborrecia-se. Num dado momento, disse:

— Mas, pensa você, Quaresma, que eu hei de pôr a enxada na mão de cada um desses vadios?! Não havia exército que chegasse...

Quaresma espantou-se, titubeou, mas retorquiu:

— Mas, não é isso, marechal. Vossa Excelência com o seu prestígio e poder, está capaz de favorecer, com medidas enérgicas e adequadas, o aparecimento de iniciativas, de encaminhar o trabalho, de favorecê-lo e torná-lo remunerador... Bastava, por exemplo...

Atravessavam o portão da velha quinta de Pedro I. O luar continuava lindo, plástico e opalescente. Um grande edifício inacabado que havia na rua, parecia terminado, com vidraças e portas feitas com a luz da lua. Era um palácio de sonho.

---

tributários - secundários, dependentes.
titubeou - vacilou.
retorquiu - respondeu.
Quinta de Pedro I - paço imperial da Quinta da Boa Vista.
plástico - belo e harmônico.
opalescente - que tem cor leitosa e azulada.

Floriano já ouvia Quaresma muito aborrecido. O bonde chegou; ele se despediu do major, dizendo com aquela sua placidez de voz:

— Você, Quaresma, é um visionário...

O bonde partiu. A lua povoava os espaços, dava fisionomia às cousas, fazia nascer sonhos em nossa alma, enchia a vida, enfim, com a sua luz emprestada...

III
...e tornaram logo silenciosos...

— Eu tenho experimentado tudo, Quaresma, mas não sei... não há meio!

— Já a levou a um médico especialista?

— Já. Tenho corrido médicos, espíritas, até feiticeiros, Quaresma!

E os olhos do velho se orvalharam por baixo do *pince-nez*. Os dous se haviam encontrado na pagadoria da Guerra e vinham pelo campo de Sant'Ana, a pé, andando a pequenos passos e conversando. O general era mais alto que Quaresma, e enquanto este tinha a cabeça sobre um pescoço alto, aquele a tinha metida entre os ombros proeminentes, como cotos de asas. Albernaz reatou:

— E remédios! Cada médico receita uma cousa; os espíritas são os melhores, dão homeopatia; os feiticeiros tisanas, rezas e defumações... Eu não sei, Quaresma!

---

visionário - que tem ideias extravagantes, excêntrico, utópico.

C (3ª - II): O narrador desmoraliza a Revolta, revela-lhe as fraquezas e improvisações da parte dos militares que defendem a ordem estabelecida. Quaresma comanda um destacamento cujos oficiais pouco aparecem e onde as deserções são comuns. Ricardo, sob as ordens de Quaresma, toca e canta, com o consentimento deste, que se vê desautorizado pela hierarquia. O título do capítulo remete à opinião de Floriano sobre o documento que lhe fora entregue pelo Major. O adjetivo "visionário" remete não somente às ideias irreais de Policarpo sobre política e economia, mas também sobre suas condições de saúde mental.

pagadoria da Guerra - secção de pagamento do Ministério da Guerra.

cotos - partes da asa das aves de onde nascem as penas.

tisanas - medicamentos líquidos que constituem a bebida comum de um enfermo.

E levantou os olhos para o céu, que estava um tanto plúmbeo. Não se demorou, porém, muito nessa postura; o *pince-nez* não permitia, já começava a cair.

Quaresma abaixou a cabeça e andou assim um pouco olhando as granulações do granito do passeio. Levantou o olhar ao fim de algum tempo, e disse:

— Porque não a recolhe a uma casa de saúde, general?

— Meu médico já me aconselhou isso... A mulher não quer e agora mesmo, no estado em que a menina está, não vale a pena...

Falava da filha, da Ismênia, que, naqueles últimos meses, piorara sensivelmente, não tanto da sua moléstia mental, mais da saúde comum, vivendo de cama, sempre febril, enlanguescendo, definhando, marchando a passos largos para o abraço frio da morte.

Albernaz dizia a verdade; para curá-la tanto de sua loucura como da atual moléstia intercorrente, lançara mão de todos os recursos, de todos os conselhos apontados por quem quer que fosse.

Era de fazer refletir ver aquele homem, general, marcado com um curso governamental, procurar médiuns e feiticeiros, para sarar a filha.

Às vezes até levava-os em casa. Os médiuns chegavam perto da moça, davam um estremeção, ficavam com uns olhos desvairados, fixos, gritavam: "Sai, irmão!" — e sacudiam as mãos, do peito para a moça, de lá para cá, rapidamente, nervosamente, no intuito de descarregar sobre ela os fluidos milagrosos.

Os feiticeiros tinham outros passes e as cerimônias para entrar no conhecimento das forças ocultas que nos cercam, eram demoradas, lentas e acabadas. Em geral, eram pretos africanos. Chegavam, acendiam um fogareiro no quarto, tiravam de um cesto um sapo empalhado ou outra cousa esquisita, batiam com feixes de ervas, ensaiavam passos de dança e pronunciavam palavras ininteligíveis. O ritual era complicado e tinha a sua demora.

---

plúmbeo - cor de chumbo.
granulações - aspectos da textura de uma rocha quanto ao tamanho de seus componentes.
enlanguescendo - enfraquecendo.
intercorrente - que se mete de permeio.

Na saída, a pobre Dona Maricota, um tanto já diminuída da sua atividade e diligência, olhando ternamente aquele grande rosto negro do mandingueiro, onde a barba branca punha mais veneração e certa grandeza, perguntava:

— Então, titio?

O preto considerava um instante, como se estivesse recebendo as últimas comunicações do que não se vê nem se percebe, e dizia com a sua majestade de africano:

— Vô vê, nhãnhã... Tô crotando mandinga...

Ela e o general tinham assistido a cerimônia e o amor de pais e também esse fundo de superstição que há em todos nós, levavam a olhá-la com respeito, quase com fé.

— Então foi feitiço que fizeram à minha filha? perguntava a senhora.

— Foi, sim, nhãnhã.

— Quem?

— Santo não qué dizê.

E o preto obscuro, velho escravo, arrancado há um meio século dos confins da África, saía arrastando a sua velhice e deixando naqueles dous corações uma esperança fugaz.

Era uma singular situação, a daquele preto africano, ainda certamente pouco esquecido das dores do seu longo cativeiro, lançando mão dos resíduos de suas ingênuas crenças tribais, resíduos que tão a custo tinham resistido ao seu transplante forçado para terras de outros deuses — e empregando-os na consolação dos seus senhores de outro tempo. Como que os deuses de sua infância e de sua raça; aqueles sanguinários manipansos da África indecifrável, quisessem vingá-lo à legendária maneira do Cristo dos Evangelhos...

A doente assistia a tudo aquilo sem compreender e se interessar por aqueles trejeitos e passes de tão poderosos homens que se comunicavam, que tinham às suas ordens os seres imateriais, as existências fora e acima da nossa.

Andando, ao lado de Quaresma, o general lembrava-se de tudo isso e teve um pensamento amargo contra a ciência, contra

---

diligência - presteza, cuidado.
Tô crotando mandinga - formas populares: Estou cortando (anulando) feitiço.
manipansos - ídolos africanos.

os espíritos, contra os feitiços, contra Deus que lhe ia tirando a filha aos poucos sem piedade e comiseração.

O major não sabia o que dizer diante daquela imensa dor de pai e parecia-lhe toda e qualquer palavra de consolo parva e idiota. Afinal disse:

— General, o senhor permite que eu a faça ver por um médico?

— Quem é?

— É o marido de minha afilhada... o senhor conhece... É moço, quem sabe lá! Não acha? Pode ser, não é?

O general consentiu e a esperança de ver curada a filha lhe afagou as faces enrugadas. Cada médico que consultava, cada espírita, cada feiticeiro reanimava-o, pois de todos ele esperava o milagre. Nesse mesmo dia, Quaresma foi procurar o doutor Armando.

A revolta já tinha mais de quatro meses de vida e as vantagens do governo eram problemáticas. No Sul, a insurreição chegava às portas de São Paulo, e só a Lapa resistia tenazmente, uma das poucas páginas dignas e limpas de todo aquele enxurro de paixões. A pequena cidade tinha dentro de suas trincheiras o Coronel Gomes Carneiro, uma energia, uma vontade, verdadeiramente isso, porque era sereno, confiante e justo. Não se desmanchou em violências de apavorado e soube tornar verdade a gasta frase grandiloquente: resistir até à morte.

A ilha do Governador tinha sido ocupada e Magé tomado; os revoltosos, porém, tinham a vasta baía e a barra apertada, por onde saíam e entravam, sem temer o estorvo das fortalezas.

As violências, os crimes que tinham assinalado esses dous marcos de atividade guerreira do governo, chegavam ao ouvido de Quaresma e ele sofria.

---

comiseração - compaixão.

Lapa - cidade do Paraná, que resistiu durante 26 dias ao cerco dos revoltosos do general Custódio de Melo.

enxurro - enxurrada.

Coronel Gomes Carneiro — Antônio Ernesto Gomes Carneiro (1846-1894), participante da Guerra do Paraguai, foi enviado por Floriano Peixoto para reprimir os rebeldes da Revolução Federalista no Sul do Brasil, em 1893.

Magé - cidade do Rio de Janeiro, tomada pelas forças legais na Revolta da Armada.

barra - entrada de um porto.

Da ilha do Governador fez-se uma verdadeira mudança de móveis, roupas e outros haveres. O que não podia ser transportado, era destruído pelo fogo e pelo machado.

A ocupação deixou lá a mais execranda memória e até hoje os seus habitantes ainda se recordam dolorosamente de um capitão, patriótico ou da guarda nacional, Ortiz, pela sua ferocidade e insofrido gosto pelo saque e outras vexações. Passava um pescador, com uma tampa de peixe, e o capitão chamava o pobre homem:

— Venha cá!

O homem aproximava-se amedrontado e Ortiz perguntava:

— Quanto quer por isso?

— Três mil-réis, capitão.

Ele sorria diabolicamente e familiarmente regateava:

— Você não deixa por menos?... Está caro... Isso é peixe ordinário... Carapebas! Ora!

— Bem, capitão, vá lá por dous e quinhentos.

— Leve isso lá dentro.

Ele falava na porta de casa. O pescador voltava e ficava um tempo em pé, demonstrando que esperava o dinheiro. Ortiz balançava a cabeça e dizia escarninho:

— Dinheiro! hein? Vá cobrar ao Floriano.

Entretanto, Moreira César deixou boas recordações de si e ainda hoje há lá quem se lembre dele, agradecido por este ou aquele benefício que o famoso coronel lhe prestou.

As forças revoltosas pareciam não ter enfraquecido; tinham, porém, perdido dous navios, sendo um destes o "Javari", cuja reputação na revolta era das mais altas e consideradas. As forças de terra detestavam-no particularmente. Era um monitor, chato, raso com

---

execranda - abominável.
insofrido - impaciente.
vexações - vergonhas.
Carapebas - espécie de peixes. Pode medir até 40 cm e pesar 8 kg.
Moreira César - Antônio Moreira César (1850-1897), coronel das forças governistas em Santa Catarina, na Revolta da Armada.
"Javari" - o Javary, navio monitor de oceano, foi lançado em 1874, e alvejado na Revolta da Armada; até hoje se desconhecem as razões do seu naufrágio, já no estaleiro, em 1893.
monitor - navio de combate, hoje em desuso, armado com canhões para operar em rios ou na costa.

a água, uma espécie de sáurio ou quelônio de ferro, de construção francesa. A sua artilharia era temida; mas o que sobremodo enraivecia os adversários era ele não ter quase borda acima d'água, ficar quase ao nível do mar e fugir assim aos tiros incertos de terra. As suas máquinas não funcionavam, e a grande tartaruga vinha colocar-se em posição de combate com auxílio de um rebocador.

Um dia em que estava nas proximidades de Villegagnon, foi a pique. Não se soube e até hoje não foi esclarecido, por que foi. Os legalistas afirmaram que foi uma bala de Gragoatá; mas os revoltosos asseguraram que foi a abertura de uma válvula ou um outro acidente qualquer.

Como o do seu irmão, o "Solimões", que desapareceu nas costas do cabo Polônio, o fim do "Javari" ainda está envolvido no mistério.

Quaresma permanecia de guarnição no Caju, e viera receber dinheiro. Deixara lá Polidoro, pois os outros oficiais estavam doentes ou licenciados, e Fontes, que, sendo uma espécie de inspetor geral, ao contrário de seus hábitos, dormira aquela noite no pequeno pavilhão imperial e ia ficar até à tarde.

Ricardo Coração dos Outros, desde o dia da proibição de tocar violão, andava macambúzio. Tinham-lhe tirado o sangue, o motivo de viver, e passava os dias taciturno, encostado a um tronco de árvore, maldizendo no fundo de si a incompreensão dos homens e os caprichos do destino. Fontes notara a sua tristeza; e, para minorar-lhe o desgosto, obrigara a Bustamante a fazê-lo sargento. Não foi sem custo, porque o antigo veterano do Paraguai encarecia muito essa graduação e só a dava como recompensa excepcional ou quando requerida por pessoas importantes.

A vida do pobre menestrel era assim a de um melro engaiolado; e, de quando em quando, ele se afastava um pouco e

---

sáurio - lagarto.
quelônio - tartaruga e similares.
Villegagnon - fortaleza do Rio de Janeiro, na ilha do mesmo nome, a única que se declarou neutra no início da Revolta da Armada.
Gragoatá - fortaleza do Rio de Janeiro, em Niterói. Abriga hoje o comando da 12ª Brigada de Infantaria do Exército Brasileiro.
"Solimões" - navio monitor de oceano, lançado em 1875 e naufragado em 1892.
cabo Polônio - cabo nas costas do Uruguai.
veterano do Paraguai - militar antigo, da Guerra do Paraguai.
encarecia - louvava.

ensaiava a voz, para ver se ainda a tinha e não fugira como o fumo dos disparos.

Quaresma sabendo que dessa maneira o posto estava bem entregue, resolveu demorar-se mais, e, após despedir-se de Albernaz, encaminhou-se para a casa do seu compadre, a fim de cumprir a promessa que fizera ao general.

Coleoni ainda não decidira a sua viagem à Europa. Hesitava, esperando o fim da rebelião que não parecia estar próximo. Ele nada tinha com ela; até ali, não dissera a ninguém a sua opinião; e, se era muito instado, apelava para a sua condição de estrangeiro e metia-se numa reserva prudente. Mas, aquela exigência de passaporte, tirado na chefatura de polícia, dava-lhe susto. Naqueles tempos, toda a gente tinha medo de tratar com autoridades. Havia tanta má vontade com os estrangeiros, tanta arrogância nos funcionários que ele não se animava a ir obter o documento, temendo que uma palavra, que um olhar, que um gesto, interpretados por qualquer funcionário zeloso e dedicado, não o levassem a sofrer maus quartos de hora.

Verdade é que ele era italiano e a Itália já fizera ver ao ditador que era uma grande potência, mas no caso de que se lembrava, tratava-se de um marinheiro, por cuja vida, extinta por uma descarga das forças legais, Floriano pagara a quantia de cem contos. Ele, Coleoni, porém, não era marinheiro, e não sabia, caso fosse preso, se os representantes diplomáticos de seu país tomariam interesse pela sua liberdade.

De resto, não tendo protestado manter a sua nacionalidade, quando o governo provisório expediu o famoso decreto de naturalização, era bem possível que uma ou outra parte se ativessem a isso, para desinteressar-se dele ou mantê-lo na famosa galeria nº 7, da Casa de Correição, transformada, por uma penada mágica, em prisão de Estado.

A época era de susto e temor, e todos esses que ele sentia, só os comunicava à filha, porque o genro cada vez mais se fazia

---

fumo - fumaça.

Casa de Correição - estabelecimento penitenciário onde se recolhiam os condenados, os menores delinquentes ou desocupados. Situava-se na atual Rua Frei Caneca, no Rio de Janeiro, com o nome de Penitenciária Lemos Brito; recentemente foi demolida. "Correição" é variante de "Correção".

penada - palavra escrita.

florianista e jacobino, de cuja boca muita vez ouvia duras invectivas aos estrangeiros.

E o doutor tinha razão; já obtivera uma graça governamental. Fora nomeado médico do Hospital de Santa Bárbara, na vaga de um colega, demitido a bem do serviço público como suspeito por ter ido visitar um amigo na prisão. Como o hospital, porém, ficasse no ilhéu do mesmo nome, dentro da baía, em frente à Saúde e a Guanabara ainda estivesse em mão dos revoltosos, ele nada tinha que fazer, pois até agora o governo não aceitara os seus oferecimentos de auxiliar o tratamento dos feridos.

O major foi encontrar pai e filha em casa; o doutor tinha saído, ido dar uma volta pela cidade, dar arras de sua dedicação à causa legal, conversando com os mais exaltados jacobinos do Café do Rio, não esquecendo também de passear pelos corredores do Itamarati, fazendo-se ver pelos ajudantes de ordens, secretários e outras pessoas influentes no ânimo de Floriano.

A moça viu entrar Quaresma com aquele sentimento estranho que o seu padrinho lhe causava ultimamente, e esse sentimento mais agudo se tornava quando o via contar os casos guerreiros do seu destacamento, a passagem de balas, as descargas das lanchas, naturalmente, simplesmente, como se fossem feições de uma festa, de uma justa, de um divertimento qualquer em que a morte não estivesse presente.

Tanto mais que o via apreensivo, deixando perceber numa frase e noutra desânimo e desesperança.

Na verdade o major tinha um espinho n'alma. Aquela recepção de Floriano às suas lembranças de reformas não esperavam nem o seu entusiasmo e sinceridade nem tampouco a ideia que ele fazia do ditador. Saíra ao encontro de Henrique IV e de Sully e vinha esbarrar com um presidente que o chamava de visionário, que não avaliava o alcance dos seus projetos, que os não examinava sequer, desinteressado daquelas altas cousas de governo como se não o fosse!... Era pois para sustentar tal homem que deixava o

---

invectivas - ameaças.
ilhéu - ilha.
arras - demonstração.
justa - combate, luta, em representações de elementos históricos.

sossego de sua casa e se arriscava nas trincheiras? Era, pois, por esse homem que tanta gente morria? Que direito tinha ele de vida e de morte sobre os seus concidadãos, se não se interessava pela sorte deles, pela sua vida feliz e abundante, pelo enriquecimento do país, o progresso de sua lavoura e o bem-estar de sua população rural?

Pensando assim, havia instantes que lhe vinha um mortal desespero, uma raiva de si mesmo; mas em seguida considerava: o homem está atrapalhado, não pode agora; mais tarde com certeza ele fará a cousa...

Vivia nessa alternativa dolorosa e era ela que lhe trazia apreensões, desânimo e desesperança, notados por sua afilhada na sua fisionomia já um pouco acabrunhada.

Não tardou, porém, que, abandonando os episódios da sua vida militar, Quaresma explicasse o motivo de sua visita.

— Mas qual delas? perguntou a afilhada.
— A segunda, a Ismênia.
— Aquela que estava para casar com o dentista?
— Esta mesmo.
— Ahn!...

Ela pronunciou este "ahn" muito longo e profundo, como se pusesse nele tudo que queria dizer sobre o caso. Via bem o que fazia o desespero da moça, mas via melhor a causa, naquela obrigação que incrustam no espírito das meninas, que elas se devem casar a todo custo, fazendo do casamento o polo e fim da vida, a ponto de parecer uma desonra, uma injúria, ficar solteira.

O casamento já não é mais amor, não é maternidade, não é nada disso: é simplesmente casamento, uma cousa vazia, sem fundamento nem na nossa natureza nem nas nossas necessidades.

Graças à frouxidão, à pobreza intelectual e fraqueza de energia vital de Ismênia, aquela fuga do noivo se transformou em certeza de não casar mais e tudo nela se abismou nessa ideia desesperada.

Coleoni enterneceu-se muito e interessou-se. Sendo bom de fundo, quando lutava pela fortuna se fez duro e áspero, mas logo que se viu rico, perdeu a dureza de que se revestira, pois percebia bem que só se pode ser bom quando se é forte de algum modo.

Ultimamente o major tinha diminuído um pouco o interesse pela moça; andava atormentado com o seu caso de consciência; entretanto, se não tinha um constante e particular pensamento pela desdita da filha de Albernaz, abrangia-a ainda na sua bondade geral, larga e humana.

Não se demorou muito na casa do compadre; ele queria, antes de voltar ao Caju, passar pelo quartel do seu batalhão. Ia ver se arranjava uma pequena licença, para visitar a irmã que deixara lá, no "Sossego", e de quem tinha notícias, por carta, três vezes por semana. Eram elas satisfatórias, contudo ele tinha necessidade de ver tanto ela como o Anastácio, fisionomias com quem se encontrava diariamente há tantos anos e cuja contemplação lhe fazia falta e talvez lhe restituísse a calma e a paz de espírito.

A última carta que recebera de Dona Adelaide, havia uma frase de que, no momento, se lembrava sorrindo: "Não te exponhas muito, Policarpo. Toma muita cautela". Pobre Adelaide! Estava a pensar que esse negócio de balas é assim como a chuva?!...

O quartel ainda ficava no velho cortiço condenado pela higiene, lá para as bandas da Cidade Nova. Assim que Quaresma apontou na esquina, a sentinela deu um grande berro, fez uma imensa bulha com a arma e ele entrou, tirando o chapéu da cabeça baixa, pois estava à paisana e tinha abandonado a cartola com medo de que esse traje fosse ferir as susceptibilidades republicanas dos jacobinos.

No pátio, o instrutor coxo adestrava novos voluntários e os seus majestosos e demorados gritos: ombroôô... armas! mei-ãââ volta... volver! subiam ao céu e ecoavam longamente pelos muros da antiga estalagem.

Bustamante estava no seu cubículo, mais conhecido por gabinete, irrepreensível no seu uniforme verde-garrafa, alamares dourados e vivos azul-ferrete. Com auxílio de um sargento, examinava a escrita de um livro quarteleiro.

— Tinta vermelha, sargento! É como mandam as instruções de 1864.

Tratava-se de uma emenda ou de cousa semelhante.

Logo que viu Quaresma entrar, o comandante exclamou radiante:

— O major adivinhou!

---

desdita - infelicidade.
susceptibilidades - disposição para sentir em alto grau as menores ofensas.
estalagem - pensão, hotel.

Quaresma descansou placidamente o chapéu, bebeu um pouco d'água, e o Coronel Inocêncio explicou a alegria:
— Sabe que temos de marchar?
— Para onde?
— Não sei... Recebi ordem do Itamarati.

Ele não dizia nunca do quartel-general, nem mesmo do ministro da Guerra; era do Itamarati, do presidente, do chefe supremo. Parecia que assim dava mais importância a si mesmo e ao seu batalhão, fazia-o uma espécie de batalhão da guarda, favorito e amado do ditador.

Quaresma não se espantou, nem se aborreceu. Percebeu que era impossível obter a licença e também necessário mudar os seus estudos: da artilharia, tinha que passar para a infantaria.

— O major é que vai comandar o corpo, sabia?
— Não, coronel. E o senhor não vai?
— Não, disse Bustamante, alisando o cavanhaque mosaico e abrindo a boca para o lado esquerdo. Tenho que acabar a organização da unidade e não posso... Não se assuste, mais tarde irei lá ter...

Começava a tarde, quando Quaresma saiu do quartel. O instrutor coxo continuava, com força, majestade e demora, a gritar: om-brôôô... armas! A sentinela não pôde fazer a bulha da entrada, porque só viu o major, quando já ia longe. Ele desceu até à cidade e foi ao correio. Havia alguns tiros espaçados; no Café do Rio, os levitas continuavam a trocar ideias para a consolidação definitiva da República.

Antes de chegar ao correio, Quaresma lembrou-se de sua partida. Correu a uma livraria e comprou livros sobre infantaria; precisava também dos regulamentos: arranjaria no quartel-general.

Para onde ia? Para o Sul, para Magé, para Niterói? Não sabia... Não sabia... Ah! se isso fosse para realização dos seus desejos e sonhos! Mas quem sabe?... Podia ser... talvez... Mais tarde...

E passou o dia atormentado pela dúvida do bom emprego de sua vida e de suas energias.

O marido de Olga não fez nenhuma questão em ir ver a filha do general. Ele levava a íntima convicção de que a sua ciência toda nova pudesse fazer alguma cousa; mas assim não se deu.

---

levitas - sacerdotes; metáfora de "adeptos da república, como se ela fosse uma religião".

A moça continuou a definhar, e, se a mania parecia um pouco atenuada, o seu organismo caía. Estava magra e fraca, a ponto de quase não poder sentar-se na cama. Era sua mãe quem mais junto a ela vivia; as irmãs se desinteressavam um pouco, pois as exigências de sua mocidade levavam-nas para outros lados.

Dona Maricota, tendo perdido todo aquele antigo fervor pelas festas e bailes, estava sempre no quarto da filha, a consolá-la, animá-la e, às vezes, quando a olhava muito, como que se sentia um tanto culpada pela sua infelicidade.

A moléstia tinha posto mais firmeza nos traços de Ismênia, tinha-lhe diminuído a lassidão, tirado o mortiço dos olhos e os seus lindos cabelos castanhos, com reflexos de ouro, mais belos se faziam quando cercavam a palidez de sua face.

Raro era falar muito; e assim foi que, naquele dia, se espantou muito Dona Maricota com a loquacidade da filha.

— Mamãe, quando se casa Lalá?

— Quando se acabar a revolta.

— A revolta ainda não acabou?

A mãe respondeu-lhe e ela esteve um instante calada, olhando o teto, e, após essa contemplação disse à mãe:

— Mamãe... Eu vou morrer...

As palavras saíram-lhe dos lábios, seguras, doces e naturais.

— Não diga isso, minha filha, adiantou-se Dona Maricota. Qual morrer! Você vai ficar boa; seu pai vai levar você para Minas; você engorda, toma forças...

A mãe dizia-lhe tudo isso devagar, alisando-lhe a face com a mão, como se se tratasse de uma criança. Ela ouvia tudo com paciência e voltou por sua vez serenamente:

— Qual, mamãe! Eu sei: vou morrer e peço uma cousa à senhora...

A mãe ficou espantada com a seriedade e firmeza da filha. Olhou em redor, deu com a porta semicerrada e levantou-se para fechá-la. Quis ainda ver se a dissuadia daquele pensamento; Ismênia, porém, continuava a repeti-lo pacientemente, docemente, serenamente:

---

definhar - emagrecer muito.
lassidão - fraqueza.
dissuadia - persuadia, desaconselhava.

— Eu sei, mamãe.
— Bem. Suponho que é verdade: o que é que você quer?
— Eu quero, mamãe, ir vestida de noiva.

Dona Maricota ainda quis brincar, troçar; a filha, porém, voltou-se para o outro lado, pôs-se a dormir, com um leve respirar espaçado. A mãe saiu do quarto, comovida, com lágrimas nos olhos e a secreta certeza de que a filha falava a verdade.

Não tardou muito a se verificar. O doutor Armando a tinha visitado naquela manhã pela quarta vez; ela parecia melhor, desde alguns dias, falava com discernimento, sentava-se à cama e conversava com prazer.

Dona Maricota teve que fazer uma visita e deixou a doente entregue às irmãs. Elas foram lá ao quarto várias vezes e parecia dormir. Distraíram-se.

Ismênia despertou: viu, por entre a porta do guarda-vestidos meio aberto, o seu traje de noiva. Teve vontade de vê-lo mais de perto. Levantou-se descalça e estendeu-o na cama para contemplá-lo. Chegou-lhe o desejo de vesti-lo. Pôs a saia; e, por aí, vieram recordações do seu casamento falhado. Lembrou-se do seu noivo, do nariz fortemente ósseo e dos olhos esgazeados de Cavalcânti; mas não se recordou com ódio, antes como se fosse um lugar visto há muito tempo, e que a tivesse impressionado.

De quem ela se lembrava com raiva era da cartomante. Iludindo sua mãe, acompanhada por uma criada, tinha conseguido consultar Mme. Sinhá. Com que indiferença ela lhe respondeu: não volta! Aquilo doeu-lhe... Que mulher má! Desde esse dia... Ah!... Acabou de abotoar a saia em cima do corpinho, pois não encontrara colete; e foi ao espelho. Viu os seus ombros nus, o seu colo muito branco... Surpreendeu-se. Era dela aquilo tudo? Apalpou-se um pouco e depois colocou a coroa. O véu afagou-lhe as espáduas carinhosamente, como um adejo de borboleta. Teve uma fraqueza, uma cousa, deu um ai e caiu de costas na cama, com as pernas para fora... Quando a vieram ver, estava morta. Tinha ainda a coroa na cabeça e um seio, muito branco e redondo, saltava-lhe do corpinho.

Mme. - abreviatura do vocábulo francês "*Madame*" - Senhora.
corpinho - corpete.
adejo - voo.

O enterro foi feito no dia imediato e a casa de Albernaz esteve os dous dias cheia, como nos dias de suas melhores festas.

Quaresma foi ao enterro; ele não gostava muito dessa cerimônia; mas veio, e foi ver a pobre moça, no caixão, coberta de flores, vestida de noiva, com um ar imaculado de imagem. Pouco mudara, entretanto. Era ela mesma ali; era a Ismênia dolente e pobre de nervos, com os seus traços miúdos e os seus lindos cabelos, que estava dentro daquelas quatro tábuas. A morte tinha fixado a sua pequena beleza e o seu aspecto pueril; e ela ia para a cova com a insignificância, com a inocência e a falta de acento próprio que tinha tido em vida.

Contemplando aqueles tristes restos, Quaresma viu o caixão do coche parar na porta do cemitério, atravessar pelas ruas de túmulos — uma multidão que trepava, se tocava, lutava por espaço, na estreiteza da várzea e nas encostas das colinas. Algumas sepulturas como se olhavam com afeto e se queriam aproximar; em outras transparecia repugnância por estarem perto. Havia ali, naquele mudo laboratório de decomposições, solicitações incompreensíveis, repulsões, simpatias e antipatias; havia túmulos arrogantes, vaidosos, orgulhosos, humildes, alegres e tristes; e de muitos, ressumava o esforço, um esforço extraordinário, para escapar ao nivelamento da morte, ao apagamento que ela traz às condições e às fortunas.

Quaresma ainda contemplava o cadáver da moça e o cemitério surgia aos seus olhos com as esculturas que se amontoavam, com vasos, cruzes e inscrições, em alguns túmulos; noutros, eram pirâmides de pedra tosca, retratos, caramanchões extravagantes, complicações de ornatos, cousas barocas e delirantes, para fugir ao anonimato do túmulo, ao fim dos fins.

As inscrições exuberam: são longas, são breves; têm nomes, têm datas, sobrenomes, filiações, toda a certidão de idade do morto que, lá em baixo, não se pode mais conhecer e é lama pútrida.

E se sente um desespero em não se deparar com um nome conhecido, nem uma celebridade, uma notabilidade, um desses

---

caixão - caixote.

coche - carruagem.

ressumava - transparecia.

exuberam - abundam, aparecem em abundância.

pútrida - podre.

nomes que enchem décadas e, às vezes mesmo, já mortos, parece que continuam a viver. Tudo é desconhecido; todos aqueles que querem fugir do túmulo para a memória dos vivos, são anódinos felizes e medíocres existências que passaram pelo mundo sem ser notadas.

E lá ia aquela moça por ali afora para o buraco escuro, para o fim, sem deixar na vida um traço mais fundo de sua pessoa, de seus sentimentos, de sua alma!

Quaresma quis afastar essa visão triste e encaminhou-se para o interior da casa. Ele estivera na sala de visitas, onde Dona Maricota também estava, cercada de outras senhoras amigas que nada lhe diziam. O Lulu, fardado do colégio, com fumo no braço, cochilava a uma cadeira. As irmãs iam e vinham. Na sala de jantar, estava o general silencioso, tendo ao lado Fontes e outros amigos.

Caldas e Bustamante conversavam baixo, afastados; e quando Quaresma passou, pôde ouvir o almirante dizer:

— Qual! Os homens estão dentro em pouco aqui... O governo está exausto.

O major ficou na janela que dava para o quintal. O tecido do céu se tinha adelgaçado: o azul estava sedoso e fino; e tudo tranquilo, sereno e calmo.

A Estefânia, a doutora, a de olhos maliciosos e quentes, passou, tendo ao lado Lalá, que levava, de quando em quando, o lenço aos olhos já secos, a quem aquela dizia:

— Eu, se fosse você, não comprava lá... É caro! Vai ao "Bonheur des Dames"... Dizem que tem cousas boas e é pechincheiro.

O major voltou de novo a contemplar o céu que cobria o quintal. Tinha uma tranquilidade quase indiferente. Genelício apareceu demasiadamente fúnebre. Todo de preto, ele tinha afivelado ao rosto a mais profunda máscara de tristeza. O seu *pince-nez* azulado também parecia de luto.

---

anódinos - insignificantes.

fumo - faixa de crepe para luto.

adelgaçado - tornado menos denso.

"Bonheur des Dames" - nome em francês: "Felicidade das Senhoras". Título de um livro do escritor francês Émile Zola, que foi aproveitado para nome de lojas que vendiam artigos para mulheres.

Não lhe fora possível deixar de ir trabalhar; um serviço urgente fizera-o indispensável na repartição.

— É isto, general, disse ele, não está lá o doutor Genelício, nada se faz... Não há meio da Marinha mandar os processos certos... É um relaxamento...

O general não respondeu; estava deveras combalido. Bustamante e Caldas continuavam a conversar baixo. Ouviu-se o rodar de uma carruagem na rua. Quinota chegou à sala de jantar:

— Papai, está aí o coche.

O velho levantou-se a custo e foi para a sala de visitas. Falou à mulher que se ergueu com a face contraída, exprimindo uma grande contensão. Os seus cabelos já tinham muitos fios de prata. Não deu um passo; esteve um instante parada e logo caiu na cadeira, chorando. Todos estavam vendo sem saber o que fazer; alguns choravam; Genelício tomou um partido: foi retirando os círios de ao redor do caixão. A mãe levantou-se, veio até ao esquife, beijou o cadáver: minha filha!

Quaresma adiantou-se, foi saindo com o chapéu na mão. No corredor, ainda ouviu Estefânia dizer a alguém: o coche é bonito.

Saiu. Na rua parecia que havia festa. As crianças da vizinhança cercavam o carro fúnebre e faziam inocentes comentários sobre os dourados e enfeites. As grinaldas foram aparecendo e sendo dependuradas nas extremidades das colunas do coche: "À minha querida filha", "À minha irmã". As fitas roxas e pretas, com letras douradas, moviam-se lentamente ao leve vento que soprava.

Apareceu o caixão, todo roxo, com guarnições de galões dourados, muito brilhantes. Tudo aquilo ia pra terra. As janelas se povoaram, de um lado e doutro da rua; um menino na casa próxima, gritou da rua para o interior: "Mamãe, lá vai o enterro da moça!"

---

combalido - debilitado, enfraquecido.
contensão - tensão.
partido - decisão.
esquife - caixão.
grinaldas - coroas de flores em homenagem aos mortos.
guarnições - enfeites.

O caixão foi afinal amarrado fortemente no carro mortuário, cujos cavalos, ruços, cobertos com uma rede preta, escarvavam o chão cheios de impaciência.

Aqueles que iam acompanhar até ao cemitério, procuravam os seus carros. Embarcaram todos, e o enterro rodou.

A esse tempo, na vizinhança, alguns pombos imaculadamente brancos, as aves de Vênus, ergueram o voo, ruflando estrepitosamente; deram volta por cima do coche e tornaram logo silenciosos, quase sem bater asas, para o pombal que se ocultava nos quintais burgueses...

IV

O Boqueirão

O sítio de Quaresma, em Curuzu, voltava aos poucos ao estado de abandono em que ele o encontrara. A erva daninha crescia e cobria tudo. As plantações que fizera, tinham desaparecido na invasão do capim, do carrapicho, das ortigas e outros arbustos. Os arredores da casa ofereciam um aspecto desolador, apesar dos esforços de Anastácio, sempre vigoroso e trabalhador na sua forte

---

ruços - pardos, de pelo castanho claro.
escarvavam - raspavam com a pata.
aves de Vênus - as pombas, animais favoritos de Vênus, deusa da beleza.
ruflando estrepitosamente - agitando as asas ruidosamente.
C (3ª - III): Albernaz conversa com o major sobre a loucura de Ismênia e os esforços para curá-la, inclusive com rituais africanos. A moça morre: descrevem-se o velório, o enterro, o cemitério, as reações do pai e de Quaresma diante da morte. A Revolta da Armada já conta quatro meses, e o narrador dá detalhes dela. Quaresma continua servindo no destacamento do Caju, visita o amigo Coleoni e a afilhada, bem como o quartel de seu batalhão. Não há qualquer indício de sua loucura no capítulo, cuja intenção é dar uma visão geral da repercussão da mencionada Revolta no Rio de Janeiro.
Boqueirão - pequena ilha junto à Ilha do Governador, no Rio de Janeiro. Hoje abriga o Centro de Munição da Marinha.
ortigas - o mesmo que "urtigas": plantas que, em contato com a pele, produzem um ardor irritante, devido à ação do ácido fórmico. O autor grafou com "o" o vocábulo, reproduzindo a pronúncia corrente.

velhice africana, mas baldo de iniciativa, de método, de continuidade no esforço.

Um dia capinava aqui, outro dia ali, outro pedaço, e assim ia saltando de trecho em trecho, sem fazer trabalho que se visse, permitindo que as terras e os arredores da casa adquirissem um aspecto de desleixo que não condizia com o seu trabalho efetivo.

As formigas voltaram também, mais terríveis e depredadoras, vencendo obstáculos, devastando tudo, restos de seara, brotos de fruteiras, até os araçazeiros depenavam com uma energia e bravura que sorriam aos fracos expedientes da inteligência crestada do antigo escravo, incapaz de achar meios eficazes de batê-las ou afugentá-las.

Entretanto ele cultivava. Era a sua mania, o seu vício, uma teimosia de caduco. Tinha uma horta que disputava diariamente às saúvas; e, como os animais da vizinhança a tivessem um dia invadido, ele a protegeu pacientemente com uma cerca de materiais mais inconcebíveis: latas de querosene desdobradas, caibros bons, folhas de coqueiros, tábuas de caixão, não obstante ter à mão bambus à vontade.

Na sua inteligência havia uma necessidade do tortuoso, do aparentemente fácil; e, em tudo ele punha esse jeito de sua psique, tanto no falar, com grandes rodeios, como nos canteiros que traçava, irregulares, maiores aqui, menores ali, fugindo à regularidade, ao paralelismo, à simetria, com um horror artístico.

A revolta tinha tido sobre a política local efeito pacificador. Todos os partidos se fizeram dedicadamente governistas, de forma que, entre os dous poderosos contendores, o doutor Campos e o Tenente Antonino, houve um traço de união que os reconciliou e os fez entenderem-se. Ao osso que ambos disputavam encarniçadamente, chegou um outro mais forte que pôs em perigo a segurança de ambos e eles se puseram em expectativa, um instante unidos.

O candidato foi imposto pelo governo central e as eleições chegaram. É um momento bem curioso esse das eleições na roça.

---

baldo - falto.
condizia - combinava.
caibros - peças de madeira retangulares, empregadas em armações de telhados, assoalhos, etc.
revolta - referência à Revolta da Armada.

Não se sabe bem donde saem tantos tipos exóticos. De tal forma são eles esquisitos que se pode mesmo esperar que apareçam calções e bofes de renda, espadins e gibão. Há sobrecasacas de cintura, há calças boca de sino, há chapéus de seda — todo um museu de indumentária que aqueles roceiros vestem e por um instante fazem viver por entre as ruas esburacadas e estradas poeirentas das vilas e lugarejos. Não faltam também os valentões, com calças bombachas e grandes bengalões de pequiá, à espera do que der e vier.

Para a monótona vida que levava Dona Adelaide, esse desfile de manequins de museu, por sua porteira, em direção à secção eleitoral que lhe ficava nas proximidades, foi um divertimento. Ela passava longos e tristes dias naquele isolamento. Fazia-lhe companhia desde muito a mulher de Felizardo, a Sinhá Chica, uma velha cafuza, espécie de Medeia esquelética, cuja fama de rezadeira pairava por sobre todo o município. Não havia quem como ela soubesse rezar dores, cortar febres, curar cobreiros e conhecesse os efeitos das ervas medicinais: a língua-de-vaca, a silvina, o cipó-chumbo — toda aquela drogaria que crescia pelos campos, pelas capoeiras, e pelos troncos de árvores.

Além desse saber que a fazia estimada e respeitável, tinha também a habilidade de assistir partos. Na redondeza, entre a gente pobre e mesmo remediada, todos os nascimentos se faziam aos cuidados de suas luzes.

Era de ver como pegava uma faca e agitava o pequeno instrumento doméstico em cruz, repetidas vezes, sobre a sede da

---

bofes - vocábulo antigo, usado no plural: enfeites pregueados ou tufados, usados em punhos e peitilhos de camisa.
espadins - pequenas espadas.
gibão - espécie de casaco curto que se vestia sobre a camisa, ou vestidura antiga, que cobria os homens desde o pescoço até a cintura.
indumentária - vestimenta.
pequiá - madeira semelhante à da árvore do pequizeiro.
cafuza - mestiça de negro e índio.
Medeia - feiticeira mitológica da antiga Grécia.
rezadeira - macumbeira.
drogaria - quantidade de substâncias que se usa em farmácia.
capoeiras - terrenos onde nasceu mato depois da derrubada de mata virgem.
luzes - trabalhos experientes.

dor ou da tarefa, rezando em voz baixa, balbuciando preces que afugentavam o espírito maligno que estava ali. Contavam-se dela milagres, vitórias extraordinárias, denunciadoras do seu estranho poder quase mágico, sobre as forças ocultas, que nos perseguem ou nos auxiliam.

Um dos mais curiosos, e era contado em toda a parte e a toda a hora, consistia no afastamento das lagartas. Os vermes haviam dado num feijoal, aos milheiros, cobrindo as folhas e os colmos; o proprietário já desesperava e tinha tudo por perdido quando se lembrou dos maravilhosos poderes de Sinhá Chica. A velha lá foi. Pôs cruzes de gravetos pelas bordas da roça, assim como se fizesse uma cerca de invisível material que nelas se apoiasse: deixou uma extremidade aberta e colocou-se na oposta a rezar. Não tardou o milagre a verificar-se. Os vermes, num rebanho moroso e serpejante, como se fossem tocados pela vara de um pastor, foram saindo na sua frente, devagar, aos dous, aos quatro, aos cinco, aos dez, aos vinte, e um só não ficou.

O doutor Campos não tinha absolutamente nenhuma espécie de ciúme dessa rival. Armou-se de um pequeno desdém pelo poder sobre-humano da mulher, mas não apelou nunca para o arsenal de leis, que vedava o exercício de sua transcendente medicina. Seria a impopularidade; ele era político...

No interior, e não é preciso afastar-se muito do Rio de Janeiro, as duas medicinas coexistem sem raiva e ambas atendem às necessidades mentais e econômicas da população.

A da Sinhá Chica, quase grátis, ia ao encontro da população pobre, daquela em cujos cérebros, por contágio ou herança, ainda vivem os manitus e manipansos, sujeitos a fugirem aos exorcismos, benzeduras e fumigações. A sua clientela, entretanto, não se resumia só na gente pobre da terra, ali nascida ou criada; havia mesmo recém-chegados de outros ares, italianos, portugueses e espanhóis, que se socorriam da sua força sobrenatural, não tanto pelo preço ou contágio das crenças ambientes, mas também por aquela estranha

---

tarefa - metáfora de "parto".
manitus - variante de "manitós" e "manitôs": "demônios", entre os índios americanos.
fumigações - defumações, isto é, desinfetação por meio de fumaça.

superstição europeia de que todo o negro ou gente colorida penetra e é sagaz para descobrir as cousas malignas e exercer a feitiçaria.

Enquanto a terapêutica fluídica ou herbácea de Sinhá Chica atendia aos miseráveis, aos pobretões, a do doutor Campos era requerida pelos mais cultos e ricos, cuja evolução mental exigia a medicina regular e oficial.

Às vezes, um de um grupo passava para o outro; era nas moléstias graves, nas complicadas, nas incuráveis, quando as ervas e as rezas da milagrosa nada podiam ou os xaropes e pílulas do doutor eram impotentes.

Sinhá Chica não era lá uma companheira muito agradável. Vivia sempre mergulhada no seu sonho divino, abismada nos misteriosos poderes dos feitiços, sentada sobre as pernas cruzadas, olhos baixos, fixos, de fraco brilho, parecendo esmalte de olhos de múmia, tanto ela era encarquilhada e seca.

Não esquecia também os santos, a santa madre igreja, os mandamentos, as orações ortodoxas; embora não soubesse ler, era forte no catecismo e conhecia a história sagrada aos pedaços, aduzindo a eles interpretações suas e interpolações pitorescas.

Com o Apolinário, o famoso capelão das ladainhas, era ela o forte poder espiritual da terra. O vigário ficava relegado a um papel de funcionário, espécie de oficial de registro civil, encarregado dos batizados e casamentos, pois toda a comunicação com Deus e o Invisível se fazia por intermédio de Sinhá Chica ou do Apolinário. É de dever falar em casamentos, mas bem podiam ser esquecidos, porque a nossa gente pobre faz uso reduzido de tal sacramento e a simples mancebia, por toda a parte, substitui a solene instituição católica.

Felizardo, o marido dela, aparecia pouco em casa de Quaresma; e, se aparecia, era à noite, passando os dias pelos matos com

---

sagaz - esperto.
fluídica - relativa a "fluidos".
herbácea - relativa a "ervas".
encarquilhada - muito enrugada.
interpolações - intercalações.
capelão - padre encarregado de rezar missa em capela.
mancebia - estado de quem vive amancebado, isto é, que mantém amante.

medo do recrutamento e logo que chegava indagava da mulher se o barulho já tinha acabado.

Vivia num constante pavor; dormia vestido, galgando a janela e embrenhando-se na capoeira, à menor bulha ouvida.

Tinham dous filhos, mas que tristeza de gente! Ajuntavam à depressão moral dos pais uma pobreza de vigor físico e uma indolência repugnante. Eram dous rapazes: o mais velho, José, orçava pelos vinte anos; ambos inertes, moles, sem força e sem crenças, nem mesmo a da feitiçaria, das rezas e benzeduras, que fazia o encanto da mãe e merecia o respeito do pai.

Não houve quem os fizesse aprender qualquer cousa e os sujeitasse a um trabalho contínuo. De quando em quando, assim de quinze em quinze dias, faziam uma talha de lenha e vendiam ao primeiro taverneiro pela metade do valor; voltavam para casa alegres, satisfeitos, com um lenço de cores vivas, um vidro de água-de-colônia, um espelho, bugigangas que denunciavam ainda neles gostos bastante selvagens.

Passavam então uma semana em casa, a dormir ou a perambular pelas estradas e vendas; à noite, quase sempre nos dias de festas e domingos, saíam com a "harmônica" a tocar peças, no que eram exímios, sendo a presença deles muito requestada nos bailes da vizinhança.

Embora seus pais vivessem em casa de Quaresma, raramente lá apareciam; e, se o faziam, era porque de todo não tinham que comer. Levavam o descuido da vida, a imprevidência, a ponto de não terem medo do recrutamento. Eram, entretanto, capazes de dedicação, de lealdade e bondade, mas o trabalho continuado, todo o dia, repugnava-lhes à natureza, como uma pena ou um castigo.

Essa atonia da nossa população, essa espécie de desânimo doentio, de indiferença nirvanesca por tudo e todas as cousas, cercam de uma caligem de tristeza desesperada a nossa roça e tira-lhe o encanto, a poesia e o viço sedutor de plena natureza.

---

barulho - metáfora de "revolta" (da Armada).
talha - certo número de paus ou feixes.
"harmônica" - espécie de acordeão.
exímios - hábeis, experientes.
nirvanesca - tranquila.
caligem - nevoeiro espesso, escuridão.

Parece que nem um dos grandes países oprimidos, a Polônia, a Irlanda, a Índia apresentará o aspecto cataléptico do nosso interior. Tudo aí dorme, cochila, parece morto; naqueles há revolta, há fuga para o sonho; no nosso... Oh!... dorme-se...

A ausência de Quaresma trouxera para o seu sítio essa atmosfera geral da roça. O "Sossego" parecia dormir, dormir de encantamento, à espera que o príncipe o viesse despertar.

Máquinas agrícolas, que não haviam ainda servido, enferrujavam com a etiqueta da casa. Aqueles arados de ponta de aço, que tinham chegado com a relha reluzente, de um brilho azulado e doce, estavam hediondos e morriam de tédio no abandono em que jaziam, bracejando angustiosamente para o céu mudo. De manhã, não se ouvia mais o cacarejar das aves no galinheiro, o esvoaçar dos pombos — todo esse hino matinal de vida, de trabalho, de fartura não mais se casava com as auroras rosadas e com o chilreio álacre do passaredo; e ninguém sabia ver as paineiras em flor, com as suas lindas flores rosadas e brancas que, a espaços, caíam docemente como aves feridas.

Dona Adelaide não tinha nem gosto nem atividade para superintender aqueles serviços e fruir a poesia da roça. Sofria com a separação do irmão e vivia como se estivesse na cidade. Comprava os gêneros na venda e não se incomodava com as cousas do sítio.

Ansiava pela volta do irmão; escrevia-lhe cartas desesperadas, às quais ele respondia aconselhando calma, fazendo promessas. A última recebida, porém, tinha de supetão outro acento; não era mais confiante, entusiástica, traía desânimo, desalento, mesmo desespero.

"Querida Adelaide. Só agora posso responder-te a carta que recebi há quase duas semanas. Justamente quando ela me chegou às mãos, acabava de ser ferido, ferimento ligeiro é verdade, mas que me levou à cama e trar-me-á uma convalescença longa. Que combate, minha filha! Que horror! Quando me lembro dele, passo as mãos pelos olhos como para afastar uma visão má. Fiquei com horror à

---

cataléptico - em estado de catalepsia: rigidez dos músculos, de modo que o paciente permanece na posição em que é colocado.
relha - a parte do arado que penetra na terra.
álacre - barulhento.
fruir - desfrutar.

guerra que ninguém pode avaliar... Uma confusão, um infernal zunir de balas, clarões sinistros, imprecações — e tudo isto no seio da treva profunda da noite... Houve momentos que se abandonaram as armas de fogo: batíamo-nos à baioneta, a coronhadas, a machado, facão. Filha: um combate de trogloditas, uma cousa pré-histórica... Eu duvido, eu duvido, duvido da justiça disso tudo, duvido da sua razão de ser, duvido que seja certo e necessário ir tirar do fundo de nós todos a ferocidade adormecida, aquela ferocidade que se fez e se depositou em nós nos milenários combates com as feras, quando disputávamos a terra a elas... E não vi homens de hoje; vi homens de Cro-Magnon, do Neanderthal armados com machados de sílex, sem piedade, sem amor, sem sonhos generosos, a matar, sempre a matar... Este teu irmão que estás vendo, também fez das suas, também foi descobrir dentro de si muita brutalidade, muita ferocidade, muita crueldade... Eu matei, minha irmã; eu matei! E não contente de matar, ainda descarreguei um tiro quando o inimigo arquejava a meus pés... Perdoa-me! Eu te peço perdão, porque preciso de perdão e não sei a quem pedir, a que Deus, a que homem, a alguém enfim... Não imaginas como isto faz-me sofrer... Quando caí embaixo de uma carreta, o que me doía não era a ferida, era a alma, era a consciência; e Ricardo, que foi ferido e caiu ao meu lado, a gemer e pedir — 'capitão, meu gorro, meu gorro!' — parecia que era o meu próprio pensamento que ironizava o meu destino...

 Esta vida é absurda e ilógica; eu já tenho medo de viver, Adelaide. Tenho medo, porque não sabemos para onde vamos, o que faremos amanhã, de que maneira havemos de nos contradizer de sol para sol...

---

imprecações - maldições.

Cro-Magnon - abrigo rochoso na França, onde foi encontrado o primeiro humano moderno (*Homo sapiens sapiens*), aparecido há cerca de trinta e cinco mil anos e que recebeu o nome do abrigo.

Neanderthal - vale da Alemanha onde foi encontrado um tipo de *homo sapiens* que viveu na Europa, Oriente Próximo e Ásia Central entre 130 mil e 30 mil anos atrás.

sílex - pedra muito dura, que produz faíscas quando ferida com um fragmento de aço.

O melhor é não agir, Adelaide; e desde que o meu dever me livre destes encargos, irei viver na quietude, na quietude mais absoluta possível, para que do fundo de mim mesmo ou do mistério das cousas não provoque a minha ação o aparecimento de energias estranhas à minha vontade, que mais me façam sofrer e tirem o doce sabor de viver...

Além do que, penso que todo este meu sacrifício tem sido inútil. Tudo o que nele pus de pensamento não foi atingido; e o sangue que derramei, e o sofrimento que vou sofrer toda a vida, foram empregados, foram gastos, foram estragados, foram vilipendiados e desmoralizados em prol de uma tolice política qualquer...

Ninguém compreende o que quero, ninguém deseja penetrar e sentir; passo por doido, tolo, maníaco e a vida se vai fazendo inexoravelmente com a sua brutalidade e fealdade."

....

Como Quaresma dizia na carta, o seu ferimento não era grave, era, porém, delicado e exigia tempo para uma cura completa e sem perigos. Ricardo, este, fora ferido mais gravemente. E se o sofrimento de Quaresma era profundamente moral, o de Coração dos Outros era físico e não se cansava de gemer e imprecar contra a sorte que o arrastara até à posição de combatente.

Os hospitais em que se tratavam estavam separados pela baía, agora intransponível, exigindo a viagem de uma margem à outra bem doze horas por estrada de ferro.

Tanto na ida como na volta, ferido como estava, Quaresma passara pela estação em que morava. O trem, porém, não parava, e ele se limitou a deitar pela portinhola um longo e saudoso olhar para aquele seu "Sossego", de terras pobres e árvores velhas, onde sonhara repousar calmamente por toda a vida; e, entretanto, o lançara na mais terrível das aventuras.

---

vilipendiados - desprezados.
prol - benefício.
inexoravelmente - implacavelmente, inabalavelmente.
fealdade - feiura.
baía - Baía de Guanabara.

E ele perguntava de si para si, onde, na terra, estava o verdadeiro sossego, onde se poderia encontrar esse repouso de alma e corpo, pelo qual tanto ansiava, depois dos sacolejamentos por que vinha passando — onde? E o mapa dos continentes, as cartas dos países, as plantas das cidades, passavam-lhe pelos olhos e não viu, não encontrou um país, uma província, uma cidade, uma rua onde o houvesse.

A sua sensação era de fadiga, não física, mas moral e intelectual. Tinha vontade de não mais pensar, de não mais amar; queria, contudo, viver, por prazer físico, pela sensação material pura e simples de viver.

Assim, convalesceu longamente, demoradamente, melancolicamente, sem uma visita, sem ver uma face amiga.

Coleoni e família se haviam retirado para fora; o general, por preguiça e desleixo, não viera vê-lo. Vivia só, envolvido na suavidade da convalescença, a pensar no Destino, na sua vida, nas ideias e mais que tudo nas suas desilusões.

Entretanto, a revolta na baía chegava ao fim; toda a gente já pressentia isso e queria esse alívio.

O almirante e Albernaz, ambos pelos mesmos motivos, observavam esse fim com tristeza. O primeiro via fugir o seu sonho de comandar uma esquadra e a consequente volta para o quadro; e o general sentia perder a sua comissão, cujos rendimentos faziam de forma tão notável melhorar a situação da família.

Naquela manhã, bem cedo, Dona Maricota acordara o marido:

— Chico, levanta-te! Olha que tens que ir à missa do Senador Clarimundo...

Ouvindo a recomendação da mulher, Albernaz ergueu-se logo do leito. Era preciso não faltar. A sua presença se impunha e significava muito. Clarimundo fora um republicano histórico, agitador, tribuno temido, no tempo do Império; após a República, porém, não apresentara aos seus pares do Senado nada de útil e

---

quadro - parte do ancoradouro onde fundeiam os navios sujeitos à fiscalização (seguramente onde o almirante trabalhava).

Senador Clarimundo - personagem inventada. Segundo o *site* do Senado Federal, nunca existiu senador com esse nome.

tribuno - orador revolucionário ou de assembleias políticas.

benfazejo. Embora assim, a sua influência ficara sendo grande; e, com diversos outros, era chamado patriarca da República. Há nos próceres republicanos uma necessidade extraordinária de serem gloriosos e não esquecidos pelo futuro, a que eles se recomendam com teimoso interesse.

Clarimundo era um desses próceres e, durante a comoção, não se sabia bem porquê, o seu prestígio cresceu e já se falava nele para substituir o marechal. Albernaz conhecera-o vagamente, mas assistir a sua missa era quase uma afirmação política.

A dor da morte da filha já se esvaíra muito na sua memória. O que o fazia sofrer era aquela semivida da moça, mergulhada na loucura e na moléstia. A morte tem a virtude de ser brusca, de chocar, mas não corroer, como essas moléstias duradouras nas pessoas amadas; passado que é o choque, vai ficando em nós uma suave recordação do ente querido, uma boa fisionomia sempre presente aos nossos olhos.

Dava-se isso com Albernaz e a sua satisfação de viver e a sua jovialidade natural foram voltando insensivelmente.

Obediente à mulher, preparou-se, vestiu-se e saiu. Conquanto se estivesse ainda em plena revolta, esses ofícios fúnebres se faziam nas igrejas do centro da cidade. O general chegou a tempo e à hora. Havia uniformes e cartolas e todos se comprimiam para assinar as listas de presença. Não tanto que quisessem atestar à família do morto esse ato delicado; dominava-os, além disso, a esperança de ter os nomes nos jornais.

Albernaz não deixou de atirar-se também a uma das listas que andavam pelas mesas da sacristia; e, quando ia assinar, alguém lhe falou. Era o almirante. A missa ia começar, mas ambos evitaram entrar na nave cheia, e ficaram a um vão de janela, na sacristia, conversando.

— Então acaba breve, hein?

— Dizem que a esquadra já saiu de Pernambuco.

Fora Caldas quem falara primeiro e a resposta do general fê-lo sorrir irônico dizendo:

---

próceres - líderes.
nave - templo.

— Enfim...

— A baía está cercada de canhões, continuou o general, após uma pausa, e o marechal vai intimá-los a renderem-se.

— Já era tempo, fez Caldas... Comigo, a cousa já estava acabada... levar quase sete meses para dar cabo de uns calhambeques!...

— Você exagera, Caldas; a cousa não era tão fácil assim... E o mar?

— Que fez a esquadra tanto tempo no Recife, você não me dirá? Ah! Se fosse com este seu criado, tinha logo partido e atacado... Sou pelas decisões prontas...

O padre, no interior da igreja, continuava a pedir a Deus repouso para a alma do Senador Clarimundo. O místico cheiro de incenso vinha até eles e o votivo perfume, votivo ao Deus da paz e da bondade, não os demovia dos seus pensamentos guerreiros.

— Entre nós, aduziu Caldas, não há mais gente que preste... Isto é um país perdido, acaba colônia inglesa...

Coçou nervoso um dos favoritos e esteve um instante a olhar o ladrilho do chão. Albernaz avançou, meio sarcástico:

— Agora não; agora a autoridade está prestigiada, consolidada, e uma era de progresso vai abrir-se para o Brasil.

— Qual o quê! Onde é que você viu um governo...

— Mais baixo, Caldas!

— ... onde é que se viu um governo que não aproveita as aptidões, abandona-as, deixa-as por aí vegetar?... Dá-se o mesmo com as nossas riquezas naturais: jazem por aí à toa!

A sineta soou e olharam um pouco a nave cheia. Pela porta, via-se uma porção de homens, todos de negro, ajoelhados, contrictos, batendo nos peitos, a confessar de si para si: *mea culpa, mea maxima culpa...*

Uma réstia de sol coava-se por uma das aberturas do alto e resplandecia sobre algumas cabeças.

Insensivelmente, os dous, na sacristia, levaram a mão ao peito e confessaram também: *mea culpa, mea maxima culpa...*

---

votivo - oferecido em cumprimento de um voto (promessa) ou juramento.

mea culpa, mea maxima culpa - frase latina, de uma oração católica: minha culpa, minha máxima culpa.

réstia - raio.

A missa veio a acabar e ambos entraram para o abraço da pragmática. A nave rescendia a incenso e tinha um aspecto tranquilo de imortalidade.

Todos tinham um grande ar de compunção: amigos, parentes, conhecidos e desconhecidos pareciam sofrer igualmente. Albernaz e Caldas, logo que penetraram no corpo da igreja, apanharam no ar um sentimento profundo e afivelaram-no ao rosto.

Genelício também viera; ele tinha o vício das missas das pessoas importantes, dos cartões de pêsames, dos cumprimentos em dias de aniversário. Temendo que a memória não lhe ajudasse, possuía um caderninho onde as datas aniversárias estavam assentadas e as residências também. O índice era organizado com muito cuidado. Não havia sogra, prima, tia, cunhada, de homem importante, que, em dia de aniversário, não recebesse os seus parabéns, e, por morte, não o levasse à igreja em missa de sétimo dia.

O seu traje de luto era de pano grosso, pesado; e, olhando-o, lembrava-nos logo de um castigo dantesco.

Na rua, Genelício escovava a cartola com a manga da sobrecasaca e dizia ao sogro e ao almirante:

— A coisa está pra acabar...! Breve...

— E se resistirem? perguntou o general.

— Qual! Não resistem. Corre que já propuseram rendição... É preciso arranjar uma manifestação ao marechal...

— Não acredito, fez o almirante. Conheço muito o Saldanha, é orgulhoso e não se entrega assim...

Genelício ficou um pouco assustado com a entonação da voz do seu parente; teve medo que ele falasse mais alto, desse na vista e o comprometesse. Calou-se; Albernaz, porém, avançou:

— Não há orgulho que resista a uma esquadra mais forte.

— Forte! Uns calhambeques, homem!

Caldas continha a custo a fúria que lhe ia n'alma. O céu estava azul e calmo. Havia nele nuvens brancas, leves, esgarçadas, que se

---

compunção - profundo pesar.*

dantesco - terrível.

Saldanha - Luís Filipe de Saldanha da Gama (1846-1895), contra-almirante e diretor da Escola Naval do Rio de Janeiro, que aderiu à Revolta da Armada depois de manter-se neutro por alguns meses.

moviam lentamente, como velas, naquele mar infinito. Genelício olhou-o um pouco e aconselhou:

— Almirante, não fale assim... Olhe que...

— Qual! Não tenho medo... Porcarias!...

— Bom, fez Genelício, eu tenho que ir à Rua Primeiro de Março e...

Despediu-se e saiu com o seu traje de chumbo, curvado, olhando o chão com o seu *pince-nez* azulado, palmilhando a rua com passo miúdo e cauteloso.

Albernaz e Caldas ainda estiveram conversando um tempo e se despediram sempre amigos, cada um com o seu desgosto e a sua decepção.

Tinham razão: a revolta veio a acabar daí a dias. A esquadra legal entrou; os oficiais revoltosos se refugiaram nos navios de guerra portugueses e o Marechal Floriano ficou senhor da baía.

No dia da entrada, acreditando que houvesse canhoneio, uma grande parte da população abandonou a cidade, refugiando-se nos subúrbios, por baixo das árvores, na casa de amigos ou nos galpões construídos adrede pelo Estado.

Era de ver o terror que se estampava naquelas fisionomias, a ânsia e a angústia também. Levavam trouxas, samburás, pequenas malas; crianças de peito, a chorar, o papagaio querido, o cachorro de estimação, o passarinho que de há muito quebrava a tristeza de uma casa pobre.

O que mais metia medo era o famoso canhão de dinamite, do "Niterói", uma espalhafatosa invenção americana, instrumento terrível, capaz de causar terremotos e de abalar os fundamentos das montanhas graníticas do Rio.

As crianças e as mulheres, mesmo fora do alcance de seu poder, temiam ouvir o seu estrondo; entretanto, esse fantasma *yankee*, esse pesadelo, essa quase força da natureza, foi morrer abandonado num cais, desprezado e inofensivo.

Rua Primeiro de Março - antiga Rua Direita, situada no centro do Rio de Janeiro, era a mais importante da cidade.

canhoneio - descarga de canhões.

adrede - intencionalmente.

samburás - cestos.

O fim do levante foi um alívio; a cousa já estava ficando monótona e o marechal ganhou feições sobre-humanas com a vitória.

Quaresma teve alta por esse tempo; e uma ala de seu batalhão foi destacada para guarnecer a ilha das Enxadas. Inocêncio Bustamante continuava a superintender o corpo com muito zelo, do interior do seu gabinete, na estalagem condenada que lhe servia de quartel. A escrituração estava em dia e era feita com a melhor letra.

Policarpo aceitou com repugnância o papel de carcereiro, pois na ilha das Enxadas estavam depositados os marinheiros prisioneiros. Os seus tormentos d'alma mais cresceram com o exercício de tal função. Quase os não olhava; tinha vexame, piedade e parecia-lhe que dentre eles um conhecia o segredo de sua consciência.

De resto, todo o sistema de ideias que o fizera meter-se na guerra civil se tinha desmoronado. Não encontrara o Sully e muito menos o Henrique IV. Sentia também que o seu pensamento motriz não residia em nenhuma das pessoas que encontrara. Todos tinham vindo ou com pueris pensamentos políticos, ou por interesse; nada de superior os animava. Mesmo entre os moços, que eram muitos, se não havia baixo interesse, existia uma adoração fetíchica pela forma republicana, um exagero das virtudes dela, um pendor para o despotismo que os seus estudos e meditações não podiam achar justos. Era grande a sua desilusão.

Os prisioneiros se amontoavam nas antigas salas de aulas e alojamentos dos aspirantes. Havia simples marinheiros; havia inferiores; havia escreventes e operários de bordo. Brancos, pretos, mulatos, caboclos, gente de todas as cores e todos os sentimentos, gente que se tinha metido em tal aventura pelo hábito de obedecer, gente inteiramente estranha à questão em debate, gente arrancada à força aos lares ou à calaçaria das ruas, pequeninos, tenros, ou que se haviam alistado por miséria; gente ignara, simples, às vezes cruel e perversa como crianças inconscientes; às vezes, boa e dócil como um cordeiro, mas, enfim, gente sem responsabilidade, sem anseio

---

ilha das Enxadas - na baía de Guanabara, pertencente ao arquipélago Santa Bárbara, possui 38 mil metros quadrados. Abriga atualmente o Centro de Instrução Almirante Wandenkolk, das Forças Armadas.
fetíchica - relativa a "feitiço".
calaçaria - ociosidade, preguiça.

político, sem vontade própria, simples autômatos nas mãos dos chefes e superiores que a tinham abandonado à mercê do vencedor.

De tarde, ele ficava a passear, olhando o mar. A viração soprava ainda e as gaivotas continuavam a pescar. Os barcos passavam. Ora, eram lanchas fumarentas que lá iam para o fundo da baía; ora pequenos botes ou canoas, roçando carinhosamente a superfície das águas, pendendo para lá e para cá, como se as suas alvas velas enfunadas quisessem afagar a espelhenta superfície do abismo. Os Órgãos vinham suavemente morrendo na violeta macia; e o resto era azul, um azul imaterial que inebriava, embriagava, como um licor capitoso.

Ficava assim um tempo longo, a ver, e quando se voltava, olhava a cidade que entrava na sombra, aos beijos sangrentos do ocaso.

A noite chegava e Quaresma continuava a passear na borda do mar, meditando, pensando, sofrendo com aquelas lembranças de ódios, de sangueiras e ferocidade.

A sociedade e a vida pareceram-lhe cousas horrorosas, e imaginou que do exemplo delas vinham os crimes que aquela punia, castigava e procurava restringir. Eram negras e desesperadas, as suas ideias; muita vez julgou que delirava.

E então se lamentava por estar sozinho, por não ter um companheiro com quem conversar, que lhe fizesse fugir àqueles tristes pensamentos que o assediavam e se estavam transformando em obsessão.

Ricardo estava de guarnição na ilha das Cobras; e, mesmo que ali estivesse, os rigores da disciplina não lhe permitiriam uma conversa mais amigável. Vinha a noite inteiramente, e o silêncio e a treva envolviam tudo.

Quaresma ainda ficava horas ao ar livre a pensar, olhando o fundo da baía, onde quase não havia luzes que interrompessem a continuidade do negror noturno.

Fixava bem os olhos para lá, como se os quisesse habituar a penetrar nas cousas indecifráveis e adivinhar dentro da sombra negra a forma das montanhas, o recorte das ilhas que a noite tinha feito desaparecer.

---

capitoso - delicioso.

Fatigado, ia dormir. Nem sempre dormia bem; tinha insônias e, se queria ler, a atenção recusava fixar-se e o pensamento vagabundava muito longe do livro.

Certa noite em que ia dormindo melhor, um inferior veio acordá-lo pela madrugada:

— Senhor major, está aí o "home" do Itamarati.

— Que homem?

— O oficial que vem buscar a turma do Boqueirão.

Sem atinar do que se tratava, levantou-se e foi ao encontro do visitante. O homem já estava no interior de um dos alojamentos. Uma escolta estava à porta. Seguiam-no algumas praças, das quais uma levava uma lanterna que derramava no salão uma fraca luzerna amarelada. A vasta sala estava cheia de corpos, deitados, seminus, e havia todo o íris das cores humanas. Uns roncavam, outros dormiam somente; e, quando Quaresma entrou, houve alguém que em sonho, gemeu — ai! Cumprimentaram-se, Quaresma e o emissário do Itamarati, e nada disseram. Ambos tiveram medo de falar. O oficial despertou um dos prisioneiros e disse para as praças: "Levem este".

Seguiu adiante e despertou outro: — "Onde você esteve?" "Eu" — respondeu o marinheiro — "na Guanabara"... "Ah! patife" acudiu o homem do Itamarati... "Este também... Levem!"...

Os soldados condutores iam até à porta, deixavam o prisioneiro e voltavam.

O oficial passou por uma porção deles e não fez reparo; adiante, deu com um rapaz claro, franzino, que não dormia. Gritou então: "Levante-se!" O rapaz ergueu-se tremendo. — "Onde esteve você?" perguntou. — "Eu era enfermeiro", retrucou o rapaz. — "Que enfermeiro!" fez o emissário. "Levem este também"...

— Mas, "seu" tenente, deixe-me escrever à minha mãe, pediu o rapaz quase chorando.

— Que mãe! respondeu o homem do Itamarati. Siga! Vá!

E assim foi uma dúzia, escolhida a esmo, ao acaso, cercada pela escolta, a embarcar num batelão que uma lancha logo rebocou para fora das águas da ilha.

íris - espectro.

batelão - embarcação robusta, de fundo chato, usada para transbordo ou desembarque de carga.

Quaresma não atinou de pronto com o sentido da cena e foi, após o afastamento da lancha, que ele encontrou uma explicação.

Não deixou de pensar então por que força misteriosa, por que injunção irônica ele se tinha misturado em tão tenebrosos acontecimentos, assistindo ao sinistro alicerçar do regímen...

A embarcação não ia longe. O mar gemia demoradamente de encontro às pedras do cais. A esteira da embarcação estrelejava fosforescente. No alto, num céu negro e profundo, as estrelas brilhavam serenamente.

A lancha desapareceu nas trevas do fundo da baía. Para onde ia? Para o Boqueirão...

V
A afilhada

Como lhe parecia ilógico com ele mesmo estar ali metido naquele estreito calabouço. Pois ele, o Quaresma plácido, o Quaresma de tão profundos pensamentos patrióticos, merecia aquele triste fim? De que maneira sorrateira o Destino o arrastara até ali, sem que ele pudesse pressentir o seu extravagante propósito, tão aparentemente sem relação com o resto da sua vida? Teria sido ele com os seus atos passados, com as suas ações encadeadas no tempo, que fizera com que aquele velho deus docilmente o trouxesse até à execução de tal desígnio? Ou teriam sido os fatos externos, que venceram a ele, Quaresma, e fizeram-no escravo da sentença da omnipotente divindade? Ele não sabia, e, quando teimava em

---

esteira - rastro.

estrelejava - espalhava-se como estrelas.

C (3ª - IV): Enquanto Quaresma participava da Revolta, seu sítio ficou praticamente abandonado. A irmã não levava jeito para o negócio. Refere-se às ações e reações das personagens dos arredores do sítio. Narram-se os últimos momentos da Rebelião e suas consequências: o major e Ricardo foram feridos. O primeiro escreve à irmã, cheio de decepção em relação a seus ideais e manifestando horror à guerra. Com o fim desta, Quaresma aceita o encargo de carcereiro dos derrotados.

sorrateira - esperta, astuciosa.

desígnio - sorte, destino.

pensar, as duas cousas se baralhavam, se emaranhavam e a conclusão certa e exata lhe fugia.

Não estava ali há muitas horas. Fora preso pela manhã, logo ao erguer-se da cama; e, pelo cálculo aproximado do tempo, pois estava sem relógio e mesmo se o tivesse não poderia consultá-lo à fraca luz da masmorra, imaginava podiam ser onze horas.

Porque estava preso? Ao certo não sabia; o oficial que o conduzira, nada lhe quisera dizer; e, desde que saíra da ilha das Enxadas para a das Cobras, não trocara palavra com ninguém, não vira nenhum conhecido no caminho, nem o próprio Ricardo que lhe podia, com um olhar, com um gesto, trazer sossego às suas dúvidas. Entretanto, ele atribuía a prisão à carta que escrevera ao presidente, protestando contra a cena que presenciara na véspera.

Não se pudera conter. Aquela leva de desgraçados a sair assim, a desoras, escolhidos a esmo, para uma carniçaria distante, falara fundo a todos os seus sentimentos; pusera diante dos seus olhos todos os seus princípios morais; desafiara a sua coragem moral e a sua solidariedade humana; e ele escrevera a carta com veemência, com paixão, indignado. Nada omitiu do seu pensamento; falou claro, franca e nitidamente.

Devia ser por isso que ele estava ali naquela masmorra, engaiolado, trancafiado, isolado dos seus semelhantes como uma fera, como um criminoso, sepultado na treva, sofrendo umidade, misturado com os seus detritos, quase sem comer... Como acabarei? Como acabarei? E a pergunta lhe vinha, no meio da revoada de pensamentos que aquela angústia provocava pensar. Não havia base para qualquer hipótese. Era de conduta tão irregular e incerta o Governo que tudo ele podia esperar: a liberdade ou a morte, mais esta que aquela.

O tempo estava de morte, de carnificina; todos tinham sede de matar, para afirmar mais a vitória e senti-la bem na consciência cousa sua, própria, e altamente honrosa.

---

masmorra - prisão.
leva - grupo.
a desoras - fora de horas, tarde.
veemência - vigor.

Iria morrer, quem sabe se naquela noite mesmo? E que tinha ele feito de sua vida? Nada. Levara toda ela atrás da miragem de estudar a pátria, por amá-la e querê-la muito, no intuito de contribuir para a sua felicidade e prosperidade. Gastara a sua mocidade nisso, a sua virilidade também; e, agora que estava na velhice, como ela o recompensava, como ela o premiava, como ela o condecorava? Matando-o. E o que não deixara de ver, de gozar, de fruir, na sua vida? Tudo. Não brincara, não pandegara, não amara — todo esse lado da existência que parece fugir um pouco à sua tristeza necessária, ele não vira, ele não provara, ele não experimentara.

Desde dezoito anos que o tal patriotismo lhe absorvia e por ele fizera a tolice de estudar inutilidades. Que lhe importavam os rios? Eram grandes? Pois que fossem... Em que lhe contribuiria para a felicidade saber o nome dos heróis do Brasil? Em nada... O importante é que ele tivesse sido feliz. Foi? Não. Lembrou-se das suas cousas de tupi, do *folklore*, das suas tentativas agrícolas... Restava disso tudo em sua alma uma satisfação? Nenhuma! Nenhuma!

O tupi encontrou a incredulidade geral, o riso, a mofa, o escárnio; e levou-o à loucura. Uma decepção. E a agricultura? Nada. As terras não eram ferazes e ela não era fácil como diziam os livros. Outra decepção. E, quando o seu patriotismo se fizera combatente, o que achara? Decepções. Onde estava a doçura de nossa gente? Pois ele não a viu combater como feras? Pois não a via matar prisioneiros, inúmeros? Outra decepção. A sua vida era uma decepção, uma série, melhor, um encadeamento de decepções.

A pátria que quisera ter era um mito; era um fantasma criado por ele no silêncio do seu gabinete. Nem a física, nem a moral, nem a intelectual, nem a política que julgava existir, havia. A que existia de fato, era a do Tenente Antonino, a do doutor Campos, a do homem do Itamarati.

E, bem pensado, mesmo na sua pureza, o que vinha a ser a Pátria? Não teria levado toda a sua vida norteado por uma ilusão, por uma ideia a menos, sem base, sem apoio, por um Deus ou uma Deusa cujo império se esvaía? Não sabia que essa ideia nascera

---

miragem - ilusão.
pandegara - farreara.
mofa - desprezo.
esvaía - evaporava.

da amplificação da crendice dos povos greco-romanos de que os ancestrais mortos continuariam a viver como sombras e era preciso alimentá-las para que eles não perseguissem os descendentes? Lembrou-se do seu Fustel de Coulanges... Lembrou-se de que essa noção nada é para os Menenanã, para tantas pessoas... Pareceu-lhe que essa ideia como que fora explorada pelos conquistadores por instantes sabedores das nossas subserviências psicológicas, no intuito de servir às suas próprias ambições...

Reviu a história; viu as mutilações, os acréscimos em todos os países históricos e perguntou de si para si: como um homem que vivesse quatro séculos, sendo francês, inglês, italiano, alemão, podia sentir a Pátria?

Uma hora, para o francês, o Franco-Condado era terra dos seus avós, outra não era; num dado momento, a Alsácia não era, depois era e afinal não vinha a ser.

Nós mesmos não tivemos a Cisplatina e não a perdemos; e, porventura, sentimos que haja lá manes dos nossos avós e por isso sofremos qualquer mágoa?

Certamente era uma noção sem consistência racional e precisava ser revista.

Mas, como é que ele tão sereno, tão lúcido, empregara sua vida, gastara o seu tempo, envelhecera atrás de tal quimera? Como é que não viu nitidamente a realidade, não a pressentiu logo e se deixou enganar por um falaz ídolo, absorver-se nele, dar-lhe em holocausto toda a sua existência? Foi o seu isolamento, o seu esquecimento de si mesmo; e assim é que ia para a cova, sem deixar

---

Fustel de Coulanges - (1830-1889), historiador francês, autor de *A cidade antiga*.
Menenanã - Segundo Ivan Teixeira, tribo indígena que desconhece a noção de pátria.
subserviências - submissões.
Franco-Condado - ou Condado da Borgonha, antiga província do leste da França, cuja capital é Besançon. Em sua história, ela foi anexada e separada várias vezes.
Alsácia - antiga província da França, cuja capital é Estrasburgo. Sofreu anexações em sua história.
Cisplatina - região denominada de Banda Oriental, disputada por brasileiros e argentinos, e que hoje constitui o Uruguai. Em 1821 ela foi incorporada ao Brasil, que a perdeu quatro anos depois. Em 1828 transformou-se em país.
manes - almas, espíritos.
falaz - falso.
holocausto - sacrifício.

traço seu, sem um filho, sem um amor, sem um beijo mais quente, sem nenhum mesmo, e sem sequer uma asneira!

Nada deixava que afirmasse a sua passagem e a terra não lhe dera nada de saboroso.

Contudo, quem sabe se outros que lhe seguissem as pegadas não seriam mais felizes? E logo respondeu a si mesmo: mas como? Se não se fizera comunicar, se nada dissera e não prendera o seu sonho, dando-lhe corpo e substância?

E esse seguimento adiantaria alguma cousa? E essa continuidade traria enfim para a terra alguma felicidade? Há quantos anos vidas mais valiosas que a dele, se vinham oferecendo, sacrificando e as cousas ficaram na mesma, a terra na mesma miséria, na mesma opressão, na mesma tristeza.

E ele se lembrava que há bem cem anos, ali, naquele mesmo lugar onde estava, talvez naquela mesma prisão, homens generosos e ilustres estiveram presos por quererem melhorar o estado de cousas de seu tempo. Talvez só tivessem pensado, mas sofreram pelo seu pensamento. Tinha havido vantagem? As condições gerais tinham melhorado? Aparentemente sim; mas, bem examinado, não.

Aqueles homens, acusados de crime tão nefando em face da legislação da época, tinham levado dous anos a ser julgados; e ele, que não tinha crime algum, nem era ouvido, nem era julgado; seria simplesmente executado!

Fora bom, fora generoso, fora honesto, fora virtuoso — ele que fora tudo isso, ia para a cova sem o acompanhamento de um parente, de um amigo, de um camarada...

Onde estariam eles? Sobre o Ricardo Coração dos Outros, tão simples e tão inocente na sua mania de violão, ele não poria mais os olhos? Era tão bom que o pudesse, para mandar à sua irmã o último recado, ao preto Anastácio um adeus, à sua afilhada um abraço! Nunca mais vê-los-ia, nunca!

E ele chorou um pouco.

Quaresma, porém, enganava-se em parte. Ricardo soubera de sua prisão e procurava soltá-lo. Teve notícia do exato motivo dela; mas não se intimidou. Sabia perfeitamente que corria grande risco, pois a indignação no palácio contra Quaresma fora geral. A vitória

---

nefando - abominável, indigno de ser nomeado.

tinha feito os vitoriosos inclementes e ferozes, e aquele protesto soou entre eles como um desejo de diminuir o valor das vantagens alcançadas. Não havia mais piedade, não havia mais simpatia, nem respeito pela vida humana; o que era necessário era dar o exemplo de um massacre à turca, porém clandestino, para que jamais o poder constituído fosse atacado ou mesmo discutido. Era a filosofia social da época, com forças de religião, com os seus fanáticos, com os seus sacerdotes e pregadores, e ela agia com a maldade de uma crença forte, sobre a qual fizéssemos repousar a felicidade de muitos.

Ricardo, entretanto, não se amedrontou; procurou influências de amigos. Ao entrar no Largo de São Francisco encontrou Genelício. Vinha da missa da irmã da sogra do Deputado Castro. Como sempre, trajava uma pesada sobrecasaca preta que parecia de chumbo. Já estava subdiretor e o seu trabalho era agora imaginar meios e modos de ser diretor. A cousa era difícil; mas trabalhava num livro: *Os Tribunais de Contas nos Países Asiáticos* — o qual, demonstrando uma erudição superior, talvez lhe levasse ao alto lugar cobiçado.

Vendo-o, Ricardo não se deteve. Correu-lhe ao encalço e falou-lhe:

— Doutor, Vossa Excelência dá licença que lhe dê uma palavra?

Genelício perfilou-se todo e, como tivesse péssima memória das fisionomias humildes, perguntou com solenidade e arrogância:

— Que deseja, camarada?

Coração dos Outros estava com a sua farda do "Cruzeiro do Sul" e não ficava bem a Genelício dar-se como conhecido de um soldado. O trovador julgou-o mesmo esquecido e indagou ingenuamente:

— Não me conhece mais, doutor?

Genelício fechou um pouco os olhos por detrás do *pince-nez* azulado e disse secamente:

— Não.

— Eu, fez com humildade Ricardo, sou Ricardo Coração dos Outros, que cantou no seu casamento.

Genelício não sorriu, não deu mostras de alegria e limitou-se:

---

inclementes - impiedosos.
ao encalço - atrás.

— Ah! É o senhor! Bem: que deseja?
— O senhor não sabe que o Major Quaresma está preso?
— Quem é?
— Aquele que foi vizinho do seu sogro.
— Aquele maluco... Ahn!... E daí?
— Eu queria que o senhor se interessasse...
— Não me meto nessas cousas, meu amigo. O governo tem sempre razão. Passe bem.

E Genelício seguiu com o seu passo cauteloso de quem poupa as solas das botas, enquanto Ricardo ficava de pé a olhar o largo, a gente que passava, a estátua imóvel, as casas feias, a igreja... Tudo lhe pareceu hostil, mau ou indiferente; aquelas caras de homens tinham caraduras de feras e ele quis por um momento chorar de desespero por não poder salvar o amigo.

Lembrou-se, porém, de Albernaz, e correu a procurá-lo. Não era longe, mas o general ainda não tinha chegado. Ao fim de uma hora o general chegou e, dando com Ricardo, perguntou:
— Que há?

O trovador, bastante emocionado, explicou-lhe com voz dorida todo o fato. Albernaz concertou o *pince-nez*, ajeitou bem o trancelim de ouro na orelha e disse com doçura:
— Meu filho, eu não posso... Você sabe; sou governista e parece, se eu for pedir por um preso, que já não o sou bastante... Sinto muito, mas... que se há de fazer? Paciência.

E entrou para o seu gabinete prazenteiro, muito seguro de si, dentro do seu plácido uniforme de general.

Os oficiais continuavam a entrar e a sair; as campainhas soavam; os contínuos iam e vinham; e Ricardo procurava entre todas aquelas fisionomias uma que lhe pudesse valer. Não havia e ele desesperava. Mas quem havia de ser? Quem? Lembrou-se: o comandante; e foi ter com o Coronel Bustamante, na velha estalagem que servia de quartel ao garboso "Cruzeiro do Sul".

O batalhão ainda continuava em pé de guerra. Embora terminada a revolta no porto do Rio de Janeiro era preciso mandar forças para o Sul; de forma que os batalhões não tinham sido dissolvidos e um dos apontados para partir era o "Cruzeiro".

O alferes coxo, no ensaboado pátio da antiga estalagem, continuava na sua faina de instrutor dos novos recrutas. Om — brôoo... armas! Mei — ãã volta!

Ricardo entrou, subiu rapidamente a oscilante escada do velho cortiço e logo que chegou ao cubículo do comandante, gritou: "Com licença, comandante!"

Bustamante andava de mau humor. Aquele negócio de partir para o Paraná não lhe agradava. Como é que havia de superintender a escrita do batalhão, no fervor de batalhas, nas desordens de marchas e contramarchas? Isso era uma tolice do comandante marchar; o chefe devia ficar a resguardo, para providenciar e dirigir a escrituração.

Ele pensava nessas cousas, quando Ricardo pediu licença.

— Entre, disse ele.

O bravo coronel coçava a grande barba mosaica, tinha o dólmã desabotoado e acabava de calçar um dos pés de botina, para com mais decência receber o inferior.

Ricardo expôs o seu pedido e esperou com paciência a resposta, que custou a vir. Por fim, Inocêncio disse sacudindo a cabeça e olhando o inferior cheio de severidade:

— Vai-te embora, se não mando-te prender! Já!

E apontou com o dedo a porta da saída num gesto marcial e enérgico. O cabo não se demorou mais. No pátio o instrutor coxo, veterano do Paraguai, continuava com solenidade a encher a arruinada estalagem com as suas vozes de comando! Om-brôô... armas! Meia-ãã... volta... volver!

Ricardo veio andando triste e desalentado. O mundo lhe parecia vazio de afeto e de amor. Ele que sempre decantara nas suas modinhas a dedicação, o amor, as simpatias, via agora que tais sentimentos não existiam. Tinha marchado atrás de cousas fora da realidade, de quimeras. Olhou o céu alto. Estava tranquilo e calmo. Olhou as árvores. As palmeiras cresciam com orgulho e titanicamente pretendiam atingir o céu. Olhou as casas, as igrejas, os palácios e lembrou-se das guerras, do sangue, das dores que tudo aquilo custara. E era assim que se fazia a vida, a história e o heroísmo: com violência sobre os outros, com opressões e sofrimentos.

---

escrita - o que constitui a rotina.

contramarchas - marchas em sentido oposto ao das que se fazia.

decantara - celebrara, exaltara.

titanicamente - com grande força.

Logo, porém, recordou que era preciso salvar o amigo e que era necessário dar mais uns passos. Quem poderia? Consultou sua memória. Viu um, viu outro e por fim lembrou-se da afilhada de Quaresma, e foi procurá-la na Real Grandeza.

Chegou, narrou-lhe o fato e as suas sinistras apreensões. Ela estava só, pois o marido cada vez mais trabalhava para aproveitar os despojos da vitória; não perdia um minuto, andando atrás de um e de outro.

Olga lembrou-se bem do padrinho, do seu eterno sonhar, da sua ternura, da tenacidade que punha em seguir as suas ideias, da sua candura de donzela romântica...

Durante um instante uma grande pena tomou-a toda inteira e tirou-lhe a vontade de agir. Pareceu-lhe que era bastante a sua piedade e ela ia de algum modo dar lenitivo ao sofrimento do padrinho; mas bem cedo o viu ensanguentado — ele, tão generoso, ele, tão bom, e pensou em salvá-lo.

— Mas que fazer, meu caro Senhor Ricardo, que fazer? Eu não conheço ninguém... Eu não tenho relações... Minhas amigas... A Alice, a mulher do doutor Brandão, está fora... A Cassilda, a filha do Castrioto, não pode... Não sei, meu Deus!

E acentuou estas últimas palavras com grande e lancinante desespero. Os dous ficaram calados. A moça, que estava sentada, tomou a cabeça entre as mãos e as suas unhas longas e aperoladas engastaram-se nos seus cabelos negros. Ricardo estava de pé e aparvalhado.

— Que hei de fazer, meu Deus? repetiu ela.

Pela primeira vez, ela sentiu que a vida tinha cousas desesperadoras. Possuía a mais forte disposição de salvar seu padrinho: faria sacrifício de tudo, mas era impossível, impossível! Não havia um meio; não havia um caminho. Ele tinha que ir para o posto de suplício, tinha que subir o seu Calvário, sem esperança de ressurreição.

— Talvez seu marido, disse Ricardo.

Pensou um pouco, demorou-se mais no exame do caráter do esposo; mas, em breve, viu bem que o seu egoísmo, a sua ambição

---

despojos - restos.
lenitivo - alívio, consolação.
lancinante - muito doloroso.
aparvalhado - abobalhado, espantado.

e a sua ferocidade interesseira não permitiriam, que ele desse o mínimo passo.

— Qual, esse...

Ricardo não sabia o que aconselhá-la e olhava sem pensamento os móveis e a montanha negra e alta que se avistava da sala onde estavam. Queria encontrar um alvitre, um conselho; mas nada!

A moça continuava a cravar os dedos nos seus cabelos negros e a olhar a mesa em que repousavam os seus cotovelos. O silêncio era augusto.

Num dado momento, Ricardo teve uma grande alegria no olhar e disse:

— Se a senhora fosse lá...

Ela levantou a cabeça; os seus olhos se dilataram de espanto e o rosto lhe ficou rígido. Pensou um pouco, um nada, e falou com firmeza:

— Vou.

Ricardo ficou só e sentou-se, Olga foi vestir-se.

Ele então pensou com admiração naquela moça que por simples amizade se dava a tão arriscado sacrifício, que tinha a alma tão ao alcance dela mesma e a sentiu bem longe desse nosso mundo, deste nosso egoísmo, dessa nossa baixeza e cobriu a sua imagem com um grande olhar de reconhecimento.

Não tardou que ela ficasse pronta e ainda abotoava as luvas, na sala de jantar, quando o marido entrou. Vinha radiante, com os seus grandes bigodes e o seu rosto redondo cheio de satisfação de si mesmo. Nem fez menção de ter visto Ricardo e foi logo direto à mulher:

— Vais sair?

Ela, afogueada pela ânsia desesperada de salvar Quaresma, disse com certa vivacidade:

— Vou.

Armando ficou admirado de vê-la falar daquele modo. Voltou-se um instante para Ricardo, quis interrogá-lo, mas logo, dirigindo-se à mulher, perguntou com autoridade:

— Onde vais?

---

augusto - respeitável.
menção - referência.

A mulher não lhe respondeu logo e, por sua vez, o doutor interrogou o trovador:

— Que faz o senhor aqui?

Coração dos Outros não teve ânimo de responder; adivinhava uma cena violenta que ele teria querido evitar; mas Olga adiantou-se:

— Vai acompanhar-me ao Itamarati, para salvar da morte meu padrinho. Já sabe?

O marido pareceu acalmar-se. Acreditou que, com meios suasórios, poderia evitar que a mulher desse passo tão perigoso para os seus interesses e ambições. Falou docemente:

— Fazes mal.

— Porquê? perguntou ela com calor.

— Vais comprometer-se. Sabes que...

Ela não lhe respondeu logo e mirou-o um instante com os seus grandes olhos cheios de escárnio; mirou-o um, dous minutos; depois, riu-se um pouco e disse:

— É isto! "Eu", porque "eu", porque "eu", é só "eu" para aqui, "eu" para ali... Não pensas noutra cousa... A vida é feita para ti, todos só devem viver para ti... Muito engraçado! De forma que eu (agora digo "eu" também) não tenho direito de me sacrificar, de provar a minha amizade, de ter na minha vida um traço superior? É interessante! Não sou nada, nada! Sou alguma cousa como um móvel, um adorno, não tenho relações, não tenho amizades, não tenho caráter? Ora!...

Ela falava, ora vagarosa e irônica, ora rapidamente e apaixonada; e o marido tinha diante de suas palavras um grande espanto. Ele vivera sempre tão longe dela que não a julgara nunca capaz de tais assomos. Então aquela menina? Então aquele *bibelot*? Quem lhe teria ensinado tais cousas? Quis desarmá-la com uma ironia e disse risonho:

— Estás no teatro?

Ela lhe respondeu logo:

— Se é só no teatro que há grandes cousas, estou.

E acrescentou com força:

---

suasórios - persuasivos, que convencem.
assomos - zangas, irritações.

— É o que te digo: vou e vou, porque devo, porque quero, porque é do meu direito.

Apanhou a sombrinha, concertou o véu e saiu solene, firme, alta e nobre. O marido não sabia o que fazer. Ficou assombrado e assombrado e silencioso viu-a sair pela porta fora.

Em breve, estava no palácio da Rua Larga. Ricardo não entrou: deixou que a moça o fizesse e foi esperá-la no Campo de Sant'Ana.

Ela subiu. Havia um imenso burburinho, uma agitação de entradas e saídas. Toda a gente queria mostrar-se a Floriano, queria cumprimentá-lo, queria dar mostras da sua dedicação, provar os seus serviços, mostrando-se coparticipante na sua vitória. Lançavam mão de todos os meios, de todos os planos, de todos os processos. O ditador tão accessível antes, agora se esquivava. Havia quem lhe quisesse beijar as mãos, como ao papa ou a um imperador; e ele já tinha nojo de tanta subserviência. O califa não se supunha sagrado e aborrecia-se.

Olga falou aos contínuos, pedindo ser recebida pelo marechal. Foi inútil. A muito custo conseguiu falar a um secretário ou ajudante de ordens. Quando ela lhe disse a que vinha, a fisionomia terrosa do homem tornou-se de oca e sob as suas pálpebras correu um firme e rápido lampejo de espada:

— Quem, Quaresma? disse ele. Um traidor! Um bandido!

Depois, arrependeu-se da veemência, fez com certa delicadeza:

— Não é possível, minha senhora. O marechal não a atenderá.

Ela nem lhe esperou o fim da frase. Ergueu-se orgulhosamente, deu-lhe as costas e teve vergonha de ter ido pedir, de ter descido do seu orgulho e ter enxovalhado a grandeza moral do padrinho com o seu pedido. Com tal gente, era melhor tê-lo deixado morrer só e heroicamente num ilhéu qualquer, mas levando para o túmulo inteiramente intacto o seu orgulho, a sua doçura, a sua personalidade moral, sem a mácula de um empenho que diminuísse a injustiça de sua morte, que de algum modo fizesse crer aos seus algozes que eles tinham direito de matá-lo.

---

palácio da Rua Larga - o palácio do Itamarati, que foi sede do Governo Provisório com a proclamação da república.
terrosa - cor de terra.
mácula - mancha.
algozes - carrascos.

Saiu e andou. Olhou o céu, os ares, as árvores de Santa Teresa, e se lembrou que, por estas terras, já tinham errado tribos selvagens, das quais um dos chefes se orgulhava de ter no sangue o sangue de dez mil inimigos. Fora há quatro séculos. Olhou de novo o céu, os ares, as árvores de Santa Teresa, as casas, as igrejas; viu os bondes passarem; uma locomotiva apitou; um carro, puxado por uma linda parelha, atravessou-lhe na frente, quando já a entrar do campo... Tinha havido grandes e inúmeras modificações. Que fora aquele parque? Talvez um charco. Tinha havido grandes modificações nos aspectos, na fisionomia da terra, talvez no clima... Esperemos mais, pensou ela; e seguiu serenamente ao encontro de Ricardo Coração dos Outros.

Todos os Santos (Rio de Janeiro), janeiro — março de 1911.

Santa Teresa - bairro do Rio de Janeiro.

C (3ª - V): Quaresma vai preso, sem saber porquê. Imagina que o motivo seja ter escrito uma carta a Floriano, denunciando a arbitrariedade das prisões que presenciara. Faz uma autocrítica e uma análise de sua vida pregressa: as crenças patrióticas, os ideais fracassados, a zombaria dos outros, a incompreensão e a solidão em que o deixam na prisão. Ricardo e Olga se esforçam para soltá-lo, procuram pessoas outrora amigas ou influentes, mas só encontram indiferença ou silêncio. Vão ao palácio — onde Quaresma era chamado de bandido traidor — e não conseguem falar com o ditador, fortalecido com a vitória.

A mulher na obra de Lima Barreto[*]

Eliane Vasconcellos[**]

A narrativa bíblica que liricamente atribui a criação da mulher a partir de uma costela de Adão parece ser responsável pela mais remota queixa feminina contra a sociedade patriarcal. O mito da natural dependência da mulher em relação ao homem tem-se perpetuado. Sabemos, entretanto, que cada cultura oferece à mulher uma visão de si mesma, um estereótipo.

A ótica discriminada para o sexo feminino varia em função de fatores culturais, de determinadas condições de civilização, de circunstâncias históricas, de estado social e de correntes ideológicas que suscitam condutas e modelam atitudes.

A maneira de ser feminina é criação cultural: sugere criatura meiga, passiva, submissa, sensível emotiva, afetiva, pouco dada a elucubrações mentais. Deve ainda cultivar a beleza e a eterna juventude. Seu aspecto físico é, por muitos, mais valorizado que seu lado intelectual. O homem, ao contrário, não precisa ser bonito, sua aparência é um atrativo a mais. Ele é caracterizado por seu poder de decisão, independência, agressividade, vigor e raciocínio.

As ideias de feminilidade e masculinidade são baseadas em conceitos antigos que eram formulados para tentar explicar o mundo pelos homens da época, condicionados pelas relações de poder

---

[*] Publicado inicialmente em *Travessia* n. 25, Revista do Curso de Pós-Graduação em Letras da Universidade Federal de Santa Catarina. Reprodução revista e com autorização contratual da autora.

[**] Professora universitária e pesquisadora da Fundação Casa de Rui Barbosa, Rio de Janeiro.

entre os sexos. Atualmente, a mulher, mais instruída e informada, impõe-se e muitas o conseguem com galhardia.

Pessoalmente, em trabalho de pesquisa, analisamos a situação da mulher na sociedade carioca dos anos 1970. Verificamos que uma série de expressões e palavras usadas pelo povo, com referência à mulher, mostra o pensamento do brasileiro sobre o ser feminino. Assim achamos interessante estender nossa vivência para a obra literária. Para isso escolhemos o escritor carioca Lima Barreto. Por meio do estudo de seus romances veremos como ele mostra na sociedade da virada do século XIX para o XX a situação da mulher em face do casamento. A escolha não se deve somente ao fato de considerarmos o assunto em si digno de uma pesquisa, mas, principalmente, ao interesse despertado em nós pela posição bastante atual de Lima Barreto diante da problemática do binômio mulher-sociedade.

Lima Barreto foi um escritor que, segundo Osman Lins, não silenciou sobre seu tempo. Nas palavras de seu biógrafo, Francisco de Assis Barbosa, seus escritos refletem "quase sempre a sua permanente inclinação para a denúncia contra as injustiças e as mazelas do sistema político e da organização da sociedade".[1] Para Lima Barreto a literatura é um fato social, deveria ser militante, "cheia de preocupações políticas, morais e sociais"[2] não apenas "contemplativa, estilizante, sem cogitações outras que não as da arte poética".[3] Não entendia a arte pela arte. Esta deveria ter um caráter social. "A obra de arte tem por fim dizer o que os simples fatos não dizem" – esta é a frase de Taine citada pelo romancista em *Impressões de leitura* reafirmando o caráter social da arte. Lima Barreto afirma ainda: "A poesia, a arte, é uma instituição social, ela surge da sociedade para a sociedade".[4] A criação artística não deveria mentir nem escamotear a realidade. Deveria ser o espelho da vida, da sociedade, inseridas no seu tempo, deveria preocupar-se em debater as questões de sua época. Para Lima Barreto, a obra

---

[1] BARBOSA, Francisco de Assis. *Lima Barreto e a reforma da sociedade*. Recife: Pool, 1987. p. 36.
[2] BARRETO, Lima. *Impressões de leitura*. São Paulo: Brasiliense, 1961. p. 76.
[3] *Ibidem, loc. cit.*
[4] BARRETO, Lima. *Op. cit.*, p. 216.

de arte é um "traço de união", força de ligação entre os homens, "orientada para um ideal imenso em que se soldem as almas, aparentemente mais diferentes, reveladas, porém, por elas como semelhantes no sofrimento da imensa dor de serem humanos".[5]

Mulher: só uma costela

Ao observar as ambições da mulher brasileira na virada do século XIX para o XX, verificamos que o matrimônio constituía o objetivo primeiro, ou talvez único de sua vida. Desde a infância, era socializada para tornar-se dependente. Para integrar a sociedade, precisava ostentar o título de Senhora Fulano de Tal. Só assim adquiria *status*. O casamento lhe era proposto como o único assunto sobre o que deveria pensar, a via pela qual desempenhava sua função social mais importante: a de esposa e mãe.

Ao casar, passa a ter uma área de atuação própria, mas a falta de poder se mantém. Continua subordinada, na mesma situação de dependência: só que agora a submissão não é mais ao pai, e sim ao marido. Seu domínio restringe-se à esfera doméstica; mesmo aí, a última palavra continua a ser a dele. De um modo geral, tem sempre que ceder quando as opiniões divergem. A decisão final quase sempre é a dele, quando se trata de escolher profissão para o filho ou marido para a filha. No entanto, no Código Civil vigente até 2001, lê-se: "Durante o casamento exerce o pátrio poder o marido e, na falta ou impedimento seu, a mulher". Poderíamos objetar que tal lei ainda não se encontrava em vigor quando Lima Barreto escrevia a maioria de sua produção, mas não podemos nos esquecer de que o Código Civil abrangia os pensamentos políticos e sociais da época.

A esposa é uma complementação do marido. A própria lei coloca na mão do homem o poder de resolução. Era o responsável pelo provimento da mulher e dos filhos. E, tanto social como histórica e biologicamente, ela sempre foi tida como inferior, pelo menos em nossa cultura.

Para os nossos padrões culturais, ele, até há pouco tempo, era o senhor todo-poderoso; ela, a fêmea submissa que administrava

---

[5] BARRETO, Lima. *Op. cit.*, p. 62.

e/ou executava as atividades domésticas, formando assim a família. Os dois têm dentro da instituição o seu papel, mas não resta dúvida de que são desiguais. Ela, dedicando-se às prendas domésticas, se recolhia à obediência; ele, por deter o poder econômico, exercia a soberania familiar. E o nosso Código Civil corroborava essa posição masculina, no artigo 233: "O marido é o chefe da sociedade conjugal", função que exerce com a colaboração da mulher, no interesse comum do casal e dos filhos e, no artigo 246, era atribuído à mulher o dever de obediência ao marido.

Nas comunidades primitivas, a mulher ocupava posição de igualdade em relação ao homem. Karen Sacks, falando sobre a mulher na teoria de Engels, explicita que, para o socialista alemão, "ambos os sexos eram membros iguais no grupo, porque contribuíam decisivamente para a vida econômica deste grupo". E conclui que, para Engels, "a ausência de propriedade privada tornava de igual valor social o trabalho produtivo dos homens e as atividades domésticas das mulheres".[6]

Graças a casamentos múltiplos, a linha de parentesco era dada pela mulher. Mais tarde, com o surgimento da propriedade privada— primeiro o rebanho e depois a terra —, transformaram-se as relações entre os homens e mulheres dentro da família. A produção, que era de troca, ampliou-se com o Capitalismo Industrial e passou a ter caráter social, ficando o trabalho feminino restrito ao grupo familiar. A posição da mulher, então, muda; passa a trabalhar para o marido, ao invés de trabalhar para a sociedade, ficando, assim, subordinada aos donos das propriedades privadas — o homem. Desta forma a herança assume papel importante, o que leva a exigir da mulher a virgindade antes do casamento e a fidelidade conjugal depois dele.

Acresce-se, aos motivos econômico e social, a concepção religiosa de que o sexo só é lícito dentro do matrimônio. São Paulo rejeitou a sexualidade em si mesma, só a reconhecia santificada pelas bodas. Santo Agostinho e São Tomás de Aquino rejeitaram

---

[6] SACKS, K. Engels revisitado: a mulher, a organização de produção e a sociedade privada. In: BAMBERGER, Joan et al. *A mulher, a cultura, a sociedade*. Rio de Janeiro: Paz e Terra, 1979. p. 187.

o prazer sexual, tornando-o pecaminoso. O pensamento católico subordinou o sexo à procriação dentro do casamento. A relação carnal como gozo era vetada. Segundo a observação de Foucault, "o sexo não se julga apenas, administra-se".[7]

Os diferentes discursos sobre o sexo, sobre o comportamento sexual e as diferentes formas de relações entre o homem e a mulher elegeram a família como o único reduto no qual ele é tido como não pecaminoso, lícito e regular, pelo menos no que diz respeito à mulher. A família passou a ser o espaço socialmente legitimado para as relações sexuais. A posição de ambos dentro dessa instituição difere. Ele é um indivíduo pleno, completo: não precisa da mulher para realizar-se; ela, ao contrário, só se completa quando ligada a ele. Quando não é casada está à espera de casar-se.

Lima Barreto fornece, em sua obra, uma série de índices que possibilitam o estabelecimento da relação homem-mulher na instituição do matrimônio. Sendo que só no romance *Triste fim de Policarpo Quaresma* o problema é abordado diretamente.

Ismênia é a personagem de Lima Barreto que melhor encarna o mito do casamento. Casar era o resumo de suas aspirações: "Na vida, para ela, só havia uma cousa importante: casar-se; mas pressa não tinha, nada nela a pedia. Já agarrara um noivo, o resto era questão de tempo...".[8]

O estado civil da mulher era preocupação constante da família e até do grupo social a que pertencia. Não havia como obrigá-la a casar-se. Existia, sim, um processo de educação e socialização que a induzia a pensar que permanecer solteira era vergonhoso. "De resto, não era só dentro de sua família que ela encontrava aquela preocupação. No colégio, na rua, em casa das famílias conhecidas, só se falava em casar."[9] A todo momento a personagem era assediada com a "famosa pergunta":

---

[7] FOUCAULT, Michel. *História da sexualidade 1: a vontade de saber*. Rio de Janeiro: Graal, 1977, p. 27.
[8] BARRETO, Lima. *Triste fim de Policarpo Quaresma*. São Paulo: Brasiliense, 1961, p. 43.
[9] *Ibidem*, p. 63.

— Então quando te casas?
Era a pergunta que se lhe fazia sempre. Ela então curvava do lado direito a sua triste cabecinha, coroada de magníficos cabelos castanhos, com tons de ouro e respondia:
— Não sei... Cavalcânti forma-se no fim do ano e então marcaremos.[10]

Quando Cavalcânti consegue concluir o curso de dentista, anuncia-se o enlace e realiza-se uma festa de noivado. Nela as moças "cercavam Ismênia, cumprimentando-a, não sem um pouco de inveja no olhar".[11] Afinal, ia-se concretizar um desejo ambicionado por todas. "E a noiva deitava de quando em quando, para o noivo, um olhar de gratidão."[12] Para Gilda de Melo e Sousa o casamento era "uma espécie de favor que o homem conferia à mulher".[13]

O lado romântico da relação conjugal era fato de somenos importância. Em nenhum momento, o narrador fala da necessidade ou da vontade de amar, enfim, da situação emocional da personagem: o que importava era o estado civil de casada. Casar, para Ismênia,

> [...] não era negócio de paixão, nem se inseria no sentimento ou nos sentimentos: era uma ideia, uma pura ideia. Aquela sua inteligência rudimentar tinha separado da ideia de casar o amor, o prazer dos sentimentos, uma tal ou qual liberdade, a maternidade, até o noivo.[14]

Na sua concepção, "casar-se lhe representou uma cousa importante, uma espécie de dever, que não se casar, ficar solteira, 'tia', parecia-lhe um crime, uma vergonha".[15]

---

[10] *Ibidem*, p. 42.
[11] *Ibidem*, p. 67.
[12] *Ibidem*, p. 54.
[13] SOUSA, Gilda de Melo e. *O espírito das roupas: a moda no século dezenove*. São Paulo: Companhia das Letras, 1987, p. 90.
[14] BARRETO, L. *Triste fim de Policarpo Quaresma*. São Paulo: Brasiliense, 1961. p. 62.
[15] *Ibidem*, p. 63.

O período do pré-casamento, tão decisivo na vida da mulher, nada revela sobre sua natureza como ser humano total. Mostra apenas o que nossa cultura espera dela, ou seja, que cumpra seu destino, o qual é, essencialmente, casar-se e ter filhos. Aquela que não atinge esse objetivo não é bem-aceita. Na nossa sociedade, ficar solteira, "tia", leva a conotações negativas.

Cavalcânti resolveria assim o problema de matrimônio de Ismênia. Logo depois de anunciado o noivado, ele parte para o interior e, por mais de quatro meses, não manda notícias. Tal procedimento representa, claramente, uma ruptura. A etimologia do nome de Ismênia realiza-se às avessas. Segundo Antenor Nascentes, provém do grego *Ismeno* e significa "a que deseja ser amada". Mas a realidade para Ismênia é outra: de prometida passou a repelida.

Condicionada pela educação e pelo contexto social em que vivia, impossibilitada de entregar-se ao mundo exterior (casamento), faz sua entrega ao mundo interior (enclausura-se), fugindo assim das censuras de uma sociedade impiedosa, carrasco a lhe cobrar o estado de casada. Os anseios de Ismênia não se realizam. Seu pequeno mundo desmoronou-se. Exigiu demais de si mesma — enlouqueceu:

> O pudor de pai tinha-o impedido de dizer toda a verdade. A filha enlouquecera de uma loucura mansa e infantil. [...] vinha uma hora, porém, em que se penteava toda, enfeitava-se e corria à mãe, dizendo: "Apronta-me, mamãe. O meu noivo não deve tardar... é hoje o meu casamento". Outras vezes recortava papel, em forma de participações, e escrevia; Ismênia de Albernaz e Fulano (variava) participam o seu casamento.[16]

Permanecer solteira significava viver ao lado dos parentes, na dependência econômica do pai ou de um irmão e submeter-se totalmente à vontade deles. Aquela "que não se casava era a mulher fracassada e tinha de se conformar à vida cinzenta de solteirona, acompanhando a mãe às visitas, entregando-se aos bordados infindáveis, à educação dos sobrinhos".[17]

---

[16] *Ibidem*, p. 217-218.
[17] SOUSA, Gilda de Melo e. *Op. cit.*, p. 90.

Ficar solteirona era desprestígio, um casamento, mesmo desastroso, era melhor que nada. Ismênia não amava Cavalcânti, só o queria para desempenhar sua função social. Seu desespero e sua frustração ao saber que não vai efetivar seu sonho mostram bem o valor atribuído a um enlace na sociedade da época, daí a marginalização imposta àquela que não se uniu a um homem:

> Decididamente, estava condenada a não se casar, a ser tia, a suportar durante a existência esse estado de solteira que a apavorava. Quase não se lembrava das feições do noivo, dos seus olhos esgazeados, do seu nariz duro e fortemente ósseo; independente da memória dele, vinha-lhe sempre à consciência, quando, de manhã, o estafeta não lhe entregava carta, essa outra ideia: não casar. Era um castigo... A Quinota ia casar-se, o Genelício já estava tratando dos papéis; e ela que esperara tanto, e que fora a primeira a noivar-se ia ficar maldita, rebaixada diante de todos.[18]

A educação dada à mulher não instigava suas capacidades intelectiva e produtiva. Se a personagem possuísse um pouco mais de instrução, se cultivasse uma vida interior ou se tivesse outro objetivo na vida, o rompimento não significaria uma tragédia, não se tornaria uma "pobre coitada" e ter-se-ia recuperado do golpe sofrido, e a ideia de casar-se não se tornaria uma obsessão:

> O noivo partira um mês antes do carnaval e depois do grande festejo carioca a sua tortura foi maior. Sem hábito de leitura e de conversa, sem atividade doméstica qualquer, ela passava os dias deitada, sentada, a girar em torno de um mesmo pensamento: não casar. Era-lhe doce chorar.[19]

Indiretamente, o narrador acusa a sociedade e seus preconceitos pelo que ocorreu a Ismênia. Seu drama pessoal mostra, de forma incisiva, a importância que a sociedade concedia ao casamento e ao

---

[18] BARRETO, Lima. *Triste fim de Policarpo Quaresma*. São Paulo: Brasiliense, 1961. p. 108.
[19] *Ibidem*, p. 109-110.

destino daqueles que se deixavam imbuir dessa ideia. Por meio da tragédia de Ismênia, o narrador questiona a educação feminina dirigida para a espera de um homem e denuncia o padrão educacional da época, que só estimulava na mulher preocupações domésticas:

> Desde menina, ouvia a mamãe dizer: "Aprenda a fazer isso, porque quando você casar..." ou se não: "Você precisa aprender a pregar botões, porque quando você se casar..."
>
> A todo instante e a toda a hora, lá vinha aquele – "porque, quando você se casar..." e a menina foi se convencendo de que toda a existência só tendia para o casamento. A instrução, as satisfações íntimas, a alegria, tudo isso era inútil; a vida se resumia numa cousa: casar.[20]

Com a fuga de Cavalcânti, fora-se a esperança de casar. Olga solidariza-se com o estado da moça e, com argúcia, percebe a causa de sua loucura, denunciando de forma explícita a cobrança social do casamento. A escolha entre o celibato e o matrimônio não existia. O primeiro não era visto como opção e sim como rejeição:

> Via bem o que fazia o desespero da moça, mas via melhor a causa, naquela obrigação que incrustam no espírito das meninas, que elas se devem casar a todo custo, fazendo do casamento o polo e fim da vida, a ponto de parecer uma desonra, uma injúria, ficar solteira.[21]

O não casar, para o mundo no qual circulavam as personagens de Lima Barreto, não estava relacionado simplesmente a problemas econômicos. Certo que os pais gostariam de ver suas filhas amparadas, daí o empenho para que elas formassem suas famílias. Sem opção para o trabalho, a mulher teria de se sujeitar a situações subalternas para manter-se, tendo mesmo, em alguns casos, de recorrer à prostituição. Isso só não ocorria se pertencesse a uma classe mais abastada, o que lhe permitia viver de rendas. O narrador de *Triste fim de Policarpo Quaresma* mostra ser o casamento uma obrigação, um dever. Era tão importante para a sociedade da

---

[20] *Ibidem*, p. 62-63.
[21] *Ibidem*, p. 253.

época que extrapolava a esfera da proteção dos pais para com o destino econômico de suas filhas. Fato evidenciado na descrição da mãe de Ismênia no dia do noivado da filha. Dona Maricota "não compreendia que uma mulher pudesse viver sem estar casada"; sua alegria originava-se "mais profundamente dos seus sentimentos maternos e de família"[22] que do fato de haver descontado uma letra. Essa reflexão sintetiza de forma expressiva a função da mulher na sociedade de então. Ela não podia abrir mão da esfera familiar e ser ela mesma; estava compulsoriamente vinculada a um lar. A mãe de Ismênia ressalta ainda a ideia de que permanecer solteira não afetava somente a mulher em questão; o seu estigma estendia-se a toda a família: "Não eram só os perigos a que se achava exposta, a falta de arrimo; parecia-lhe feio e desonroso para a família".[23]

Impossibilitada de desempenhar seu papel, Ismênia sucumbe. Seu falecimento soluciona um problema para o grupo social a que pertence: deixa de ser um estorvo para os seus. A cena que antecede seu desenlace é, sem dúvida, uma das mais trágicas e líricas dentro da obra limiana:

> Eu quero, mamãe, ir vestida de noiva.
>
> Dona Maricota ainda quis brincar, troçar; a filha, porém, voltou-se para o outro lado, pôs-se a dormir [...]. A mãe saiu do quarto, comovida, com lágrimas nos olhos e a certeza de que a filha falava a verdade [...]
>
> Ismênia despertou: viu, por entre a porta do guarda-vestido meio aberto, o seu traje de noiva [...]. Levantou-se descalça e estendeu-o na cama para contemplá-lo. Chegou-lhe o desejo de vesti-lo. Pôs a saia; e, por aí, vieram recordações do seu casamento falhado. [...] Acabou de abotoar a saia em cima do corpinho, pois não encontrara colete; e foi ao espelho. [...] e depois colocou a coroa. O véu afagou-lhe as espáduas carinhosamente, como um adejo de borboleta. Teve uma fraqueza, uma cousa, deu um ai e caiu de costas na cama, com as

---

[22] *Ibidem*, p. 66.
[23] *Ibidem*, p. 66.

pernas para fora... Quando a vieram ver, estava morta. Tinha ainda a coroa na cabeça e um seio, muito branco e redondo, saltava-lhe do corpinho.[24]

Ismênia "adejou" mentalmente, até o fim, em torno de uma luz: a do altar matrimonial, em seguida, como frágil borboleta, caiu de costas e consumou seu curto destino.

Apesar de em *Triste fim de Policarpo Quaresma* ser denunciado, por meio de Ismênia, a educação que incutia na mulher a imperiosidade de casar, os escritos ficcionais de Lima Barreto continuam a apresentar mulheres almejando o título de senhora. Olga, personagem inteligente e lúcida, deixa-se levar por "um comando fora dela" e aceita Armando como companheiro.

A maioria das uniões descritas por Lima Barreto em sua *obra ficcional* são malsucedidas. De forma alguma correspondem aos anseios e às aspirações femininas. Elas não encontravam no casamento aquilo que esperavam, mas continuavam a viver sua relação sujeitando-se a uma situação de submissão. O autor, apesar de ainda condicionado pelas imposições do ambiente social em que vivia, tinha consciência de que, na instituição do casamento, a mulher saía perdendo. Fato evidenciado em suas *crônicas*. Lima Barreto cronista soube perceber que o matrimônio era, muitas vezes, uma cínica troca de interesses, em que o amor entre os cônjuges pouco valia. A mulher, por sua inexperiência, viciada pelas "bobagens" que lhe eram ensinadas nas escolas dirigidas por irmãs de caridade e se casando normalmente cedo, deixava-se levar. Quando amadurecia, percebia que estava prisioneira e nada mais podia fazer senão sujeitar-se a ficar unida ao marido até o final de seus dias. Não podia se libertar de seu cativeiro nem sempre dourado. Por essa razão, Lima Barreto, cronista, advoga uma mudança radical nas leis que regem o casamento. É um dos primeiros a reivindicar a lei do divórcio, pois só assim a mulher poderia se libertar e amar a quem lhe aprouvesse.

---

[24] *Ibidem*, p. 258-259.

Estudando o romance
Letícia Malard

Quem é Policarpo Quaresma?

Na vida do major Quaresma articulam-se duas situações que, por ultrapassarem o limite tolerável das relações sociais, o aprisionam nos muros da exclusão e desestabilizam sua identidade: um patriotismo ingênuo e exagerado num país "despatriotizado", e uma loucura inexplicavelmente plena de lucidez. É a metamorfose ambulante desse maluco beleza que provoca nas personagens do romance as mais diversas e contraditórias impressões, cada qual de acordo com aquilo que Quaresma representa para ela, e em função de seus próprios sentimentos em relação à vida e ao mundo circundante.

Historicamente, a loucura tem sido entrevista como um estado mental pleno de ambiguidades, ainda que, via de regra, seja temida nas sociedades ditas civilizadas. Temida sobretudo porque, desconhecendo-se-lhe a origem e invadindo ela repentinamente a pessoa, qualquer um está sujeito a ser a próxima vítima ou ter uma próxima vítima perto de si. Daí a necessidade de se negar a doença mental, até mesmo no mundo contemporâneo, ou de se tentar exercer um controle sobre suas causas e consequências, como a dizer para si mesmo: não faço isso, logo não sou nem serei louco.

O major é um incompreendido, na opinião do melhor amigo — o violeiro Ricardo Coração dos Outros. O cantor e compositor pobre, vivendo da música e para a música de seu país, amando a sua arte, tem o coração maior que o mundo. Daí, um olhar condescendente sobre os Outros, sobre aquele aluno estranho, a quem permaneceu fiel até o último momento.

Policarpo é um homem pensativo, de olhar perdido na distância, e que trabalha duro, na visão da irmã Adelaide, que sempre está para o que der e vier, sempre presente e disposta a acompanhá-lo e a obedecer ele. Oscila entre acreditar e não acreditar na loucura. Afinal, tendo no mundo somente o irmão, ela se comporta como todas as mulheres domésticas e domesticadas da época: cordata e inoperante. Quando ele parte para a "guerra", ela não sabe como substituí-lo na administração do sítio. Incompetente para o ofício, colabora com a entrada em decadência da propriedade.

Para a rica afilhada Olga, Quaresma é uma pessoa meiga, digna de pena. Extremamente afetiva, ela, com todo o apoio do pai, dá a maior força ao padrinho: vão visitá-lo no hospício e ela enfrenta o marido para tentar libertá-lo da cadeia. Como a maioria das personagens femininas de Lima Barreto — as quais, diga-se de passagem, comparecem em pequeno número em seus romances na condição de figuras principais — Olga faz par com Adelaide: são supermulheres nos termos da época, ou seja, tranquilas, dóceis, prestativas e amigas sinceras.

Na avaliação do presidente da república Floriano Peixoto, o major é um visionário — nome elegante e politicamente correto para "louco". Aquele adjetivo impressionou sobremaneira o nosso anti-herói, pois fora dito pelo homem em que depositava a maior confiança para o futuro da nação. Policarpo teve a ousadia de fazer propostas ao ditador, seu conhecido de muito tempo, no sentido de melhorias para o país, em especial para a agricultura. Floriano, famoso pela "tibieza de ânimo" — tanto na vida real como no romance — no trato com os problemas nacionais, nem ao menos lê o memorial do militar honorífico antes de aplicar a este o adjetivo "visionário".

Não o lê, não porque considera que seu autor seja louco, mas porque Floriano era preguiçoso por natureza. E mais: se o visse como louco, não o teria incorporado às forças oficiais para sufocar uma das rebeliões que ameaçavam seu governo. Floriano não vacila quanto a isso, ainda que fosse conhecido como "uma encruzilhada de talvezes", na expressão de Euclides da Cunha, seu contemporâneo, e autor de um dos monumentos culturais brasileiros, o livro *Os sertões*.

O protagonista é uma espécie de Dom Quixote enlouquecido por tantas leituras, segundo a alta patente do exército que é seu amigo. O general Albernaz, que detesta livros, encontra uma justificativa para continuar detestando-os, aos lhes atribuir a loucura do major. Assim, também, o general disfarça seu complexo de inferioridade diante da cultura de um simples major honorífico.

E as avaliações prosseguem diferenciadas. Um funcionário ousado, que não reconhece seu lugar ao propor ao legislativo a adoção do tupi como língua oficial do Brasil, conforme os colegas de serviço envolvidos em inveja e competição. Um subalterno indisciplinado, na avaliação de seu superior, porque Quaresma encaminhou distraidamente um ofício em tupi. Um bobo da corte, merecedor de piadas com seu nome, segundo a imprensa. Um criminoso de guerra, para os vencedores da Revolta da Armada, que mandam prendê-lo, e nem ao menos ouvem Olga. E, saindo da ficção, uma vítima de boas intenções voltadas para a coletividade, numa nação republicana recém-fundada, porém fraca, egoísta e individualista, segundo uma parcela de leitores politizados.

Ora, a nosso ver, nenhuma dessas personagens tem visibilidade suficiente para captar a real identidade desse anti-herói que provoca risos e lágrimas, admiração e pena, inveja e rejeição. A exclusão do convívio familiar e social por uma (discutível?) loucura, emergida sob a forma do nacionalismo patriótico exagerado e ingênuo que criou humilhações e inimizades, não combina com muitos traços disseminados pela narrativa, que denegam essa loucura. Os mais importantes deles residem exatamente no discurso ensimesmado do personagem e em seu comportamento ante a própria loucura.

Assim, Policarpo tem uma sã lucidez a respeito de sua presença no hospício, de suas melhoras, da loucura de Ismênia, do fracasso agrícola por falta de assistência do governo, da defesa das instituições republicanas (para muitos, a Revolta da Armada era armação de monarquistas), do cumprimento exemplar de suas funções militares, das violências cometidas numa guerra, das prisões arbitrárias dos derrotados, da injustiça de sua própria prisão. No final das contas, a insanidade mental do major, excluídos seus elementos satíricos, é muito mais uma leitura realista da sociedade e da política brasileiras que ninguém queria ver, do que uma patologia grave e incurável.

Há um aspecto de sua identidade para o qual a crítica não tem dado a devida atenção: o homem agricultor. A troca da vida citadina pelo cultivo da terra no Sossego é o momento adequado no romance para Lima Barreto denunciar a questão agrária nos primórdios da república, questão tão atual hoje quanto nos fins do século XIX. Ou melhor: o romance mostra que, na prática, o problema da terra no país em nada mudou. O latifúndio exibe suas chagas e faz com que o major e sua afilhada sintam de perto a miséria, o coronelismo político, as precárias condições da vida rural para os pobres e o drama dos sem-terra. O agricultor inexperiente se desilude ante as barreiras intransponíveis em seu trabalho: a legislação inadequada, a autoridade arbitrária, os impostos, a corrupção, a falta de apoio do Estado para lutar contra as intempéries e as pragas da lavoura, enfim — o atraso generalizado.

É por acreditar num governo forte, capaz de levar a termo uma reforma agrária eficiente, que Quaresma se integra na luta pela defesa do Marechal de Ferro no poder. No entanto, o puro major só encontra novas decepções pela frente. Floriano, como não poderia deixar de ser, no referencial histórico continuava comprometido com os latifundiários que uniram forças na luta comum pela república. Na reengenharia literária barretiana, o marechal não tem vontade política para resolver os problemas do campo, cujos moradores pobres não merecem ter uma "enxada na mão", pois não passam de "vadios". É o que diz o presidente, com essas palavras, a Quaresma, numa noite de luar.

Em conclusão, pode-se dizer que o protagonista de Lima Barreto é um "militar" de várias faces, um personagem-símbolo de todas as contradições político-sociais do militarismo que deteve o poder nos primeiros anos da república brasileira, aí incluída a "loucura" xenofóbica.

Questões para análise

Além das sugestões *indiretas* para analisar o romance, encontráveis nos textos não pertencentes a ele, apresentamos em seguida algumas propostas de ampliação e aprofundamento crítico-analítico.

1. O título: triste fim e objetivo triste

O título remete a pelo menos duas situações paralelas: a primeira — o modo injusto e lamentável como Quaresma termina sua vida, isto é, preso depois de ter lutado por seus ideais e ter acreditado nas instituições políticas de sua pátria; a segunda — a finalidade, o objetivo de sua vida, isto é, querer o melhor para o seu país, coisa considerada triste nas acepções dicionarizadas de "insignificante", "ridículo", a que não se dá valor naquelas situações históricas que o romance literariza.

2. O insignificante e o ridículo

O objetivo do major não combina com o retrato do momento histórico que o romance revela, quando se brinca de pátria, de nação, de nacionalismo.

Na república recém-proclamada, o caminho da democracia à ditadura foi de um passo. Lima Barreto retrata Floriano Peixoto com pesadas tintas, sobretudo no capítulo I da terceira parte: enfeixou em suas mãos

> poderes de Imperador Romano, [...] sem encontrar obstáculo algum aos seus caprichos, às suas fraquezas e vontades. [...] Pelos lugares que passou, tornou-se notável pela indolência e desamor às obrigações dos seus cargos.

As altas patentes militares são impiedosamente satirizadas. Mentem ao narrar ações de batalhas das quais não participaram. Defendem posições monarquistas por simples saudosismo. Apoiam o marechal por meros interesses particulares: obter dele cargos, promoções e comissões. Têm uma visão simplória, grotesca e fragmentada da história e da política nacionais. Em serviço, são omissos e entediados. Em família, querem perpetuar-se na profissão militar dos descendentes, sonhando bodas das filhas com iguais a eles.

A despolitização do povo e seu descompromisso ou indiferença ante as rebeliões patenteiam-se nas descrições de como presenciava as manobras bélicas na Baía de Guanabara, como esta descrição, no capítulo II da mesma parte:

> Com o tempo, a revolta passou a ser uma festa, um divertimento da cidade... [...] Alugavam-se binóculos e tanto os velhos como as moças, os rapazes como as velhas, seguiam o bombardeio *como uma representação de teatro* (grifo nosso).

Ora, nesse contexto, o objetivo de Quaresma — ver todos unidos por uma pátria maior, forte, que desse as cartas para o mundo — aparece como triste, insignificante, ridículo. E somente em seu fim o major compreende que seu patriotismo é um mito e que a noção de pátria é uma quimera. A pátria que existia de fato era a dos corruptos e a do oficial que efetuou prisões arbitrárias. Então chora. As lágrimas são, também, seu triste fim.

3. A epígrafe

Uma chamada para Silviano Santiago (1982, p. 168), que sintetizou muito bem o significado dela, relacionando-a à noção de pátria do major:

> O aspecto reformista, autoritário e conservador do seu pensamento, baseado que estava nos valores tradicionais perpetuados pela brasiliana, já vinha anunciado no nome do autor da epígrafe, o historiador francês Renan, responsável por idêntica campanha na III República Francesa.

4. Loucura versus sanidade

As atitudes de Quaresma em relação ao país oscilam entre a loucura e a sanidade, como já mencionamos. Algumas são fruto de um nacionalismo fanático, que é satirizado no romance. Outras revelam perfeita compreensão não apenas dos problemas do Brasil, como também da condição humana, o que é tratado pelo autor com seriedade.

Diante dessa afirmativa, solicitamos ao leitor interpretar as seguintes ações ou comportamentos de Quaresma:

4.1. As aulas de violão.

4.2. As primeiras leituras.

4.3. A pretensão de adotar o tupi como língua oficial do país.

4.4. O choro ritualístico, ao receber um visitante.

4.5. O abandono do trabalho na cidade pelo trabalho no campo.

4.6. O oferecimento para colaborar com o presidente da república.

4.7. A negativa de se meter em política, no meio rural.

4.8. Os sentimentos diante da doença e da morte de Ismênia.

4.9. O sofrimento diante das humilhações.

4.10. A participação revolucionária.

5. Três casamentos e um funeral

O casamento é mostrado no romance como o destino inevitável da mulher, bem como a grande aspiração de seus pais em relação a ela. Por outro lado, os homens solteiros sentem solidão e a lamentam, como é o caso de Ricardo e do próprio Quaresma. Casar ou não casar é uma questão que nem sempre é encarada adequadamente nas relações sociais, e o amor é secundário nesses contextos. Assim, o grande sonho do general Albernaz é casar as filhas; Ismênia enlouquece com a fuga do noivo e morre pedindo para ser enterrada vestida de noiva; Olga e Quinota se casam por casar. O narrador se apura nas descrições das festas de noivado e casamento, proporcionando-nos um excelente retrato destas na República Velha.

6. O Romance e a História

Para os leitores que apreciam a obra literária que mantém um pé na realidade histórica, este romance é brilhante. Um livro de História do Brasil ou um site na internet que abordem o período que vai de 1891 a 1894 narrarão fatos cujas parcelas estão retrabalhadas no romance: o governo de Floriano Peixoto, a Revolta da Fortaleza de Santa Cruz, no Rio de Janeiro, a Revolução Federalista no Sul e a Revolta da Armada. Seria interessante verificar como Lima Barreto se apropria do fato histórico para lhe dar um tratamento literário, contudo sem intenção de fazer romance histórico, no sentido comum do termo.

7. Narrando e descrevendo

Lima Barreto usa o narrador de terceira pessoa. Prefere narrar e descrever a pôr as personagens em diálogo direto. Lança mão de um efeito interessante para batizar vários capítulos. O nome deles nada tem a ver com seu conteúdo. No final, há apenas um incidente, um fato limitado a três linhas e, de acordo com este, é intitulado o capítulo.

O escritor também não pode ser considerado um paisagista. Para ele, a natureza tem uma função bem definida na narrativa, função prática, em rápidas pinceladas, e nunca é arranjada como a compor cenários de beleza ecológica ou puramente sentimental. À descrição de figuras e objetos, prefere a enumeração, algumas vezes obsessiva, como no caso dos livros do major e das plantas e animais do Sossego. Assim, as descrições do sítio, por exemplo, subsistem em apoio ao trabalho com a terra, para dar suporte às tentativas de transformar a natureza bruta em produção do homem.

Também com rápidas pinceladas se fazem as apresentações das personagens. A configuração delas e sua psicologia emergem mais de suas falas e ações do que propriamente de descrições do narrador. Excetua-se Floriano, minuciosa e negativamente descrito, e por motivos óbvios. Afinal, é a (única?) pessoa-personagem em cujas mãos estão os destinos coletivos da pátria e o destino individual de Quaresma. O que se sobressai na caracterização dos seres romanescos é o sentimento: de solidão, de abandono, de conformismo, de frustração, de derrota e similares.

No jogo romanesco, figuras que existiram na vida real se misturam com as ficcionais, interagindo nos mesmos espaços, entrecruzando-se assim o Romance e a História, a Vida e a Literatura. E mais: esta é uma obra que, como nenhuma outra, nos desenha um viés da cultura brasileira relativo aos primórdios da república no Rio de Janeiro, sobrepondo-se os conflitos militares das ruas e das casernas ao cotidiano dos lares e ao intimismo das pessoas.

Exercícios

1. Haydée Ribeiro Coelho (1981, 76) classificou o espaço do romance na tríade "urbano, rural e urbano da revolução", onde há ambientes fechados e abertos, conotadores da relação entre o homem e o mundo. A relação entre a citação e seu espaço está totalmente incorreta em:

a) "Você, Quaresma, é um visionário..." — fechado, urbano.

b) "Peço energia. Sigo já." — fechado, rural.

c) "Quis afugentá-las. Matou uma, duas, dez, vinte, cem;" — fechado, rural.

d) "Restituam o violão ao cabo Ricardo!" — fechado, urbano da revolução.

2. Diz Beth Brait (1991, p. 8): "A composição da personagem [Policarpo], sempre em franco contraste com a mentalidade e a maneira de ser dos que a rodeiam, permite o afloramento de aspectos importantes no sentido da valorização de marcas da brasilidade enquanto cultura popular".
A alternativa em que ambas as personagens se opõem a Policarpo quanto à valorização da cultura popular brasileira, é:

a) Albernaz e Genelício.

b) Floriano e Ismênia.

c) Coleoni e Olga.

d) Nenhuma.

3. Uma das técnicas do discurso narrativo no romance é a repetição de certas situações que caracterizam algumas personagens. A alternativa em que a relação entre a personagem e a repetição está incorreta é:

a) Albernaz — Guerra do Paraguai; Armando — arcaísmos vocabulares.

b) Ismênia — formatura do noivo; Caldas — cacoete com as pontas do bigode.

c) Coleoni — expressões italianas; Adelaide — mania de doença.

d) Ricardo — lábios da Carola; Felizardo — pronúncia inculta.

4. Uma das técnicas de montagem da narrativa é titular capítulos com elementos retirados de seu encerramento e sem relação com o próprio capítulo. O capítulo que não segue essa técnica é:

a) O *bibelot*
b) No "Sossego"
c) O Boqueirão
d) ...E tornaram logo silenciosos...

5. Todas as alternativas são tematizadas no romance, exceto:

a) A loucura como decorrente de hábitos rígidos da disciplina militar.

b) O conceito de identidade patriótico-nacionalista construído sobre falsas bases.

c) A representação de costumes sociais do cotidiano no subúrbio metropolitano.

d) A corrupção política e a manipulação das leis no meio rural.

6. Discutir a seguinte frase, atribuída à vizinhança de Quaresma, no início do romance: "Um violão em casa tão respeitável!". (Tamanho: 5 linhas)

7. Uma das propostas de Quaresma para reformar radicalmente o Brasil é a adoção do tupi como língua oficial do país. Em sua opinião, a mudança de língua seria uma reforma radical na vida real? Por quê? (Tamanho: 8 linhas)

8. Outra proposta do major é prestigiar o folclore nacional, fazendo frente à invasão da cultura estrangeira. Em sua opinião, tal prestígio poderia dar resultados na vida real? Por quê? (Tamanho: 8 linhas)

9. Alguns historiadores reproduzem notícias da imprensa da época, insistindo no pânico da população durante a Revolta da Armada. Lima Barreto manteve essa mesma visão no romance? Tente justificá-lo. (Tamanho: 6 linhas)

10. Mencione e discuta três motivos pelos quais você consideraria este romance como um dos dez melhores romances brasileiros do século XX, conforme muitos críticos literários. (Tamanho: 8 linhas)

Respostas 1.a); 2. d); 3. c); 4. b); 5. a).

Obras consultadas

Além de inúmeros *sites* confiáveis na internet, foram consultadas as seguintes obras em papel:

ACADEMIA BRASILEIRA DE LETRAS. *Vocabulário ortográfico da língua portuguesa*. 5. ed. Rio de Janeiro: Global, 2009.

ALENCAR, Francisco *et al*. *História da sociedade brasileira*. Rio de Janeiro: Ao Livro Técnico, 1979.

AUGÉ, Claude; AUGÉ, Paul. *Nouveau Petit Larousse: Illustré*. Paris: L. Larousse, 1955.

AULETE, Caldas. *Dicionário contemporâneo da língua portuguesa*, 5 v. Rio de Janeiro: Delta, 1958.

BARBOSA, Domingos Caldas. *Viola de Lereno*, 2 v. Rio de Janeiro: Imprensa Nacional, 1944.

BARRETO, Lima. *Clara dos Anjos*. São Paulo: Brasiliense, 1956.

BARRETO, Lima. *Numa e a Ninfa*. São Paulo: Brasiliense, 1956.

BARRETO, Lima. *O cemitério dos vivos*. São Paulo: Brasiliense, 1956.

BARRETO, Lima. *Recordações do escrivão Isaías Caminha*. São Paulo: Brasiliense, 1961.

BARRETO, Lima. *Triste fim de Policarpo Quaresma*. Rio de Janeiro: Tip. Revista dos Tribunais, 1915.

BARRETO, Lima. *Triste fim de Policarpo Quaresma*. São Paulo: Brasiliense, 1959.

BARRETO, Lima. *Triste fim de Policarpo Quaresma*. (Livro do professor). São Paulo: FTD, 1991.

BARRETO, Lima. *Triste fim de Policarpo Quaresma*, ed. crítica. Madrid: Scipione Cultural, 1997.

BARRETO, Lima. *Vida e morte de M. J. Gonzaga de Sá*. São Paulo: Brasiliense, 1956.

BELLO, José Maria. *História da República: 1889-1954*. São Paulo: Nacional, 1964.

CASCUDO, Luís da Câmara. *Dicionário do folclore brasileiro*, 2 v. Rio de Janeiro: Instituto Nacional do Livro, 1962.

CASCUDO, Luís da Câmara. *História da literatura brasileira: literatura oral*. Rio de Janeiro: José Olympio, 1952.

CURY, Maria Zilda Ferreira. *Um mulato no Reino de Jambom: as classes sociais na obra de Lima Barreto*. São Paulo: Cortez, 1981.

FIGUEIREDO, Cândido de. *Novo dicionário da língua portuguesa*, 2 v. Lisboa – Rio de Janeiro: Bertrand-W. M. Jackson [1924].

HOLANDA, Aurélio Buarque de. *Novo dicionário da língua portuguesa*. Rio de Janeiro: Nova Fronteira, 1986.

HOMÈRE. *Odyssée*. Paris: Gallimard, 1972.

FOLHA DE S. PAULO, *Nova enciclopédia ilustrada Folha*. São Paulo: Folha da Manhã, março a dezembro de 1996.

MENEZES, Raimundo de. *Dicionário literário brasileiro*, 5 v. São Paulo: Saraiva, 1969.

PAUWELS, P. Geraldo José. *Atlas geográfico Melhoramentos*. São Paulo: Melhoramentos, 1948.

RIBEIRO, João. *História do Brasil*. Rio de Janeiro: Francisco Alves, 1964.

SANTOS, Joel Rufino dos et al. *História nova do Brasil*, v. IV. São Paulo: Brasiliense, 1964.

VIANNA, Hélio. *História do Brasil*. São Paulo: Melhoramentos, 1963.

Indicação de leituras específicas sobre o romance

ALMEIDA, Maria Augusta de. *O ufanismo e* Triste fim de Policarpo Quaresma. Dissertação (Mestrado em Literaturas de Língua Portuguesa) — PUC Minas, Belo Horizonte, 1994.

COELHO, Haydée Ribeiro. *Retórica da ficção e do nacionalismo em* Triste fim de Policarpo Quaresma. Dissertação (Mestrado em Literatura Brasileira) — Faculdade de Letras, UFMG, 1981.

COURTEAU, Joana. The demise of myth in *Triste fim de Policarpo Quaresma*. *Brasil/Brazil: Revista de Literatura Brasileira*, n. 3, ano 3, 1990. p. 32-43. (Texto em inglês, com resumo em português.)

FIGUEIREDO, Carmem Lúcia Negreiros de. Cotidiano e ficção: escrita de vida e de morte. In: BARRETO, Lima. *Triste fim de Policarpo Quaresma*. Madrid: Scipione Cultural, 1997. p. 275-285.

FIGUEIREDO, Carmem Lúcia Negreiros de. Lima Barreto: a ousadia de sonhar. In: BARRETO, Lima. *Triste fim de Policarpo Quaresma*. Madrid: Scipione Cultural, 1997. p. 371-401.

LIMA, José Batista de. Lima Barreto, a agricultura e o Marechal Floriano. *Diário Oficial*, São Paulo, ago. 1986. Leitura, p. 10.

LIMA, Oliveira. Policarpo Quaresma. In: BARRETO, Lima. *Triste fim de Policarpo Quaresma*. São Paulo: Brasiliense, 1959. p. [9]-[13].

OAKLEY, R. J. *Triste fim de Policarpo Quaresma* and the *New California*. *The Modern Language Review*, Birminghan, v. 78, n. 4, p. 838-849, out. 1983. (Texto em inglês.)

PIRES, Antonia Cristina de Alencar. *Confissões dispersas: ficção, memória e história em Lima Barreto*. Dissertação (Mestrado em Literatura Brasileira) — Belo Horizonte: Faculdade de Letras, UFMG, Belo Horizonte, 1995.

SANTIAGO, Silviano. Uma ferroada no peito do pé. In: SANTIAGO, Silviano. *Vale quanto pesa*. Rio de Janeiro: Paz e Terra, 1982. p. 163-181.

SILVA, Amauri Rodrigues da. *Poder e linguagem: a questão humana em* Triste fim de Policarpo Quaresma, *de Lima Barreto*. Dissertação (Mestrado em Teoria Literária) — Instituto de Letras, UnB, Brasília, 1997.

Este livro foi composto com tipografia Minion Pro e impresso
em papel Off Set 75 g na Formato Artes Gráficas.